税務重要裁決事例

元審判官が解説！
税理士が誤りやすいポイント

個人資産税編

櫻井和彦 著

第一法規

は し が き

　納税者が行った租税に関する各種の申告に対して、課税庁が更正処分（無申告の場合には決定処分）を行った場合、このような課税処分に対して不服を持つ納税者は、訴訟の提起前に税務署長に対する「再調査の請求」又は国税不服審判所長に対する「審査請求」のいずれかを行って、先の処分の見直しを求めることができる。この審査請求に対する答えが裁決である。昭和45年に国税不服審判所が創設されて以来、数多くの審査請求がなされ、これに対して、最近では毎年約2,000件から3,000件もの裁決が行われている。そのうち、先例性のあるものは一般に公表され、納税者の便宜に供されている。中には、注目すべき事例も存在する。

　そこで、国税不服審判所で国税審判官の経験を持つ者が、そのような裁決例の一部を抽出して、平成29年に『税務重要裁決事例55選』を刊行した。また、同書は、令和元年6月に、新たな事例を収録したその続編とでもいうべき「個人編」と「企業編」が刊行され、個人編の中には、相続税に関するものも10事例収録されている。

　今回、個人編に収録されていない資産税に関するものを新たに40事例抽出し、「個人資産税編」を刊行することにしたものである。

　本書は、裁決事例のうち、最近特に注目度の高い相続税、贈与税及び財産評価に関するもののほか、譲渡所得に関するもの及び国税通則法の分野で資産税に関連するものも加えて収録している。いずれも、筆者の経験から、実務上発生する可能性の高い事例や注目度の高い事例を抽出した。また、近年の裁決は、民間出身の審判官の登用などの効果もあって、争点、事実、法解釈、当てはめなどを峻別して記載され、しかもなるべく平易な文章を用いるなど、以前と比べると納税者に分かりやすいものとなっている。

そこで、事例の抽出に当たっては、個人編との重複を避けつつ、できる限り新しい裁決を選定するよう心掛けたが、重要と思われるものについては、やや古いものも含まれている。

　収録した裁決事例は、読みやすさを重視したため事実関係や審判所の判断部分を簡略化して記載している。裁決のより詳細な内容を知りたい方は、国税不服審判所ホームページに公表されている裁決本文に当たっていただきたい。なお、本書の文中意見にわたる部分については、筆者の個人的見解であることを申し添える。本書が、税理士、公認会計士、税務職員などの実務家にとって参考となれば幸いである。

　　令和5年3月

櫻井和彦

凡　例

　本書に掲載している根拠法令・通達等には次の略語を用いています。国税不服審判所は「審判所」と表記し、裁決事例中の法令は、特に断りがない限り裁決当時の法令等に基づいています。

法　令　・　通　達　等　の　名　称	略　　　　　　　称
国税通則法	通則法
国税徴収法	徴収法
所得税法	所得税法
所得税法施行令	所得税法施行令
所得税基本通達	所基通
相続税法	相続税法
相続税法施行令	相続税法施行令
相続税法施行規則	相続税法施行規則
相続税法基本通達	相基通
財産評価基本通達	評価通達
租税特別措置法	措置法
租税特別措置法施行令	措置法施行令
租税特別措置法に関する各種の通達	措置法通達

目 次

財産の評価

譲渡所得：収入金額及び取得費・譲渡費用

譲渡所得：譲渡所得の特例

資産税関連の通則法

国税不服審判所と審査請求

1 国税不服審判所について

(1) 国税不服審判所とは

　我が国の多くの租税で採用されている申告納税方式においては、私人の公法行為である納税者の申告によって、課税標準及び税額が確定することが原則とされている。しかし、納税者の行った申告に誤りがあるにもかかわらず、納税者が自らその誤りを是正するための修正申告を行わないなどの場合に、これを放置することは課税の公平に反することになる。そこで、課税庁（通常は税務署長）は、その権限に基づいて調査を行った上納税者の行った申告内容に誤りがあれば、「更正」という手段でその申告を是正する権限が与えられている（通則法第24条）。なお、無申告の場合には「決定」によって、納税者の課税標準及び税額を確定させる（通則法第25条）。

　このような課税庁による課税処分に対して、不服を持つ納税者は、不服申立て（税務署長に対する「再調査の請求」と国税不服審判所長に対する「審査請求」がある。）や税務訴訟によって、その救済を求めることができる。

　国税不服審判所（以下、単に「審判所」という。）は、このような納税者が行った審査請求について、課税庁とは異なる公正な立場で改めて処分の見直しを行い、その適否を判断して、納税者の権利利益の救済を図ることなどを目的として設置されている。

(2) 審判所の組織

　このような審判所設置の目的からすると、審判所には、自ずとその組織自体に課税庁からの独立性が求められることになる。したがって、審判所は、最終的には国税庁の傘下にあるものの、図1のように、課税・徴収の実際の執行機関たる国税局や税務署とは別系統の組織と位置付けられている。

　図1の支部（あるいは支所）とされている部署において、実際の審査請求の処理が行われており、本部は、審判所全体の運営方針を決定

し、審判所内の人事・会計の事務を担当するほか、支部の監督や指導も行っている。

【図1　組織図】

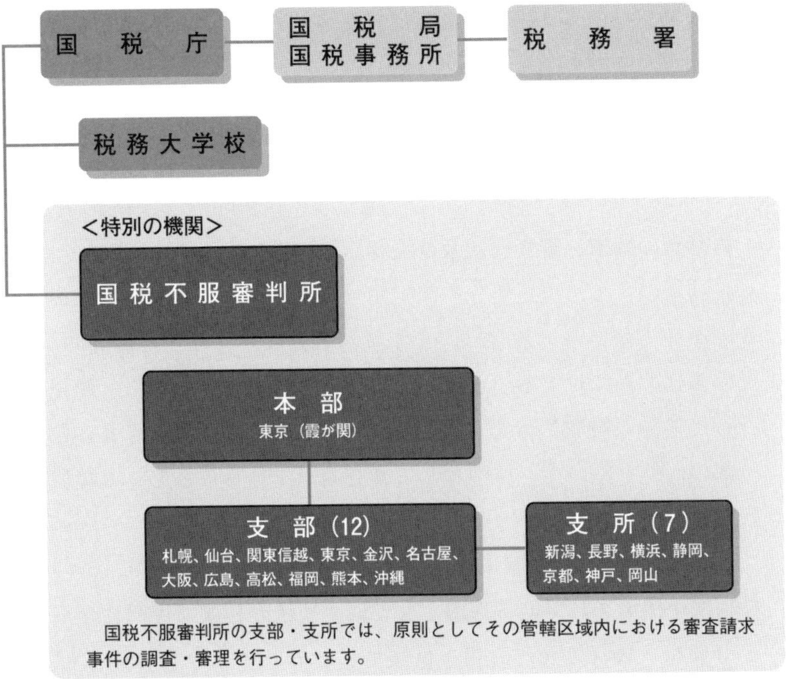

国税不服審判所の支部・支所では、原則としてその管轄区域内における審査請求事件の調査・審理を行っています。

出典：国税不服審判所ホームページ「審判所の概要」

(3)　**審判所の職員**

　　国税庁が公表している「国税庁レポート2022」によると、審判所全体の定員は467人であり、これは国税庁全職員（55,969人）の約0.8%である。

　　審判所の人員構成の大きな特徴として、国税職員以外の者を数多く登用しており、その人材が多様であることが挙げられる。審査請求の実務を行う全国の国税審判官の約半数（令和4年度では49人）は、弁護士、税理士及び公認会計士が占めている。また、審判所本部所長及

び大阪支部所長（首席審判官）は裁判官出身の者が、東京支部所長
（首席審判官）は検察官出身の者がそれぞれ任命されている。さら
に、本部や支部の審査担当部署には、裁判官や検察官出身の者が一定
数配置されている。

　国税職員の中から審判所職員に任命される者も、いわゆる審理事務
の経験豊富な者が選抜されている。

2　審査請求について

(1)　再調査の請求、審査請求及び税務訴訟の違い

　税務署の行った更正処分や決定処分に不服がある場合には、いくつ
かの争い方がある。通常は、まず税務署長に対する「再調査の請求」
又は審判所長に対する「審査請求」を選択することになる。課税庁の
行った処分（徴収処分を含む。）に対しては、国家賠償請求訴訟など
一部の例外を除いて、原則として審査請求を経ることなく直接税務訴
訟を提起することはできない。

　これは一般に、「不服申立前置主義」と言われているが、このよう
な制度が採用されている理由としては、税法が複雑で専門性が高いこ
とや課税・徴収処分が大量・反復的に行われることなどが挙げられ
る。すなわち、このような課税処分については、税務訴訟に移行する
前に、課税庁内部で簡易・迅速な手続きによって再度の検討・見直し
を行うことは、納税者にとっても課税庁にとっても有益であり、しか
も、審判所における争点整理機能が、後の訴訟においても審理の迅速
化にも大きく寄与しているという実情がある。

　再調査の請求、審査請求及び税務訴訟の関係を図で表すと図２のよ
うになる。

【図2　国税の不服申立制度の概要図】

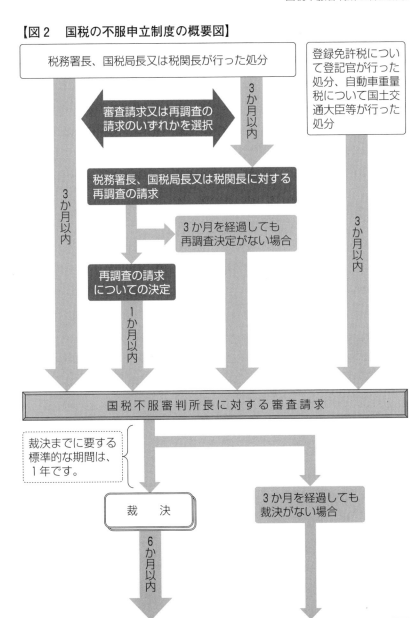

出典：国税不服審判所ホームページ「不服申立手続等」

(2) 審査請求の具体的な進行

　　納税者からの審査請求がなされると、審判所はその審査請求が不適法なものではないかどうかという形式審査を経た後、当事者の主張の応酬や証拠の提出など民事訴訟と類似した形で審理が進行するが、これも分かりやすく図示すると図3のとおりである。

(3) 審査請求における審理の特色

　ア　審査請求がなされると、上記のとおり、その結論としての「裁決」が行われることになる。これは税務訴訟前の行政部内の最終的な判断の意味合いを持つので、なるべく簡易・迅速な処理がなされることが望まれ、現在ではおおむね1年以内に裁決が出されるのが通例である。

　イ　この審査請求は、納税者の権利利益の救済を目的としていることから、課税庁が行った先の課税処分等（一般に「原処分」といわれる。）よりも、納税者に不利な結論が出されることはないことに特徴がある。

　ウ　また、審査請求が、納税者の権利救済の意味合いを持つことからも、審判所においては、「争点主義的運営」と呼ばれる審理が行われており、原処分のうちできるだけ審査請求人が問題としている「争点事項」に絞って処分の適否を判断することが心掛けられている。もっとも、当事者が問題としていないことであっても、審判所の審理の結果、明らかに誤りがあるような事項があれば、裁決でもその部分を是正して判断が行われることになる。課税の公平という点からすれば当然のことであろう。

　エ　さらに、審判所長が行う裁決では、原処分の適否につき国税庁長官が発出した通達と異なる結論を出すことも認められるが、そのことによる課税実務上の弊害も考慮して、そのような場合には一定のルールが設けられている（通則法第99条）。

　オ　最後に、審査請求に対する審判所の審理の大きな特色として、「職権探知主義」を挙げることができる。これは、事件を担当する

【図3　審理の流れ】

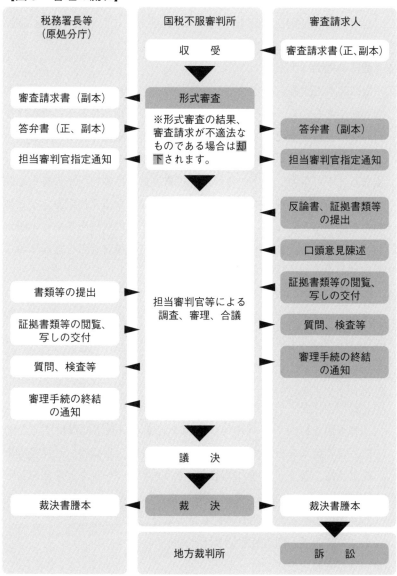

出典：国税不服審判所ホームページ「審理と裁決」

審判官が必要と認めれば、自ら必要な事実の探知や証拠収集などを行うこと（通則法第97条）であり、民事訴訟における「弁論主義」とは大きく異なる審判所独特の制度である。

(4) **裁決の効力**

　既に述べたように、審判所が行う「裁決」は課税庁としての最終的な判断であるから、ある原処分について裁決が行われると、課税庁が自らその裁決を変更することができない「不可変更力」が生じる。

　また、裁決には、一定期間を経過すると処分の違法性を主張できなくなる「不可争力」が生じるほか、税務署長等は審判所長の行った裁決について、同じ理由で再更正処分をできなくなる「拘束力」などの効力を伴うことになる。そして、課税庁が、仮に裁決の結果に不服があったとしても、税務署長等（原処分庁）自ら税務訴訟を提起することはできない。

(5) **審判所の近年の取組み**

　審判所では、審理状況の透明性を確保し、適正かつ迅速な事件処理を行うため、近年次のような施策に取り組んでいる。これらの取組によって、納税者には、以前よりも使いやすい審査請求制度となっている。

　ア　審理の状況・予定表の交付

　　審査請求について具体的な情報を適宜かつ適切に提供するために、審査請求を担当する審判官等は、答弁書・反論書・意見書等の提出状況、調査・審理の状況、今後のスケジュールなどを記載した「審理の状況・予定表」を作成し、審査請求人に交付している。また、審理の終結などについても、当事者に通知されることとして、手続の透明性が図られている。

　イ　争点の確認表の交付

　　審理を適正かつ迅速に進めていくためには、争点を整理し、また、当事者双方が争点を共通して認識する必要がある。そのために、事件の担当審判官は、審査請求人及び原処分庁双方の主張書面

に基づいて争点を整理し、①争われている原処分の特定、②争点及び③争点に対する当事者双方の主張などを簡潔に要約した「争点の確認表」を作成し、審査請求人及び原処分庁双方に交付している。

ウ　原則 1 年以内の事件処理

　審判所では、審査請求の内容によってやや異なるものの、審査請求がなされてから、原則として 1 年以内に事件の処理できるような目標を立てている。

(6)　**公表される裁決事例**

　審判所では、納税者の正当な権利利益の救済を図るとともに、税務行政の適正な運営の確保に資するとの観点から、先例となるような裁決については、ホームページなどで公表している。

　公表された裁決例は、納税者はもちろんのこと課税庁にとっても、有益な資料となるものがある。本書も、そのような公表された裁決例から、個人の資産税の分野の事例を抽出したものである。なお、公表された裁決例であっても、中には後の訴訟において結論が覆されているものがあるので、その活用には注意が必要である。

税務重要裁決事例　個人資産税編

被相続人は不動産の売買代金の請求権を有しておらず、同請求権は、相続税の課税対象財産とはならないとした事例

平成28年6月28日裁決　裁決事例集№103

裁決の要旨

　本件売買契約が成立した旨の本件売買契約書が存在するものの、本件売買契約書の作成に、買主とされるＥは関与していない。また、本件売買契約書において本件不動産の所有権移転登記手続は、売買代金全額の支払と引替えに行うとされているが、現在に至るまで売買代金は全く支払われておらず、そうであるのに所有権移転登記が完了しているのは不自然である。しかも、請求人及びＥの間では、本件不動産のＥの所有名義は便宜上のものであり、真実は請求人が所有者であることを確認する旨の本件売買契約書とは明らかに矛盾した記載のある本件合意書が作成されている。加えて、Ｅが本件不動産を所有者としてこれを管理、支配している形跡はうかがわれない。

　これらの事情に照らせば、本件売買契約書は、実体を伴わない架空の内容を記載した契約書であるものと認めるのが相当である。したがって、本件売買代金債権は発生していないというべきである。

本裁決のポイント解説

1　問題の所在

　相続の開始により、相続人は、被相続人の一身に専属したものを除き、被相続人に属した一切の権利及び義務を承継する（民法第896条）とされており、遺贈があった場合には、その目的となった財産は原則

として遺言者の死亡の時から受遺者に帰属するとされている（民法第985条第1項）。相続税は、原則として、これらの相続又は遺贈により取得した財産に対して課されるものである（相続税法第1条の3）。

しかし、この「財産」の意義について、相続税法は何ら規定を置いていないので、相続税の課税の対象となる財産については、私法一般において考えられているところの「財産」と同意義と解するほかなさそうである。この点につき、相基通11の2-1においては、相続税法上の「財産」の意義について、「金銭に見積もることができる経済的価値のあるすべてのものをいう」と定めており、やや抽象的ではあるが実務的には解決されているといえる。また、過去の裁判例においても、このような取扱いを否定するものはないと思われる。なお、同通達の(1)においては、相続税法のいう財産には「債権」が含まれることをいわば確認的に示している。

本事例は、債権の存否という事実認定に関するものであるが、売買契約書という処分証書が存在していることをどう評価するかという点が注目される。

2　本件の争点

本審査請求では、本件被相続人が、生前中に売主として作成した本件売買契約書について、相続開始時において、その売買代金が未収であることを理由に、その売買代金債権が相続税の課税価格に算入されるか否かが問題とされている。すなわち、相続開始時における被相続人に帰属する債権（本件代金債権）の有無を争点する事案である。

3　事実関係

本件の事実関係はおおむね次のとおりである。

(1)　本件における被相続人（本件被相続人）は、平成23年3月に死亡した（本件相続）。本件相続における相続人は、夫である請求人、長女であるE、Eの子であり本件被相続人の養子となっていたFの

3名である。

⑵　本件被相続人は、平成22年11月当時、米国に所在する土地建物（本件不動産）の登記名義人となっていた。

⑶　本件被相続人を売主、Eを買主とする平成22年11月25日付の「不動産売買契約書」（本件売買契約書）が作成されており、同契約書には売買代金のほか、代金全額の引換えに本件不動産の引渡し及び所有権移転登記の手続を完了させる旨の記載があった。

⑷　一方、請求人を貸主、Eを借主とする平成22年12月6日付の金銭消費貸借契約書（本件金銭消費貸借契約書）が作成されており、その書面には次のような記載があった。

　①　借主Eは、本件不動産の取得の目的のため、本件金銭消費貸借契約を締結すること

　②　金利は1％、返済期間は30年とすること

　③　返済方法の約定

　④　遅延損害金の約定

⑸　本件被相続人とEの名義による平成22年12月29日付権利放棄証書（本文は英文。「本件権利放棄証書」）には、本証書をもって、譲渡人（本件被相続人）は、譲受人（E）から支払われた正当かつ価値ある対価を約因として、本件不動産に対する譲渡人の権利、権限及び権益の全てを、単独所有権として、譲受人に対し、譲与、提供、売却、譲渡する旨の記載がある。

　本件権利放棄証書には、本件被相続人の代理人としての請求人の署名及びEの署名があり、各署名について、公証人による認証が付与されている。

⑹　本件不動産について、平成22年12月29日付で登記記録上の所有名義人が本件被相続人からEに変更されたものの、Eは現在に至るまで、本件被相続人及びその相続人に対して本件売買契約書記載の代金を全く支払っていない。

⑺　原処分庁は、本件代金債権が本件相続に係る相続税の課税価格に

算入されるとして、相続税の更正処分及び過少申告加算税の賦課決定処分を行った。

4　審判所の判断

原処分庁は、本件被相続人が、Eに対し、本件不動産を売却しているところ、相続開始時点において、本件売買契約書記載の代金が支払われていなかったことから、本件被相続人は、上記代金に相当する本件代金債権を有していたと認められ、これは本件相続に係る相続税の課税価格に算入される相続財産であると主張した。

このような原処分庁の主張に対して、審判所はおおむね次のような事実認定を行った上で、処分の全部が違法であると認定した。

⑴　Eは、売買契約書の作成に関与していない。

⑵　Eは、本件消費貸借契約書に自ら署名・押印したものの、同契約書記載の金員を受け取っておらず、返済もしていない。

⑶　本件相続に関しては、請求人、E及びFの間で、遺産分割協議書が作成されている。しかし、請求人及びEは、実際には上記遺産分割協議書記載の分割方法と異なる遺産分割をするとして、同協議書と異なる分割方法を定める合意書を作成している。同合意書には「本件不動産は便宜上本件被相続人の名義ではあるものの、元来より請求人の所有であることを確認する」旨の記載がある。

⑷　Eは、旅行の際、本件不動産を使用したことはあったが、現在では建物の鍵を請求人のみが所持しているため、本件不動産を使用することはできない。

⑸　本件不動産に係る固定資産税、水道光熱費等は請求人が支払っており、Eがこれらを支払ったことはない。

⑹　これらの事情に照らせば、本件売買契約書は、実体を伴わない架空の内容を記載した契約書であるものと認めるのが相当である（なお、本件売買契約書に付随して作成された本件消費貸借契約書や本件権利放棄証書も、その作成経緯等に照らせば、実体を伴わない文

書であると認められる。）。

　したがって、本件代金債権は発生していないというべきである。

本裁決の留意点

1　本裁決は、被相続人の生前に作成された不動産の売買契約書（本件売買契約書）の真偽及び同契約書に基づく売買代金請求権（本件代金債権）の存否が問題とされた事実認定に関する事案である。審判所の事実認定に従えば、その結論は一見当然のように思えるところであるが、租税の実務においてはそう簡単ではない。

　すなわち、原処分庁は、本件売買契約書が存在し、さらに本件売買契約書の事実関係を前提とした内容の本件金銭消費貸借契約書や本件権利放棄証書も作成されていたのである。これらはいわゆる処分証書であり、そのような書面が存在する限り、課税庁としては一応その作成された処分証書の内容に従って事実が存在するものとして、課税関係を構築していくのが一般であろう。しかも、本件権利放棄証書は、公正証書というきわめて証拠能力の高い形式で作成されており、このような書面の存在を前提として、原処分庁が、本件代金債権が相続財産に該当するとの課税処分を行ったとしても、無理からぬところとも考えられる。もちろん、処分証書があるとしても、それが真実を反映していないことが明らかな場合にまで、同書面の内容どおりに課税関係を整理することに問題があることは当然である。本裁決も、処分証書である本件売買契約書について、「実体を伴わない架空の内容」と評価した。

　この点、原処分段階で、請求人と原処分庁との間でどのような議論の応酬があったのか、大変に興味のある事項である。

2　本件不動産の登記名義が移転した原因・理由（請求人の債権者からの追及を免れるため）については、民法上問題を含んでいるかどうかは別として、本件売買契約書の真偽に関して審判所の認定・結論に異論はない。しかし、本裁決のような結論に至った場合には、次のような問題が想起される。

　　すなわち、本件不動産について、本件売買契約書が存在し実際にその登記名義がEに移転したのであるが、本裁決の結論に従って本件不動産がその後真実の所有者である請求人の名義に復しているのであれば問題はない（本裁決からはその事実関係は不明であるが、前述の登記名義移転の理由からすれば、すぐに登記名義を真実の所有者である請求人に戻すということはないと推測される。）。しかし、そうでないとすれば、本件売買契約書は真実の内容を反映していないという本裁決の結論にもかかわらず、本件不動産の登記名義が依然としてEにあるということになる。租税実務上、そのような状態をそのまま看過することができるのかどうかということであり、本事例はさておき、今後同様の事案が発生した場合のために、以下の点について指摘しておきたい。

3　その一は、所得税法上の問題である。外形上、譲渡所得の対象となる資産の移転があったのであるから、実務上通常は譲渡所得の課税問題を検討しなければならないことになる。これについては、申告段階において、所基通33-2《譲渡担保に係る資産の移転》に準じた取扱いをすることによって、納税者及び課税庁の双方で実務上の解決が図られる可能性がある。

　　その二は、贈与税とその後に生じる相続税の課税問題である。本事例のように、対価を伴わない不動産の名義の変更があった場合には、相基通9-9において「これらの行為は原則として贈与として取扱うものとする」旨の定めがある。その点が問題となる可能性があるが、これについては、「原則として取扱うものとする」との表現のとおり、明確な反証があればそのような取扱いはしないということであり、実務上も「名義変更が行われた後にその取消し等があった場合の贈与税の取扱いについて」（昭和39年5月23日付直審（資）22（例規）ほか国税庁長官通達）という通達をおいてこのような事例に対処できることとされている。納税者としては、この点について、詳細な説明をして課税庁の理解を得る必要があるであろう。

4　さらに、本裁決の結論に従えば、本件不動産の真実の権利者は請求

人ということになるが、本件不動産が他に譲渡されない限り、請求人に相続が開始した場合には、本件不動産は請求人の相続財産として相続税の課税対象財産になることが想定される。しかしながら、登記名義がEのままであるとしたら、相続税の課税対象財産から漏れてしまう可能性も否定できないのである。この点、このような事例においては、納税者（税理士）も課税庁も、将来そのような事態を招くことがないよう資料の整理を図っておく必要がある。

◆**関係法令**

相続税法第11条、第11条の2、相基通11の2-1・9-9、所基通33-2

◆**関係キーワード**

財産、相続税の課税価格

被相続人の家族名義預貯金は、その管理・運用の状況等からしても被相続人に帰属する相続財産とは認められないとした事例

平成25年12月10日裁決　裁決事例集No.93

裁決の要旨

　預貯金は、現金化や別の名義の預貯金等への預け替えが容易にでき、また、家族名義を使用することはよく見られることであるから、その名義と実際の帰属とがそごする場合も少なくない。そうすると、預貯金等については、単に名義のみならず、その管理・運用状況や、その原資となった金員の出捐者、贈与の事実の有無等を総合的に勘案してその帰属を判断するのが相当である。

　原処分庁は、使用印鑑の状況や保管場所など管理状況について何ら具体的に主張も立証も行わない。また、求釈明に対しても、新たな主張はないとして具体的な出捐の状況についても何ら主張立証をしていない。

　本件預貯金等の管理・運用の状況についてみると、平成17年までは本件被相続人の妻が管理・運用し、それ以後は、請求人夫婦あるいはその子（本件被相続人の孫）らが管理・運用していたものと認められる。

　本件預貯金等の原資について、審判所の調査によっても、その出捐者が誰であるかを認定することはできなかった。また、請求人らは、過去に被相続人から請求人らに贈与の事実があった旨を主張し、原処分庁は、請求人夫婦がその主張する贈与につき贈与税の申告をしていないことをもって、贈与がなかった旨を主張するが、関係資料や審判所の調査によっても、被相続人から請求人らに贈与がなかったと認めるには至らなかった。

　以上のとおり、本件預貯金の管理・運用の状況、原資となった金員の出捐者及び贈与の事実の有無等を総合的に勘案しても、本件預貯金等が

いずれに帰属するのかが明らかではなく、ひいては、本件預貯金等が被相続人に帰属する相続財産に該当すると認めることはできない。

本裁決のポイント解説

1　問題の所在

　本裁決は、相続税の実務で頻出する家族名義預金の帰属が問題となった事例である。相続税の実務を担当している税理士や税務職員であれば、その帰属について頭を悩ませたことがある人は多いと思われる。本裁決において、審判所は原処分の主張を認めず、処分の全部を取り消したのであるから原処分庁としては反省する点が大いにあったと思われる。

　裁決文を読む限りでは、その判断は妥当と思われるが、本裁決において、審判所がどのような判断枠組みを用いたのか、そして、事実認定と「当てはめ」をどのように行ったのかについてみていくこととする。さらに、本裁決は、原処分の問題点についても触れているが、注目すべきポイントもある。

2　本件の争点

(1)　本件調査に係る手続は違法又は不当であったか否か。

(2)　本件預貯金等は、相続財産に該当するか否か。

(3)　本件農業用シュレッダーの評価額を、本件各更正処分において相続財産に加算すべきか否か。

(4)　請求人らに、通則法第68条第1項に規定する「隠蔽し、又は仮装した」事実があったか否か。

　ここでは、上記(2)の争点に絞って検討を加えたい。

3　事実関係

　本裁決においては、争いのない事実に加えて審判所による詳細な事

実認定の記載があるが、ここでは、上記2(2)の争点の検討について必要な範囲で事実関係を整理する。

(1) 本件における被相続人（本件被相続人）は、平成21年2月に死亡した（本件相続）。

(2) 本件相続の相続人は、本件被相続人の配偶者であるH、本件被相続人の子であるF及びFの妻で本件被相続人の養子であるJ（FとJは「請求人夫婦」、請求人3名は「請求人ら」）である。

(3) 本件相続に係る相続税の申告書を作成したL税理士は、平成24年2月10日の本件相続に係る相続税の税務調査において、請求人夫婦並びに請求人夫婦の子であるM、N及びPの3名（孫ら）が名義人となっている預貯金等について、平成10年末から本件相続開始日までの間の金額の移動状況等を記載した表形式の資料（本件提出資料）を調査担当職員に提出した。

(4) 本件で、その帰属が問題となっている請求人ら及び孫ら名義の預貯金（本件預貯金等）の一部は、設定時に本件被相続人の印鑑を届出印としていたが、基本的に平成13年までに本件被相続人以外の印鑑に改印された。

(5) 平成17年以降、本件預貯金等のうち請求人夫婦の名義の預貯金の印鑑は、請求人夫婦が使用していた。

(6) Hは、収入は基礎年金であったが、昭和56年時点において約7,400,000円の資金があった。

(7) 原処分庁は、本件預貯金等について、その出捐者が本件被相続人であり、平成17年までは本件被相続人が管理していたとの理由で、相続財産に該当するとして請求人らに対して相続税の更正処分等を行った。

4 審判所の判断

審判所は、以下のとおり指摘して原処分庁の主張を認めず、おおむね「裁決の要旨」のとおり判断して処分の全部を取り消した（調査手

続の違法性又は不当性を除き、その他の争点についても原処分庁の主張が退けられた。）。

(1) 一般に外観と実質は一致するのが通常であるから、財産の名義人がその所有者であり、その理は預貯金等についても妥当する。しかしながら、預貯金等は、現金化や別の名義の預貯金等への預け替えが容易にでき、また、家族名義を使用することはよく見られることであるから、その名義と実際の帰属とがそごする場合も少なくない。そうすると、預貯金等については、単に名義のみならず、その管理・運用状況や、その原資となった金員の出捐者、贈与の事実の有無等を総合的に勘案してその帰属を判断するのが相当である。

(2) 原処分庁は、本件預貯金等の管理状況について、単に平成17年まで本件被相続人が管理していたと主張するのみで、使用印鑑の状況や保管場所など管理状況に何ら具体的に主張も立証も行わず、また、その出捐者については、本件相続開始日前3年間の本件被相続人の収入が多額であることなどを挙げるのみで具体的な主張立証をしていない。

(3) さらに、原処分庁は、本件被相続人から請求人ら及び孫らに対する（原資の）贈与の有無についても、請求人夫婦は平成18年に贈与を受けた際は贈与税の申告を行っており、その他に贈与税の申告がなかったのは贈与がなかったからにほかならない旨主張するのみであり、到底承伏できるような主張ではない。

本裁決の留意点

1　令和4年12月に公表された「令和3事務年度における相続税の調査等の状況」によると、相続税の申告漏れ財産に占める現金・預貯金等の割合は32.2％になっており、それ以前の統計をみても、どの年もこれらの財産の申告漏れ財産に占める割合は30％強であって、常に大きなウェイトを占めている。そして、これら申告漏れの預貯金等の中には、多くの場合本来相続財産であるにもかかわらず、口座等の名義が

被相続人以外の者となっているために申告に含まれなかったいわゆる「名義預金」が相当数含まれていると、経験則上推測される。

2　これら被相続人以外の名義の預金等が果たして相続財産に該当するのか否かは、相続税の調査場面では必ずといってよいほど問題となるのが実情である。なにしろ、いざ相続が開始すると、最も事情を知っている被相続人が存在しないので、家族名義預貯金等のうち被相続人に由来するものの帰属を巡って、税理士も課税庁の調査担当職員も頭を悩ますのである。もっとも、相続人にとっては、それが相続財産か自己固有の財産であるかは通常理解しているものであろう。いずれにしろ、この名義財産の帰属というのは、やや誇張した言い方をすると、相続税実務における一つの永遠の課題ということもできる。中でも、家族名義の財産でよく問題になるのは、流動性の高い預金と有価証券である。

3　一口に名義預貯金等といっても、家族の形態は様々であり、財産の形成過程も家庭ごとに異なっているから、いわゆる名義預金や名義株式について、相続財産に含まれるのか否かを統一的な基準をもって判断することは困難であろう。そのような中、本裁決は、このような問題に対して、審判所なりに判断枠組みを定立してそれを当事例に当てはめて結論を出している。

　なお、このような名義財産の判断枠組みは、引用されることの多い東京地裁平成20年10月17日判決において示されているものとほぼ同じといってよいであろう。

　ちなみに、同判決が名義預金等の判断基準について示した判示部分は要旨次のとおりである。

⑴　ある財産が被相続人以外の者の名義になっていたとしても、当該財産が相続開始時において被相続人に帰属するものであったか否かは、当該財産又はその購入原資の出捐者、当該財産の管理及び運用の状況、当該財産から生ずる利益の帰属者、被相続人と当該財産の名義人並びに当該財産の管理及び運用をする者との関係、当該財産の名義人がその名義を有することとなった経緯等を総合考慮して判

断するのが相当である。

(2) 財産の帰属の判定において、一般的には、当該財産の名義が誰であるかは重要な一要素となり得るものではある。しかしながら、我が国においては、夫が自己の財産を、自己の扶養する妻名義の預金等の形態で保有するのも珍しいことではないというのが公知の事実であるから、本件丁（被相続人の妻）名義預金等の帰属の判定において、それが丁名義であることの一事をもって丁の所有であると断ずることはできず、諸般の事情を総合的に考慮してこれを決する必要があるというべきである。

4　本裁決は、まず、本件預貯金等の管理・運用の状況について精査を行った。その結果、本件被相続人名義の預貯金等と配偶者であるH名義の預貯金等については、以前はHが管理・運用していたものの、Hが平成17年に入院してからは、本件預貯金等を含めそれらの預貯金等は、請求人夫婦あるいは孫らが管理・運用していたというのである。そうすると、本件預貯金等について、本件被相続人が管理・運用していたとする原処分庁の主張は、単にL税理士が作成した本件提出資料に依拠するのみで、具体的な立証の伴わない不確実なものといわざるを得ない。

　また、本件預貯金等の原資の出捐者についても、原処分庁は、本件被相続人が過去に多額の収入を得ていたなどと、過去の状況に基づく主張をするのみで推認の域を出ない。すなわち、原処分庁の主張は、証拠に基づいた説得力のあるものではない。

5　以上のように、原処分は、本件預貯金等の帰属について、①管理・運用についても、②原資の出捐者にしても、客観的な証拠に基づいた主張とは認められないが、相続税の課税財産の存否は課税庁が立証責任を負担すべきという点について、理解が足りなかったものと思われる。また、原処分庁の主張をみても、前記の東京地裁判決が示した名義預貯金等の判断基準について、逐一詳細に検討された形跡がないことからしても、処分には相当の無理があったものと考える。

6　本裁決中で、「当審判所の調査の結果によっても」などという記載

があるが、審判所の審理は、裁判所とは異なり「職権探知主義」（裁判所で行われる民事訴訟の原則は「弁論主義」）によって行われていることにも注意すべきである。したがって、本事例のような事実認定が争点となっているような事件は、審判所自体の調査が行われている。

　本裁決は、いわゆる名義預貯金の帰属について、原処分庁の立証不足から処分を取り消した事例として、実務の参考になると思われる。

◆関係法令

相続税法第11条、第11条の2、相基通11の2-1

◆関係キーワード

名義預貯金等、立証責任

◆参考判決・裁決

東京地裁平成20年10月17日判決・平成19年（行ウ）19号

被相続人以外の者の名義である有価証券等について、その財産の原資の出捐者及び取得の状況、その後の管理状況等を総合考慮して、相続開始時において被相続人に帰属すると認定した事例

平成23年5月16日裁決　裁決事例集№83

裁決の要旨

　　有価証券等の財産の帰属を判断するためには、その名義が重要な要素になることはもちろんであるが、他人名義で財産を取得することや取引口座の開設をすることも、特に親族間においては珍しいことではないことからすれば、それらの原資の負担者、取引や口座開設の実行者、財産から得られる利得の享受者という点も重要な要素である。そして、これらの財産が実際に帰属する者の認定は、これらの諸要素、その他名義人と実際に管理支配している者との関係等を総合的に考慮してすべきである。

　　これを本件についてみると、有価証券等の名義こそ被相続人ではなく請求人ら家族のものであるものの、原資の負担者は被相続人であること、取引等手続等の遂行者は実質的に被相続人であること、これらの財産の実質的な管理者は被相続人であること、それらの財産の運用も被相続人の指示の下で行われていたこと、運用益の実質的な享受者も被相続人であったことなどが認められる。

　　そうすると、これらの財産は、一部を除き、被相続人の相続財産と認めるのが相当である。

本裁決のポイント解説

1　問題の所在

　　いわゆる家族名義財産の帰属というものが、相続税の実務上悩まし

い問題であることは、すでに先の事例で述べたとおりである。

　本事例は、この家族名義財産のうち特に家族名義の有価証券等の帰属を一つの争点とする事例であり、請求人の主張と原処分庁の主張が真っ向から対立している。そこで、審判所がどのような判断枠組みを示し、どのような当てはめを行ったのかという点が注目される裁決事例である。

2　本件の争点

(1)　本件各更正処分は、違法又は不当な調査手続によりなされたか否か。

(2)　本件請求人ら名義財産は、本件相続の相続財産であるか否か。

(3)　本件宅地の評価に当たって、著しい高低差による減額をすべきか否か。また、裏面路線に係る二方路線影響加算をすべきか否か。

(4)　請求人らが本件請求人ら名義財産を相続財産として申告しなかったことに、通則法第68条第1項に規定する隠蔽又は仮装の事実があるか否か。

　ここでは、上記(2)のうち特に有価証券等の帰属という点に絞って検討を加えたい。

3　事実関係

　本裁決において、争いのない基礎事実のほか詳細な事実認定の記載があるが、ここでは上記2(2)のうちの有価証券等の帰属の検討に必要な範囲で事実関係を整理する。

(1)　本件の被相続人（本件被相続人）は平成19年7月に死亡し、相続が開始した（本件相続）。本件被相続人に係る相続人は、妻である請求人、子であるJ及びK（両名とも共同審査請求人であるが、ここでは記載の簡略化のため、妻のみを「請求人」と表記し、請求人、J及びKをまとめて「請求人ら」と表記する。）である。

(2)　本件被相続人は、勤務先を退職後死亡するまでの間、書道塾を請

求人と共同経営していた。

(3) 請求人は、昭和32年に本件被相続人と結婚後、本件被相続人が勤務先を退職するまでの間、健康食品の販売によって得た月額数千円から数万円程度のものを除き、収入を得たことはなかった。本件被相続人の退職後は、本件被相続人とともに共同で書道塾を経営していた。

(4) Jは、大学卒業後、会社員として4年ほど勤めた後、平成2年に結婚するまでに得た収入は、お年玉や入学時の祝い金等の両親に預けて管理運用を任せていたものを除き、自分で管理していた。

(5) Kは、大学卒業後、会社員として勤めた後、結婚した。結婚するまでに得た収入は、自ら費消した分を除き、全て両親に預けて管理運用を任せていた。

(6) 本審査請求で、その帰属が問題となっている預貯金や有価証券等について、その多くについて原資の出捐者が本件被相続人であり、その後のそれら多くのものについては、請求人らを名義とする口座間で頻繁に金融資産の移動が行われている。

(7) 本件被相続人は、請求人及びJに対し、生前、J及びKの名義財産を同程度の価額にするために、Jの名義財産からKの名義財産に資金移動をするつもりである旨話したことがあった。

(8) 請求人らの名義財産が形成される過程の取引及び口座開設等の実際の手続は、本件被相続人又は本件被相続人の指示を受けた請求人によって行われたり、本件被相続人の指示のもとJ及びKによって行われることもあった。

(9) 請求人らの名義財産の基となった上場株式の配当金の振込先は、請求人ら名義の普通預金口座であったが、その口座の通帳及び印鑑は全て本件被相続人の自宅に保管されていた。

(10) 請求人ら名義財産の証書等及び届出印鑑の本件相続開始時における保管場所は、本件被相続人の自宅であった。

(11) 証券会社からKあてに送付された「取引報告書」は、本件調査の

時点において、本件被相続人の自宅に保管されていた。

4　審判所の判断

　審判所は、本審査請求で問題となっている有価証券等の帰属について、「裁決の要旨」の冒頭部分のような判断枠組みを示した上で、次のように判断した。

(1)　請求人ら名義財産の形成過程と口座開設当時の請求人らの収入状況及び年齢を加味すると、当該財産の原資の負担者は、本件被相続人であると推認するのが相当である。

(2)　請求人ら名義財産が形成される過程の取引及び口座開設等の実際の手続は、本件被相続人又は本件被相続人の指示を受けた請求人によって行われた。したがって、請求人ら名義財産に係る取引や口座開設等の手続の遂行者は、実質的に本件被相続人であると認めるのが相当であり、このことは当事者間にも争いがない。

(3)　請求人ら名義財産のうち証書が発行されたものの多くは、本件相続開始時において、本件被相続人の自宅に保管されており、取引に使用する印鑑についても、その多くは本件被相続人の自宅に保管されていた。

　さらに、請求人ら名義財産の証書等及び届出印鑑の保管場所は、本件調査の時点において、本件被相続人の自宅か、請求人が本件相続開始後に開設した貸金庫であり、当該貸金庫に移管されるまでの保管場所が、本件被相続人の自宅以外の場所であったと推認できる客観的な証拠もない。

　以上によれば、請求人ら名義財産は、本件被相続人が自身で又は請求人を通じて、管理していたと認めるのが相当である。

(4)　請求人ら名義財産に係る利得の享受状況を直接示すものは見当たらないが、配当金の支払方法について振込みを選択した配当金の振込先に係る通帳及び印鑑は、いずれも請求人ら名義の口座ではあるが、その通帳及び印鑑は本件被相続人の自宅にて保管されていたの

であるから、これらの利得を享受し得る立場にあったのは、請求人らではなく、本件被相続人であると認められる。

(5) 以上によれば、請求人固有の財産と認められる一部を除き、請求人ら名義の有価証券等は本件相続の相続財産と認められる。

(6) 請求人は、請求人ら名義財産は、本件被相続人から贈与された金員を原資としている旨主張する。しかしながら、本件被相続人から請求人らに対し、贈与の意思表示がなされ、これが履行されたことを証する事実は認められず、請求人もこの点について個別、具体的に主張立証していない。

したがって、審判所としては、請求人らの名義財産の原資のうちに贈与されたものがあるとは認められないといわざるを得ず、請求人のこの点の主張には理由がない。

(7) 請求人は、上場株式の配当金の一部は、請求人ら固有の財産である各普通預金口座に入金されていることから、当該上場株式が請求人らの固有財産である旨主張する。

しかしながら、配当金の振込先が請求人ら名義であることのみをもって、当該上場株式の帰属を判断するのは相当ではなく、当該上場株式の原資は本件被相続人が負担しており、上記請求人ら名義の各普通預金に係る通帳及び印鑑はいずれも本件被相続人の自宅に保管されていたのであるから、当該上場株式は本件被相続人に帰属すると認めるのが相当であり、請求人の上記主張には理由がない。

本裁決の留意点

1　令和4年12月に公表された「令和3事務年度における相続税の調査等の状況」によると、相続税の申告漏れ財産に占める有価証券の割合は12.5％になっており、それ以前の統計をみても、どの年もこれらの財産の申告漏れ財産に占める割合は10〜20％であって、一定のウェイトを占めている。そして、これら申告漏れの有価証券等の中には、預貯金等と同様本来相続財産であるにもかかわらず、口座等の名義が被

相続人以外の者となっているために申告に含まれなかったいわゆる名義株式が一定数含まれているであろう。

　これら被相続人以外の名義有価証券等の帰属についても、相続税の調査場面で比較的問題となることが多い。この点は預金等と同様である。

2　本件で問題となっている家族名義の有価証券等について、本裁決では、その形成過程の発端は「昭和51年から昭和53年にかけて行われたＡ社の本件被相続人及び請求人らの名義の取引口座の開設であり、その後継続されたことによって、請求人ら名義の財産のうち、大部分の財産が形成されたものと認めるのが相当であるから、その当時の請求人らの収入状況及び年齢を加味すると、当該財産の原資の負担者は、本件被相続人であると推認するのが相当である。」としている。これは、証拠によっても、原資の負担者が必ずしも明らかではなかったが、合理的な推認によって、原資の負担者は本件被相続人と判断したものであろう。

3　また、請求人ら名義財産の管理・運用面について、審判所は、本件請求人ら名義財産が形成される過程の取引及び口座開設等の実際の手続は、本件被相続人又は本件被相続人の指示を受けた請求人によって行われたことからすれば、請求人ら名義財産に係る取引や口座開設の手続の遂行者は、実質的に本件被相続人であったと認めるのが相当であるとしている。

　これについても、東京地裁平成20年10月17日判決において示されている次の判示が参考となるであろう。

　「一般に、財産の帰属の判定において、財産の管理及び運用をだれがしていたかということは重要な一要素となり得るものではあるけれども、夫婦間においては、妻が夫の財産について管理及び運用をすることがさほど不自然であるということはできないから、これを殊更重視することはできず、丁（編注：被相続人の妻）が丙（編注：被相続人）名義で丙に帰属する有価証券及び預金の管理及び運用もしていたことを併せ考慮すると、丁が本件丁名義預金等の管理及び運用をして

いたということが、本件丁名義預金等が丙ではなく丁に帰属するもの
であったことを示す決定的な要素であるということはできない。」
4　本裁決では、さらに請求人ら名義財産の形成は、生前の本件被相続
人からの贈与を原資としている旨の請求人の主張に対しても、請求人
の主張立証が不足しているとして排斥している。
　　本裁決は、いわゆる名義預金や名義株式の帰属判定が必要な事例に
おいて、参考となる内容が含まれていると思われる。

◆関係法令

相続税法第11条、第11条の2、相基通11の2-1

◆関係キーワード

相続財産、名義財産、財産の帰属

◆参考判決・裁決

東京地裁平成20年10月17日判決・平成19年（行ウ）19号

被相続人の相続開始数日前に相続人によって引き出された多額の金員は、被相続人によって費消等された事実はないことから相続財産であると認定した事例

平成23年6月21日裁決　裁決事例集№83

裁決の要旨

　本件金員が引き出されてから本件被相続人が死亡するまでは数日間であり、本件金員を浪費するには短すぎるのであって本件被相続人の消費傾向に照らしても、本件相続人が本件金員を全て費消してしまったとは考え難い。そして、本件被相続人自身、数日後に死亡するとは考えておらず、総所得金額の2倍以上に相当する50,000,000円もの金員を、本件被相続人が数日間という短期間で軽々に費消してしまったとも考え難い。

　また、本件金員が、本件相続開始日までに、他の預金等に入金された事実、本件被相続人の経営する会社との間で債務の返済や貸付金に充てられた事実、資産の取得又は役務の提供の対価に充てられた事実、その他何らかの費用に充てられた事実はなく、本件被相続人の関与した各病院に対する寄附金及び治療費に費消された事実もない。

　以上のとおり、通常想定し得る金員の流出先についてみても、本件金員が費消等された事実はなかったのであるから、各認定事実によれば、本件金員は本件相続人よって費消等されなかったと認めることができ、ほかにこれを覆すに足りる証拠はない。したがって、本件金員は、本件相続開始時点までに本件被相続人の支配が及ぶ範囲の財産から流出しておらず、本件相続に係る相続財産であると認められる。

1　問題の所在

　民事訴訟の一形態である租税訴訟、なかでも課税処分の取消訴訟においては、課税要件事実の存否ということについては、通常課税庁が立証責任を負うというのが判例であり通説でもある（金子宏『租税法（第24版）』弘文堂（2021年）1136頁）。これは、訴訟ではないが国税の処分に対する審査請求における審判所の審理においても同様といえるであろう。もっとも、課税庁よりも納税者がその事情をよく知悉していると認められる項目については、納税者が立証責任を負うとされることもある（前掲『租税法』1137頁）。

　本事例は、相続開始時における相続財産の存否ということが問題となっており、これはまさに課税要件事実の存否ということになるから、このような事項については、原則として課税庁が立証責任を負うべきものである。しかし、その「立証の程度」はいかにあるべきかということについて、本裁決は、従来とはやや異なるアプローチ（いわば消去法）で判断がされた事例である。

2　本件の争点

　被相続人が相続開始前に出金した金員は、本件相続に係る相続財産であるか否か。

3　事実関係

(1)　請求人Aは平成19年4月下旬に死亡した被相続人（本件相続人）の配偶者であり、請求人D及びEは本件被相続人の子である（A、D及びEをまとめて「請求人ら」）。

(2)　請求人らは、本件相続開始日において、本件被相続人と同一の住所であった。

(3)　本件被相続人は、平成19年4月11日にF病院に入院した。

(4)　Dは、平成19年4月19日にG銀行本店において、本件被相続人名義の定期預金を解約し、その解約利息とともに、本件被相続人名義の貯蓄預金にいったん預け入れた後、当該貯蓄預金から50,000,000円を現金で引き出した（本件金員）。

(5)　本件被相続人は、平成19年4月20日にF病院を退院した後、同月21日、別の県にあるH病院に入院し、退院することなく、同月中に死亡した。

(6)　請求人らは、相続税の申告において、本件金員又はその化体財産について相続財産として計上することはなったが、原処分庁は、本件金員が申告漏れであるとして、請求人らの相続税の更正処分等を行った。

4　審判所の判断

　請求人らは、DがG銀行本店で本件金員を引き出し、その当日に本件被相続人の入院先であるF病院で全額を本件被相続人に引き渡したことは認めるものの、それ以外は何も知らされておらず、本件金員は本件被相続人が費消したものであるから、本件相続開始日おいては存在していなかったと主張した。

　これに対して、審判所は詳細な事実認定を行った上で、おおむね次のような当てはめを行って請求を棄却した。

(1)　本件金員は、Dにより平成19年4月19日に引き出されたことが認められることから、本件金員が本件相続に係る相続財産であるというためには、本件金員が同日から本件相続での間に本件被相続人の財産から流出していないことが必要となる。

(2)　Dは、本件被相続人の指示により本件金員を本件被相続人に引き渡した旨及び本件金員のその後の所在について関知しないなどと申述及び答述する。

　　しかしながら、本件被相続人が利用した病室は中から施錠することができず、病室内にも施錠設備がなかったことからすれば、入院

中の本件被相続人がそのような不用心な状態の中、本件金員を受け取るとは考え難く、Dの申述等の内容は不自然ということができる。

(3)　その他、Dは、本件金員を引き出して以降の行動について、あいまいな申述等を繰り返しているが、不自然というほかない。特に、Dが自宅から離れた県外のF病院に本件金員を持参し、それを入院中の本件被相続人に引き渡すに当たり、何らその使途を確認しなかった旨の申述等もまた不自然ということができる。

(4)　そうすると、DがG銀行本店から本件金員を引き出して保持した事実が認められるにとどまるのであって、Eも本件金員は本件被相続人の指示より引き出されたものであると認識していることからすれば、Dは本件被相続人の指示を受けて本件金員を引き出したことが推認できるから、本件金員は、平成19年4月19日の時点では、本件被相続人の指示を受けたDが保管していたと認めることができ、その後の保管状況が変更されたことを認めるに足りる証拠はない。

(5)　本件金員が本件被相続人の財産から流出したか否かは次のとおりである。

　①　50,000,000円という高額な金員を、本件被相続人が家族に知られないまま費消することは通常では考えられない。

　②　本件金員が引き出されてから本件被相続人が死亡するまでは数日間であり、本件金員をギャンブル等の浪費によって全て費消するには短すぎるのであって、本件被相続人の消費傾向に照らしても、本件被相続人が本件金員を全て費消してしまったとは考え難い。

　③　本件金員が、本件相続開始日までに、他の預金に入金された事実、本件被相続人の経営する会社との間で債務の返済や貸付金に充てられた事実、資産の取得又は役務の提供の対価に充てられた事実、その他何らかの費用に充てられた事実はなく、本件被相続人の関与した各病院に対する寄附金及び治療費に費消された事実

　もない。

④　本件被相続人の妻であるＡ及び息子であるＥに、本件被相続人から本件金員を渡されるような人物について心当たりがなく、本件金員の保管に関与していたＤからその点に関する説明がないのであって、当審判所の調査の結果によっても、そのような人物の存在は認められなかったことからすると、本件金員は、本件被相続人の家族以外の第三者には渡されていないと推認することができる。

⑹　以上のとおり、通常想定し得る金員の流出先についてみても、本件金員が費消等された事実はなかったのであるから、認定事実によれば、本件金員は本件被相続人によって費消されていなかったと認めることができ、ほかにこれを覆すに足りる証拠はない。

⑺　したがって、本件金員は、本件相続の開始までに本件被相続人の支配が及ぶ範囲の財産から流出しておらず、本件相続に係る相続財産であると認められる。

本裁決の留意点

1　高額な財産を現金で保持することは、盗難等の危険を伴う上に利息も生まないのであるから、一見するとあまり合理性はないように思われる。しかし、近年の低金利の影響を受けているためか、最近は、相続財産の中で「現金」の比率が高くなっているようである。加えて、現金は、資産の中でも最も流動性が高く秘匿にも便利なため、被相続人が財産を現金として保有することは、家庭内での相続問題や相続税の対策としても、活用されているという実態がある。また、民法第909条の2の新設により、令和元年7月1日以降、遺産分割前の遺産である預金からの引き出しが可能となったものの、改正前は、医療費や葬儀費用等に備えるためなどの理由で、高齢者が、相続開始前に自己の口座から預金を引き出し、現金で保有するということがしばしば行われていた。

2　このような背景があったかどうか不明であるが、本事例は、相続開始の直前に50,000,000円もの預金が、相続人である子によって引き出された後、その行方が不明になったというものである（請求人らの主張によれば、本件金員は本件被相続人が生前に費消したということである。）。

　これに対して、原処分庁は、相続開始直前の多額の出金が被相続人の子によって行われ、それが何ら相続財産に反映されていないことに疑念を抱き、相続税の税務調査に着手したものと思われる。そして、相続税の課税財産の存否は、一般的に課税庁が立証責任を負うことは前述のとおりであるから、原処分庁は本件金員の使途を解明することを主眼において、税務調査を展開したものである。その結果、本件金員について、本件被相続人が生前に費消した可能性がきわめて低いことの立証には成功したように思われる。また、審判所は、原処分庁の調査に加えて、現金を引き出す行為を行ったDの申述等の矛盾をも認定して、本件金員は、本件相続開始時には存在し、相続税の課税対象財産となる旨の判断を行った。本裁決は、課税庁が相続開始時に現金が存在したことを直接に示す証拠（直接証拠）はないものの、本件金員が費消されていないかどうかを丹念に検証して、（間接証拠の積み上げによって）結論を出している点が注目される。

3　一般に、被相続人が生前にある高額な財産を処分して、それが他の相続財産として反映されている場合には問題ないが、その反映財産が見当たらない場合には、相続税調査の対象となることがしばしば見受けられる。その場合、財産の処分が相続開始のかなり前のことであれば、相続開始までの間で、被相続人が何らかの費消をしたことは考えられ、相続人も被相続人から聞かされていなかったり、あるいは費消の事実について失念してしまっているということも十分に考えられる。しかし、本事例のように、被相続人が入院している状況下で、相続開始直前に相続人によって預金から引き出された金員が、短期間のうちに費消されてしまうというのは通常は不自然なものというべきであろう。そのため、審判所としても原処分庁が行った調査と主張につ

いて、詳細な検討を加えたものと推測される。

4　このように、相続開始直前に出金された金員が、相続開始時に存在することの直接的な証拠がない場合であっても、「被相続人による生前の費消」の可能性がないことについて「高度の蓋然性」を課税庁が立証した場合には、相続財産として認定される可能性があるという点は、本裁決の注目ポイントである。実務家としても注意が必要である。また、反対に、本件においては、原処分庁の主張・立証に対して請求人らからは有効な反論や立証が行われていないようであるから、この点も審判所の判断に影響を与えたと思われる。いずれにしても、詳細な事実認定の上で結論を導いた本裁決の判断は妥当であると考える。

　本裁決は、相続財産の存在について、課税庁による直接の立証ができないとしても、更正処分等をすることができるという点で注目すべき事例である。

◆関係法令

相続税法第11条、第11条の2

◆関係キーワード

相続財産、名義預金、立証責任

被相続人から子への贈与の時期はその履行時であること及び被相続人が毎年一定額を入金していた子名義の預金口座に係る預金は相続財産に含まれないと認定した事例

令和3年9月17日裁決　裁決事例集№124

裁決の要旨

1　贈与は、当事者の一方（贈与者）が自己の財産を無償で相手方に与える意思を表示し、相手方（受贈者）が受諾することによってその効力を生ずる（民法第549条）。もっとも、書面によらない贈与については、履行の終わった部分を除き、各当事者が撤回（現行法は解除）することができる（民法第550条）。

　被相続人が作成した贈与証の記載内容からすると、被相続人は、毎年、贈与税がかからない範囲で贈与を履行する意思を有していたことが合理的に推認される。しかしながら、本件贈与証は、受贈者の署名押印はなく、受贈者と目される子（Ｈ）も本件調査開始後まで本件贈与証の存在を認識していなかったことからすると、本件贈与証の存在のみをもって、直ちに被相続人とＨの間で、被相続人による毎年のＨ名義口座への入金に係る贈与が成立していたと認めることはできない。

2　原処分庁は、被相続人の子（Ｍ）の母が毎年Ｍ名義口座への入金を行っていたのは、本件贈与証の具体的な内容を理解しておらず、単に被相続人の指示に従っていたにすぎず、したがって、母が、これらの入金につき、被相続人からＭへ毎年贈与されたものと認識していたとは認められないとして、平成13年ないし平成24年の各年において被相続人とＭの間で贈与契約が成立していたとは認められない旨主張する。

　しかしながら、本件贈与証の内容は、毎年一定額を贈与するという

ものであって、その理解が特別困難なものとはいえず、毎年入金をしていた母が経理を担当していたことを併せ考えると、母は本件贈与証の具体的内容を理解していたとみるべきであり、そのことを前提とすると、母は自身が行っていた被相続人の預金口座からM名義口座への資金移動について、被相続人からMへの贈与によるものであると認識していたと認めるのが相当である。

　M名義預金は、本件贈与証に基づく入金が開始された当初から、母が、この代理人として自らの管理下に置いていたものであり、Mが成人に達した以降も、その保管状況を変更しなかったにすぎないというべきである。したがって、M名義預金は、平成13年の口座開設当初からMに帰属するものと認められるから、相続財産には含まれない。

本裁決のポイント解説

1　問題の所在

　相続税の実務において、家族名義財産の帰属が頻出する問題であることは、先の事例でも紹介したとおりである。そして、家族名義財産の帰属判定において、判断要素の一つとなるのが、過去に被相続人が相続人に対してその名義財産又はその原資たる資産を贈与していたかどうかということである。すなわち、被相続人の生前、被相続人から相続人に対して贈与があったのかどうかの事実認定あるいはその贈与財産の多寡は、相続税実務において重要なポイントとなる。

　本裁決は、まさに、この事項を主要な争点とする事例である。本事例において、審判所がどのような認定・判断を行ったのか検討していくこととする。

2　本件の争点

⑴　本件現金は、本件相続財産に含まれるか否か（争点１）。

⑵　本件被相続人からHに対しH名義口座に係る財産が贈与された時

期はいつか（争点2）。

(3) M名義預金は、本件相続財産に含まれるか否か（具体的には、M名義預金は本件被相続人とMのいずれに帰属するものか。）（争点3）。

(4) 請求人に通則法第68条第1項に規定する隠蔽又は仮装の行為及び相続税法第19条の2第5項に規定する隠蔽仮装行為があったか否か（争点4）。

ここでは、上記の争点2及び3に絞って検討を進めることとする。

3 事実関係

事実関係及び審判所の認定事実については、上記の争点2及び3の検討に必要な範囲で整理する。

(1) 本件における被相続人（本件被相続人）は平成29年1月に死亡し、相続（本件相続）が開始した。

(2) 本件相続における相続人は、本件被相続人の妻である請求人、本件被相続人と請求人の子であるH及びJ、並びに本件被相続人とKの子であるL及びMの5名である（子であるH、J、L及びMはまとめて「本件子ら」、請求人と本件子らは合わせて「相続人ら」）。

(3) 本件被相続人は、複数の会社の代表取締役を務めていた。

(4) 本件被相続人は、生前、平成13年8月吉日付けの「贈与証」と題する書面（本件贈与証）を作成した。本件贈与証には、「私は平成13年度より以後、毎年8月中に左記4名の者に金〇〇〇円を各々に贈与する。但し、法律により贈与額が変動した場合には、この金額を見直す。」と記載されており、本件子らの住所及び氏名が記載された上、本件被相続人の署名押印がされていた。なお、本件贈与証には、本件子らの署名押印はいずれもなかった。

(5) Kは、平成13年8月10日、本件被相続人の依頼により、次のとおりの各普通預金口座を開設した。

① H名義普通預金口座（H名義預金）

② 　J名義普通預金口座（J名義預金）

③ 　L名義普通預金口座（L名義預金）

④ 　M名義普通預金口座（M名義預金）

(6)　Kは、平成13年から平成24年の各年に一度、本件被相続人から依頼を受け、本件被相続人の普通預金口座から一定額を出金し、本件子ら名義預金にそれぞれ一定額を入金した。

(7)　Kは、平成27年6月1日、本件被相続人の依頼により、H名義預金の残高を全額現金で払い出し、本件被相続人に引き渡した（本件金員1）。また、本件被相続人は、平成27年8月、本件金員1をHに対して手渡した。

(8)　J名義預金、L名義預金及びM名義預金については、金額の相違はあるものの、相続開始時点では一定の残額があった。

(9)　原処分庁は、本件贈与証に係る財産として、最終的には、本件金員1が相続開始前3年以内の贈与（相続税法第19条）に当たること（争点2）、M名義預金が相続財産に該当すること（争点3）を主な理由として相続税の課税処分を行った。

4　審判所の判断

　争点2及び3に関する結論は、「裁決の要旨」記載のとおりであるが、その結論導出までの審理の過程は次のとおりである。

(1)　争点2について

① 　本件被相続人は、平成13年にKを通じてH名義口座を開設し、その後も引き続きH名義口座通帳等を管理するとともに、H名義口座及び本件贈与証の存在をHに知らせることなく、本件贈与証をHが本件被相続人と疎遠になる一因となったKに預けており、その後も、平成24年をもって、Hに何ら連絡することなく、H名義預金口座への入金を停止した。そして、本件被相続人は、当該停止から3年ほど経過した平成27年8月、Hに対し、H名義預金の残高全額を払い出した本件金員1とともにH名義預金の通帳等

を手渡ししたものであるが、本件被相続人は、口座開設から上記手渡しまでの約14年間、Hに対して、H名義預金の金融機関名や口座番号も知らせることなく、HがH名義預金を自由に使用できる状況にはなかった。

② 我が国において、親が子に伝えないまま、子名義の銀行口座を開設の上、金員を積み立てておく事例が少なからず見受けられることに鑑みると、H名義預金口座は、本件贈与証に記載したとおりの贈与の履行がされているとの外形を作出するために本件被相続人により開設され、平成27年8月まで本件被相続人自身の支配管理下に置かれていたものと認められるから、H名義預金は、本件被相続人に帰属する財産であったと認めるのが相当である。

③ 本件被相続人は、平成27年8月、Hに対し、H名義預金の残高を払い出した本件金員1を手渡し、Hは、それを受領していることから、本件被相続人とHの間においては、平成27年8月に、本件金員1に係る贈与が成立するとともに、その履行がされたものと認めるのが相当である（その結果、本件金員1は本件相続の開始前3年以内の贈与に該当するため、相続税法第19条第1項により、同金員の価額は、本件相続に係る相続税の課税価格に加算されることになる。）。

(2) 争点3について

① M名義預金開設当時、Mは未成年であったところ、平成13年8月10日以降、Mが成年に達するまでの間の親権者はKのみであった。そうすると、Kは、平成13年当時、Mの法定代理人として、本件被相続人からの本件贈与証による贈与の申込みを受諾し、その結果、平成13年から平成24年に至るまで、当該贈与契約に基づき、その履行として、Kが管理するM名義預金口座に毎年一定額が入金されていたものと認めるのが相当である。

② そうすると、本件被相続人とMの間にはおいては、平成13年当時、本件贈与証に基づく贈与契約が有効に成立していた。そし

て、M名義口座は、平成13年8月10日に開設された後、平成13年ないし平成24年までの各年に一度、本件被相続人から一定額の入金が認められるほかは、利息を除き入金は認められないことから、上記贈与契約履行のために開設されたものであることは明らかである。

③　したがって、M名義預金は、平成13年の口座開設当初から、Mに帰属するものと認められるから、本件相続に係る相続財産には含まれない。

本裁決の留意点

1　本裁決にあるとおり、我が国においては、親が子のために子の名義で預金をすることは一般的に行われている。その場合に、口座開設に当たり、親子間であらかじめ贈与契約を締結するというようなことは稀であろう。さらに贈与契約書まで作成している例はほとんど見受けられない。

　　しかし、本事例においては、本件贈与証が作成されており、本裁決でも指摘しているように、おそらく、贈与税がかからない範囲で、しかも贈与の事実について、痕跡を残しておくという相続税及び贈与税対策の一環として行われた可能性が高い。

2　ところで、相基通1の3・1の4共-8では、贈与による財産取得の時期について、「書面によるものについてはその契約の効力の発生した時、書面によらないものについてはその履行の時」と定めている。そして、贈与が契約である以上、贈与者の意思表示があっても、受贈者の受諾の意思が欠けている場合には契約が成立したとはいえない。

　　この点、本件贈与証には、受贈者と目されたH、J、L及びMの署名押印はなかったのであるから、本件贈与証をもって書面による贈与が成立していたとするには、やや不完全なものであった。特に、Hの場合には、本件贈与証が作成された平成13年8月当時、本件被相続人

との関係が相当疎遠になっていたというのであるから、本件被相続人の一方的な意思に基づいて行われた本件贈与証の作成をもって、本件被相続人とＨの間で贈与契約が成立していたというには無理があるものと思われる。

　したがって、平成27年8月に本件金員1が本件被相続人からＨに手渡された時をもって、書面によらない贈与の履行があったものとした判断は相当である。

3　一方、Ｍの場合には、Ｍ名義預金の口座開設と本件被相続人からＭ名義預金口座への資金の移動が、当時Ｍの唯一の親権者であるＫの手によって実際に行われていることから、その資金の移動の都度贈与の履行が行われていたと認めるに十分であろう。

4　本裁決は、同じ本件被相続人の子であるＨとＭのそれぞれの預金口座について、審判所の帰属認定が分かれた珍しいケースである。

◆関係法令

相続税法第11条、第11条の2、相基通1の3・1の4共−8、民法第549条、第550条

◆関係キーワード

贈与による財産取得の時期、書面によらない贈与、名義預金

雇用主が契約した生命保険契約に基づき保険金受取人である被相続人の遺族が取得すべき死亡保険金の一部を雇用主が遺族から贈呈を受けた場合に、その残額はみなし課税財産である退職手当金等に当たるとする請求人の主張が退けられた事例

平成12年9月20日裁決　裁決事例集№60

裁決の要旨

　雇用主がその従業員（役員を含む。）のためにその者を被保険者とする生命保険契約に係る保険料の全部又は一部を負担している場合において、従業員の死亡を保険事故としてその相続人その他の者が当該保険金を取得した場合は、雇用主が負担した保険料は、当該従業員が負担していたものと解され、当該保険料に対応する部分については、相続税法第3条第1項第1号の規定を適用するのが相当である。

　ただし、当該保険金が、従業員の退職手当金として支給されることが予定されているなどの場合には、退職手当金と考えることもできるが、本件保険金は、役員退職慰労金として支給されたものである旨の雇用主会社の意思が明らかにされているものとはいえない。

　そして、雇用主会社は、被相続人の生存中に本件保険契約を締結し、保険料を負担するのみで、本件保険金については何らの権利もなく、請求人らは、被相続人の死亡により、当然に本件保険金を取得することができるところ、死亡保険金請求書を生命保険会社2社に提出し、当該2社から本件保険金の全額を取得した上、本件相続開始日後の本件贈呈協定書に基づいて本件保険金の一部を雇用主会社に贈与したものにすぎないことから、当然に本件保険金の全額が相続税法第3条第1項第1号に規定する保険金に該当するものというべきである。

1　問題の所在

　相続税法では、民法上は相続又は遺贈により取得した財産ではない
が、その経済的実質が相続財産と同視できるものについて、課税の公
平を図る見地から相続又は遺贈により取得した財産として相続税の課
税の対象とすることとしている。その代表的な例が生命保険金と死亡
による退職手当金である。

　本事例は、雇用主である会社が、その役員を被保険者、役員の相続
人を受取人とする保険契約を締結し、役員が死亡したために同人の相
続人が保険金を取得したものの、その一部を会社に返還したというも
のである。その場合の相続税の課税関係について、審判所が判断した
のが本裁決である。

2　本件の争点

　被相続人の相続人が受領した保険金相当額は、相続税法第3条第1
項第1号の生命保険金か、それとも同項第2号の退職手当金か。ま
た、相続人が会社に贈与した金額は、みなし相続財産の価額から控除
すべきか否か。

3　事実関係

(1)　平成8年4月23日に死亡したH（被相続人）は、本件相続開始日
において、J株式会社（J社）の常務取締役の職にあった。

(2)　J社は、K生命保険相互会社（K生命）との間において、保険契
約者をJ社、被保険者を被相続人、保険料負担者をJ社、保険金受
取人を被保険者の相続人とする内容の利益配当付養老生命保険契約
1口を、また、L生命保険相互会社（L生命）との間においては、
保険契約者をJ社、被保険者を被相続人、保険料負担者をJ社、保
険金受取人をEとする内容の養老生命保険契約5口をそれぞれ締結

（これらの契約を併せて「本件保険契約」）していた。

(3)　平成8年5月23日に、EからJ社に対し、本件保険契約に基づき
被保険者の相続人である請求人らが取得する本件保険金のうち
109,450,000円は、J社に贈呈する旨の「贈呈協定書」なる書面
（本件贈呈協定書）が差し出されていた。

　　本件贈呈協定書には、「故Hが、生前貴社におきまして大変お世
話になり、その感謝の意を込めまして、貴社より故人が生前掛けて
いただいておりました生命保険の死亡保険金190百万円のうち
109,450,000円を貴社に贈呈し、永年に亘り、御好意をいただきま
した御礼とさせていただきたく、お願い申し上げます。」と記載さ
れていた。

(4)　なお同日、Eは、J社の役員から、役員退職慰労金計算表なる明
細書（本件メモ）の提示を受けているが、本件メモにおける税金
10,000,000円については、本件保険金の全額を課税対象とした場合
の相続税の負担見込額であることが記載されている。

(5)　Eは、K生命及びL生命に対し、平成8年6月4日付で、本件保
険契約に係る死亡保険金を請求する死亡保険金請求書を提出し、審
査請求人E、同F、同G（請求人ら）は、本件保険契約に基づき、
平成8年6月18日にL生命から91,278,510円及び同月19日にK生命
から99,794,673円の合計額191,073,183円（本件保険金）を受領し
た。

(6)　請求人らが本件保険契約に基づき取得した本件保険金のうち
109,450,000円は、平成8年6月19日にE名義の普通預金口座から
J社の預金口座に振替処理された。

　　請求人らは、本件保険金のうちJ社に贈与した109,450,000円を
除いた80,550,000円を被相続人の退職手当金として相続税の申告を
した。

(7)　原処分庁は、これに対し、本件保険金全額が相続税法第3条第1
項第1号に規定する生命保険金に当たるとして、請求人らに対し相

続税の更正処分（本件更正処分）及び過少申告加算税の賦課決定処分を行った。

4 審判所の判断

(1) Ｊ社は、Ｋ生命及びＬ生命との間において、本件保険契約を締結し、月払いで保険料全額の払込みをしている。Ｊ社における払込保険料の経理処理は、半分は資産計上し、残り半分は福利厚生費としていた。また、Ｊ社は、本件贈呈協定書に基づき、Ｅから贈与された109,450,000円を雑益処理している。

(2) Ｊ社は、平成8年5月2日に、被相続人に対する弔慰金として5,000,000円をＥに対して支給した。

(3) Ｊ社には、役員退職慰労金内規及び役員慶弔金内規が存在しており、平成8年6月27日開催のＪ社の第44期定期株主総会の決議による変更前の同社の定款第21条には、取締役及び監査役の報酬並びに退職慰労金は、それぞれ株主総会の決議により定める旨が規定されていた。また、変更後においても、取締役の報酬及び退職慰労金は、株主総会の決議をもってこれを定める旨が規定されている。

(4) 当該株主総会においては、被相続人に対する弔慰金贈呈の件について、その金額、支払時期、方法等は取締役会に一任する旨の決議がされているが、被相続人に対する退職慰労金の支給については何も決議されていない。

　そして、被相続人に対する弔慰金贈呈の件については、当該株主総会と同日に開催された同社の取締役会決議により承認されている。

(5) 本件保険金のように、被相続人の雇用主が、契約を締結してその保険料を負担し、被相続人を被保険者、保険金受取人を被保険者の相続人とする保険契約により被保険者の相続人が直接取得する保険金については、相続税法第12条における非課税限度額を適用する上で、相続税法第3条第1項第1号に掲げる保険金に該当するのか、

同項第2号に掲げる退職手当金等に該当するのかを区別する必要が
あるが、これについては、雇用主がその従業員（役員を含む。）の
ためにその者を被保険者とする生命保険契約に係る保険料の全部又
は一部を負担している場合において、従業員の死亡を保険事故とし
てその相続人その他の者が当該保険金を取得した場合は、雇用主が
負担した保険料は、当該従業員が負担していたものと解され、当該
保険料に対応する部分については、相続税法第3条第1項第1号の
規定を適用するのが相当である。

(6)　しかし、雇用主が当該保険金を従業員の退職手当金等として支給
することとしている場合には、当該保険金は相続税法第3条第1項
第2号に掲げる退職手当金等に該当するものと解するのが相当であ
り、その判断は、雇用主である企業の定款、株主総会、社内規程、
就業規則、労働協約等において、当該保険金が退職給付金として支
給されるものである旨の意思が明らかにされているか否か等を考慮
して行うのが相当である。

(7)　J社における取締役の退職慰労金については、定款においては、
株主総会の決議により定める旨規定し、被相続人に対する役員退職
慰労金の支給については、株主総会において、何ら決議されておら
ず、しかも、役員退職慰労金内規及び退職金規定のいずれにも本件
保険金を退職手当金等として支給する旨の定めがないことから、請
求人らが本件保険契約に基づき取得した本件保険金は、役員退職慰
労金とは認められないというべきであり、相続税法第3条第1項第
1号に規定する生命保険金に該当するものと認められる。

(8)　J社には、役員退職慰労金内規において、役員退職慰労金の計算
式についての定めがあり、J社が契約者で、受取人が被保険者の遺
族である生命保険契約に基づく保険金が支払われた場合には、当該
計算式によって算定された退職慰労金の支給額より減額する場合が
ある旨規定しているが、当然に受領した保険金分を減額するもので
はなく、これをもって、本件保険金を退職慰労金として支給する旨

が役員退職慰労金内規で明らかにされているとはいいがたく、しかも、本件保険金については、被相続人に対する退職慰労金として支給する旨の株主総会の決議がされていない。

⑼　また、本件保険契約を結んだ背景には、被保険者が死亡した場合に、２社から支払われる死亡保険金から役員退職慰労金及び功績加算金を捻出することがその目的の一つにあったこと、そして、平成３年ころ、議事録には記録されていないが、当社の取締役会において、死亡保険金が役員退職慰労金内規以上となる場合には、その超過額を当社に交付する旨の取決めがなされ、今回はそれに従って、本件贈呈協定書を作成した旨のＪ社の経理課長の答述があるが、本件保険金のうち請求人らの手元に残った80,550,000円の根拠は、本件メモのとおりであり、その内訳には、相続税の負担額（見込み）が含まれており、これについては、役員退職慰労金内規には何の規定もされていないことからいえば、当該80,550,000円は、役員退職慰労金内規に基づいて算定された退職慰労金とは認められない。

⑽　以上のことから、本件保険金が、役員退職慰労金として支給されたものである旨のＪ社の意思が明らかにされているものとはいえない。

　　そして、雇用主たるＪ社は、被相続人の生存中に本件保険契約を締結し、保険料を負担するのみで、本件保険金については何らの権利もなく、請求人らは、被相続人の死亡により、当然に本件保険金を取得することができるところ、Ｅは、死亡保険金請求書を生命保険会社２社に提出し、当該２社から本件保険金の全額を取得した上、本件相続開始日後の本件贈呈協定書に基づいて本件保険金の一部をＪ社に贈与したものにすぎないことから、当然に本件保険金の全額が相続税法第３条第１項第１号に規定する保険金に該当するものというべきである。

⑾　請求人らの主張にはいずれも理由がなく、原処分庁が請求人らに対し、請求人らが本件保険契約に基づき取得した本件保険金は、相

続税法第3条第1項第1号に規定する保険金に該当するとして本件更正処分を行ったことは適法と認められる。

本裁決の留意点

1 被相続人の雇用主がその保険料を負担し、役員又は従業員である被相続人を被保険者、被保険者の相続人を保険金受取人とする保険契約により、被保険者の相続人が直接取得する保険金については、当該雇用主が負担した保険料は、当該従業員等が負担していたものとされる（相基通3-17）。

　　ただし、雇用主が当該保険金を従業員等の退職手当金等として支給することとしている場合には、当該保険金は、退職手当金となる（同通達ただし書）。

2 本事例では、請求人らが取得した保険金の一部が会社に贈与されたというもので、請求人ら（おそらく相続人）としては、J社からの要請があったとはいえ、被相続人が長年世話になった会社に対する感謝の意を込めて贈与をしたものと思われる。それだけに、結果として、その贈与をした金額（109,450,000円）を含めて相続税の課税財産となったことはやや気の毒ではあるが、J社に本件保険金を退職手当金として支給する旨の規定や手続がなかったのであるから、致し方ないことである。

3 請求人らとしては、本件保険金全額に相続税の課税が及ぶ（一部非課税金額はあるものの）ことを回避するため、会社への贈与金額を控除した80,550,000円について、生命保険金ではなく、当初から支給が予定されていた被相続人に対する退職手当金であるという主張をしたものと思われる。

　　J社は、役員等に対する退職手当金と生命保険契約との整理が、事前にきちんとなされていなかったようにも思われるところ、本裁決は、役員や従業員の退職手当金について、その資金捻出手段とルール整備の必要性について、検討を迫られる事例である。

◆関係法令

相続税法第3条第1項第1号、第2号、第12条第1項第5号

◆関係キーワード

みなし相続財産、生命保険金、死亡退職金

被相続人が米国Ｆ州にジョイント・テナンシーの形態で所有していた不動産について、生存合有者（ジョイント・テナンツ）が取得した被相続人の持分は、みなし贈与財産に該当し相続税の課税価格に加算されるとした事例

平成27年8月4日裁決　裁決事例集№100

裁決の要旨

　相続税及び贈与税の課税財産は、相続、遺贈又は贈与により取得した財産であるが、相続税法は、このほかに、法律的には相続、遺贈又は贈与により取得した財産でなくても、その取得した事実によって実質的にこれらと同様の経済的効果が生ずる場合には、税負担の公平の見地から、その取得した財産を相続、遺贈又は贈与により取得したものとみなして、相続税又は贈与税の課税財産とする旨規定している。

　このみなす取得財産については、相続税法において個別的に規定されているが、相続税法第9条は、これらの個別的に規定する場合を除くほか、対価を支払わないで利益を受けた場合においては、当該利益を受けた時において、当該利益を受けた者が、当該利益を受けた時における当該利益の価額に相当する金額を当該利益を受けさせた者から贈与により取得したものとみなす旨規定している。

　本件相続開始日の直前において、本件Ｆ不動産は、被相続人と子がジョイント・テナンツとして、ジョイント・テナンシーの形態により所有していたものと認められ、ジョイント・テナンツの一人である被相続人が死亡したことにより、その権利は、相続されることなく、サバイバー・シップの原則に基づいて、残りのジョイント・テナンツである子の権利に吸収されたと認められる。このような子（生存者）へのサバイバー・シップの原則による権利の増加は、相続税法第9条により子が被相続人から贈与により取得したものとみなされることになるため、本件

F不動産の価額の2分の1に相当する部分の金額については、相続税の課税価格に加算すべきものと認められる。

本裁決のポイント解説

1　問題の所在

　　ジョイント・テナンシーは、我が国にはない複数の者による不動産所有の形態であり、最近の国際化を反映して、相続税の実務でも時々みられることがある。日本語としては、「合有」という表現を使うこともある。特に有名なのは、アメリカ合衆国のハワイ州やカリフォルニア州のものである。なお、本裁決をみる限りでは、どこの州のジョイント・テナンシーであるかは判然としない。

　　審判所の認定によれば、本事例のF州のジョイント・テナンシーは、その成立のためには、創設の際に次の4つの要件が必要とされている。

① 全てのジョイント・テナンツ（各合有者）が同時に所有権を取得すること

② 全てのジョイント・テナンツが同一の証書によって所有権を取得すること

③ 各自の持分内容が均等であること

④ 各自が財産権全体を占有していることの条件を充足していなければならないこと

　　加えて、ジョイント・テナンシーを創設するには、書面でその旨を明確に定めることが必要であるとされている。

　　また、ジョイント・テナンシーは、ジョイント・テナンツの一人が死亡した場合には、相続されることはなく、その権利は生存者への権利の帰属（サバイバー・シップ）の原則に基づいて、残りのジョイント・テナンツの権利に吸収されることとなる。

　　本事例は、このようなジョイント・テナンシーが成立していた場合

において、まさにジョイント・テナンツの一人が死亡したことにより、相続税の課税が問題となったものである。

2　本件の争点

⑴　本件調査に係る手続は、通則法第74条の9《納税義務者に対する調査の事前通知等》及び同法第74条の11《調査の終了の際の手続》の各規定に違反しているか否か。

⑵　本件被相続人がジョイント・テナンシーの形態で所有する本件F不動産は、本件相続税の課税価格に算入されるべきものか否か。

⑶　本件株式は、本件相続税の課税価格に算入されるべきものか否か。

⑷　本件各債務は、本件被相続人の債務として、本件相続税の課税価格に算入すべき財産の価額から控除することができるか否か。

⑸　本件第2次修正申告書の提出は、通則法第65条《過少申告加算税》第5項に規定する「調査があったことにより…更正があるべきことを予知してされたものでないとき」に該当するか否か。

　ここでは、上記⑵の争点についてのみ検討の対象とする。

3　事実関係

　事実関係は、上記2⑵の検討に必要な範囲で整理することとする。なお、事例紹介の簡明性のため、本裁決の記載内容を一部簡略化している。

⑴　請求人ら（請求人P1及びP2）は、平成21年12月（本件相続開始日）に死亡した被相続人（本件被相続人）の相続（本件相続）に係る相続税について、相続税の申告書を法定申告期限までに共同で税務署長（本件被相続人の死亡の時における住所は国内）に提出した。

⑵　本件相続に係る共同相続人は、本件被相続人の長女である請求人P2、同長男であるP4、同養子である請求人P1（請求人P2の

子）及び同養子であるＰ５（請求人Ｐ２の子）の４名である。

(3) 1980年代に登録されたDEED（本件譲渡証書）には、Grantor（譲渡人）をＰ８、Ｐ９、Ｐ10、Ｐ11 and Ｐ12、Ｐ13（注：第三者）とし、Grantee（譲受人）を本件被相続人及び請求人Ｐ２として、要旨次のような記載がされている。

なお、本件譲渡証書は、米国Ｆ州の不動産譲渡証書事務所に登録されたものと認められる。

① 譲渡の対象となる資産の名称

② 譲受人は、ジョイント・テナンツとして資産の移転を受ける旨

③ 譲渡人と譲受人は、譲渡に合意している旨

(4) 委託者を請求人Ｐ２とするDEED TO TRUST（本件信託証書）に添付された「Exhibit"A"」には、要旨次のとおり記載されている。

① 198X年７月○日付のLimited Warranty Deedにより、本件被相続人及び請求人Ｐ２をジョイント・テナンツとして、不動産が譲渡されたことが、米国Ｆ州の不動産譲渡証書事務所の公文書に登録されている。

② 本件被相続人は、平成21年12月、日本国において死亡した。

4　審判所の判断

(1) ジョイント・テナンシーが成立するためには、上記１①ないし④の要件を充足している必要があるところ、上記３のとおり、本件被相続人と請求人Ｐ２は、本件Ｆ不動産を本件譲渡証書により同時に所有権を取得していると認められ、本件譲渡証書に本件被相続人と請求人Ｐ２が本件Ｆ不動産をジョイント・テナンツとして取得する旨が記載されていることから、本件Ｆ不動産は、本件被相続人と請求人Ｐ２とがジョイント・テナンシーの形態で取得したものと認められる。

また、上記３(3)及び(4)のとおり、本件信託証書に記載されている

Limited Warranty Deedの登録されているページ番号と本件譲渡証書に印字されている登録番号が一致していることから、本件信託証書でいうLimited Warranty Deedは、本件譲渡証書であると認められ、本件信託証書にジョイント・テナンツである本件被相続人が死亡していると記載されていることからすると、本件相続開始日の直前において、本件F不動産は、本件被相続人と請求人Ｐ２がジョイント・テナンツとして、ジョイント・テナンシーの形態により所有していたものと認められる。

(2)　本件被相続人及び請求人Ｐ２がジョイント・テナンシーの形態で所有している本件F不動産について、ジョイント・テナンツの一人である本件被相続人が死亡したことにより、その権利は、相続されることなく、サバイバー・シップの原則に基づいて、残りのジョイント・テナンツである請求人Ｐ２の権利に吸収されたと認められる。

そして、サバイバー・シップの原則による権利の増加について、請求人Ｐ２の権利が増加した時に対価の授受があった事実は認められない（そもそも制度的に対価の授受はない。）から、請求人Ｐ２（生存者）へのサバイバー・シップの原則による権利の増加は、「対価を支払わないで利益を受けた場合」に該当すると認められる。そして、相続税法第９条は、「対価を支払わないで利益を受けた場合」においては、当該利益を受けた者が当該利益を受けさせた者から贈与により取得したものとみなす旨規定しているから、請求人Ｐ２（生存者）へのサバイバー・シップの原則による権利の増加は、請求人Ｐ２が本件被相続人から贈与により取得したものとみなされることになる。

(3)　また、相続税法第19条第１項は、相続又は遺贈により財産を取得した者が当該相続の開始前３年以内に当該相続に係る被相続人から贈与により財産を取得したことがある場合においては、その者については、当該贈与により取得した財産の価額を相続税の課税価格に

加算した価額を相続税の課税価格とみなす旨規定している。

　したがって、本件被相続人がジョイント・テナンシーの形態で所有する本件Ｆ不動産については、請求人Ｐ２が、本件被相続人が死亡したことにより、本件被相続人から贈与により取得したものとみなされるから、本件Ｆ不動産の価額の２分の１に相当する部分の金額については、本件相続税の請求人Ｐ２の課税価格に加算すべきものと認められる。

(4)　請求人らは、本件Ｆ不動産の購入代金は全て請求人Ｐ２が支払ったものであり、本件Ｆ不動産に係る修繕費等が請求人Ｐ２に請求されていたことから、本件Ｆ不動産は、請求人Ｐ２の財産であり、本件被相続人の財産ではない旨主張する。

　しかしながら、仮に、本件Ｆ不動産の購入代金等の全てを請求人Ｐ２が支払ったとしても、本件相続開始日の直前において、本件Ｆ不動産は、本件被相続人と請求人Ｐ２がジョイント・テナンツとして、ジョイント・テナンシーの形態により所有していたものと認められ、請求人Ｐ２が単独で所有していたものとは認められないから、請求人らの主張には理由がない。

本裁決の留意点

1　ジョイント・テナンシーは、米国などで利用されている不動産の所有形態であり、その成立要件は、「1　問題の所在」のとおりである。ジョイント・テナンシーに関して、課税関係について問題が起きやすいのは、その不動産の購入時点における贈与税課税と、ジョイント・テナンツの一人が死亡した場合の相続税課税の有無である。

2　贈与税が問題となった裁判例としては、静岡地裁平成19年３月23日判決及びその上級審である東京高裁平成19年10月10日判決が代表的なものである。これはジョイント・テナンシーで不動産を取得した者のうち、購入代金を負担していなかった者に対する贈与税課税が適法とされたものである。

　本裁決は、ジョイント・テナンツの一人が死亡した場合の相続税課税について、それまでは裁判例がなかった中で、審判所が初めて判断をしたものであるが、サバイバー・シップの原則による権利の帰属が、準拠法である米国法を基準に考えると相続財産とはいえないとしても、日本の相続税については課税の対象となると判断した点に本裁決の大きな特徴がある。

　なお、国税庁のホームページには、ハワイ州のジョイント・テナンシーについての相続税の課税関係が掲載されているが、本事例のような場合には、被相続人からのみなし贈与又は死因贈与（遺贈）のいずれかに当たる旨記載されている。

3　ジョイント・テナンシーの課税関係については、いくつかの論文（山本英樹「海外財産を合有（ジョイント・テナンシー）により取得した場合の課税関係」税務大学校論叢65号、355頁（平成22年6月29日）など）がある。また、米国には、ジョイント・テナンシーと並んで「ジョイント・アカウント」という預金の形態もある。

　このように、ジョイント・テナンシーやジョイント・アカウントがよく利用されるのは、英米法のプロベートと呼ばれる相続手続の煩雑さを回避するためであると思われる。

◆**関係法令**

相続税法第1条の3、第9条、第19条

◆**関係キーワード**

ジョイント・テナンシー、みなし贈与

◆**参考判決・裁決**

静岡地裁平成19年3月23日判決・平成17年（行ウ）7号、その控訴審である東京高裁平成19年10月10日判決・平成19年（行コ）142号

建物売買に伴い被相続人に生じた債務のうち、当該建物の経済的価値を超える部分については、相続税の債務控除の対象となる「確実と認められるもの」には該当しないとした事例

令和3年6月17日裁決　裁決事例集№123

裁決の要旨

　相続税法は、相続により取得した財産の価額の合計額をもって相続税の課税価格とするとともに、被相続人の債務で相続開始の際に確実と認められるものがあるときは、その金額を相続により取得した財産の価額から控除することとし、その控除すべき債務の金額を、その時の現況によると規定している。

　そして、控除債務について、相続税法第22条の規定は、その性質上客観的な交換価値がないため、交換価値を意味する「時価」に代えて、その「現況」により控除すべき金額を評価する趣旨と解される。

　したがって、弁済すべき金額の確定している金銭債務であっても、同金額が当然に当該債務の相続開始の時における消極的経済価値を示すものとして課税価格算出の基礎となるものではなく、控除すべき金額を個別に評価しなければならない。

　本件債務の発生原因となった建物の売買契約は、建物の売買金額と相続税評価額との間に生じる相続税の軽減効果が期待できるとの提案があった上で締結されたことからすると、本件債務のうち本件建物の経済的価値（評価通達による評価額）に相当する部分については、相続開始日における消極的経済価値を示すものと認めるのが相当である。

　一方、本件債務のうち、本件建物の経済的価値を大きく超えて上積みされた部分は、いずれ混同により消滅させるべき債務をいわば名目的に成立させたにすぎないものであるから、本件相続開始日における消極的経済価値を示すものとはいえない。

　そうすると、本件債務には履行の強制があったとする請求人の主張を前提としてみても、本件相続開始日の現況における本件債務の消極的経済価値は、本件通達評価額をもって把握するのが相当であり、本件相続開始日の現況において、確実と認められる本件債務の額は、売買の対象となった建物の通達評価額と解される。

本裁決のポイント解説

1　問題の所在

　相続税の課税価格の計算上、債務及び葬式費用があるときは、取得した財産の価額からその負担した債務及び葬式費用の額を控除することとされている。この債務控除は、相続人、包括受遺者及び相続人である特定受遺者に限って認められている。そして、控除すべき額は、その者の負担に属する部分で、確実と認められるものに限られている（相続税法第13条及び第14条）。この債務の確実性については、相基通14-1において、相続開始当時の現況によって確実と認められる範囲の金額だけを控除することとされている。

　本裁決は、相続税の節税対策として創出されたであろう債務について、その控除の可否と控除すべき金額が争われた事例である。

2　本件の争点

(1)　本件調査の手続に本件更正処分等を取り消すべき違法又は不当があるか否か（争点1）。

(2)　本件更正処分の理由の提示に不備があるか否か（争点2）。

(3)　本件債務は、相続税法第14条第1項に規定する「確実と認められるもの」に該当するか否か（争点3）。

　ここでは、上記(3)についてのみ検討の対象とする。

3　事実関係

事実関係については、上記2⑶の争点3に関係する部分に絞って整理することとする。なお、本件における相続人の一人であるKについても、請求人とほぼ同様の経過となっているが、表現の簡素化のため、Kに関わる部分を除外して記載するなど一部を簡略化している。

⑴　本件における被相続人（本件被相続人）は、平成26年12月に死亡し、その相続（本件相続）が開始した。本件相続に係る共同相続人は、本件被相続人の配偶者であるJ、同長男である請求人及び同二男であるKの3名である。

⑵　請求人は、本件被相続人が所有するa市所在の土地（本件土地）上に、建物（本件建物）を建築し、本件建物で事業を営むとともに居住していた。

⑶　請求人は、平成26年の本件被相続人の生前、本件被相続人との間で、請求人を売主、本件被相続人を買主として、本件建物を代金43,020,000円（本件代金）で譲渡する旨の売買契約（本件売買契約）を締結した。

⑷　また、請求人は、本件被相続人との間で、請求人を貸主、本件被相続人を借主として、43,020,000円を無利息で貸し付ける旨の金銭消費貸借契約書を作成し、同日付で本件代金に係る準消費貸借契約（本件準消費貸借契約。本件売買契約と併せて「本件各契約」）を締結した。

⑸　共同相続人間で、本件相続に係る遺産分割協議が成立し、請求人は、本件土地、本件建物及び本件準消費貸借契約に基づく債務を承継した。本件被相続人には、本件相続開始日において本件準消費貸借契約に基づく残高42,482,250円の債務（本件債務。これに対応する請求人の債権を「本件債権」）があったが、本件遺産分割の結果、本件債権と本件債務はいずれも請求人に帰属することとなり、それぞれ本件相続開始日に遡って混同（民法第520条）により消滅した。

(6)　本件の共同相続人は、本件相続について、相続税の申告書を法定
申告期限までに共同でＬ税務署長に提出した。なお、同申告書にお
いて、本件建物の価額は、評価通達89の定めに従って固定資産税評
価額に1.0の倍率を乗じて計算した金額（20,726,840円。本件通達
評価額）によって評価し、また、本件債務の額を債務控除の額とし
て計上していた。

(7)　税務署長は、本件債務は相続税法第14条第1項に規定する債務控
除の対象とはならないなどとして、請求人に対して相続税の更正処
分等をした。

4　審判所の判断

審判所は、相続税の債務控除の意義と控除すべき債務の額につい
て、昭和49年9月20日の最高裁判決を引用している。その上で、本事
例における債務控除の金額は、本件建物の通達による評価額と同額と
なる旨の結論を導き出しているが、その思考の過程は次のとおりであ
る。

(1)　本件各契約が、本件被相続人から請求人への財産承継を実現する
趣旨・目的で締結されたことは明らかである。そして、その目的と
された財産承継とは、具体的には、本件建物について、本件通達評
価額に大きな上積みをして本件代金を定め、これを準消費貸借とし
たまま、相続開始後の遺産分割において、請求人に本件建物及び本
件債務を承継させて、混同により本件債務を消滅させるというもの
であり、その目的は、実際に遺産分割によって実現される結果と
なっている。

(2)　本件代金は、適正な時価として評価決定された本件通達評価額に
大きな上積みをしたものであるから、本件建物の経済的価値を大き
く超えるものと推認される。そして、本件債務のうち本件建物の経
済的価値を大きく超えて上積みした部分を、いずれ相続の過程で混
同により消滅させるべき債務として成立させ、これを相続の対象と

したからといって、それが客観的にみて相続によって無償取得した財産の経済的価値を減ずるものとは認め難い。

(3) また、相続税が財産の無償取得によって生じた経済的価値の増加に対して課せられる租税であるところから、相続税法が定める債務控除は、相続人が相続により負担することとなる債務の現に有する経済的価値を客観的に評価する趣旨のものと解される。そうすると、本件債務のうち、本件建物の経済的価値を大きく超えて上積みした部分は、いずれ混同により消滅させるべき債務を、いわば名目的に成立させたにすぎないものであるから、本件相続開始日における消極的経済価値を示すものとはいえない。

(4) 一方で、請求人は、相続により本件建物を取得しながら、本件代金のうち本件建物の経済的価値に見合う部分の債権も失うべきこととなり、実際にこれらを失う結果となっている。それにもかかわらず、請求人が、本件相続により本件建物を取得して経済的価値が増加したと認めることは困難であるから、上記各部分に係る本件債務は、本件相続開始日における消極的経済価値を示すものと認めるのが相当である。

(5) 本件建物の経済的価値は、相続税の課税上は、本件通達評価額により把握されるものであり、上記のとおり、本件相続による本件建物の無償取得によって経済的価値の増加が認められないことが、本件債務の消極的経済価値として把握されるのであるから、本件相続開始日の現況における本件債務の消極的経済価値は、本件通達評価額をもって把握するのが相当である。

(6) 原処分庁は、本件債務が履行を予定していないことから、その全額が相続税法第14条第1項に規定する「確実」と認められるものに当たらない旨主張する。

しかしながら、本件建物の客観的価値に相当する部分については、混同により消滅することが予定されていても、本件相続開始日の消極的経済価値を認め得る。

　仮に、本件債務の全額の債務控除を否定する場合には、本件の共同相続人が相続により無償取得する財産の経済的価値は、本件各契約の締結前より、本件通達評価額に相当する分だけ増大する結果となるが、本件各契約は、相続の過程でいずれ混同によりで消滅させるべき債務を、いわば名目的に成立させたにすぎないものであって、これによって相続により無償取得する財産の客観的な経済的価値が変動するというのは、実質的にみても不合理である。

　したがって、原処分庁の主張は、本件通達評価額に相当する額の債務控除を否定する限度で理由がない。

本裁決の留意点

1　本裁決は、相続税の実務では目にすることの少ない「債務の評価」という問題をメインとする事例である。本件各契約は、本件被相続人と請求人が、相続税対策として税理士法人から提案を受けた内容に従って進められたものと思われる。

　原処分庁は、本裁決の審理において、相続税法第14条第1項の「確実性」を問題としたが、審判所は、同条というよりは、むしろ相続税法第22条に規定する債務の「現況」の解釈によって結論を出していることに留意すべきである。本裁決について、結果の妥当性は理解できるものの次のような疑問もある。

2　「本件債務の消極的経済価値は、本通達評価額をもって把握するのが相当」であるとした点である。固定資産ではない債務についての消極的経済価値も、本件建物の通達評価額と同額とすべきという理由について、本裁決は必ずしも明確ではないように思われる。そもそも、本件代金は、建物の取得価額から減価償却累計額を控除した未償却残高であるから、全く根拠に乏しい金額ではない。

　そして、本裁決の認定判断に従えば、本件代金額は、本件建物の価値を大幅に上回る価格設定がされているということであるが、そうなると、本件売買契約は、高額譲渡として本件通達評価額までの売買契

約と、それを上回る部分についての本件被相続人から請求人に対する贈与の契約が混在している（混合契約のようなもの）ということになる。その場合、本件売買契約に伴う請求人の所得税の譲渡所得の収入金額をどのように認識すればよいのかという疑問も生じてくる。

3　そこで、別のアプローチとして次のように考えることができるのではないか。

すなわち、相続財産である本件建物は、本件被相続人によって相続開始直前に取得されたものであるから、その評価は、過去の裁判例において多数判示されている「評価通達により難い特別の事情」があるとする考え方である。そうすると、本件建物の価額は本件通達評価額（20,726,840円）ではなく、取得価額（43,020,000円）によって評価することになる。そして、本件債務（42,482,250円）は、その全額を債務控除の対象とすることによって、本裁決の結論とほぼ同一の結果となるものと思われる。

4　いずれにしても、本裁決は、結果的に税理士法人が提案したいわゆる節税策が封じられた事例であり、今後、当事例が訴訟に発展した場合には、当事者の主張やその審理・判断に注目が集まるものと思われる。

◆関係法令

相続税法第13条、第14条、第22条、相基通14-1

◆関係キーワード

債務控除、消極的経済価値

◆参考判決・裁決

最高裁昭和49年9月20日・昭和47年（行ツ）69号

請求人が被相続人から承継した連帯保証債務は、相続税法第14条第1項に規定する「確実と認められるもの」には当たらず、債務控除の対象とならないとした事例

平成25年9月24日裁決　裁決事例集№92

裁決の要旨

相続税法第14条第1項は、相続税の課税価格の計算上、「控除すべき債務は、確実と認められるものに限る。」と規定しているところ、連帯保証債務は、原則として同項に規定する「確実と認められるもの」には該当しないが、相続開始の時点を基準として、主たる債務者がその債務を弁済することができないため保証人がその債務を履行しなければならない場合で、主たる債務者に求償しても補填を受ける見込みがないことが客観的に認められる場合には、同項に規定する「確実と認められるもの」に当たると解される。

本件被相続人が連帯保証人となっている各会社は、借入金の返済がやや滞ったことはあるものの、多くは弁済条件に従った返済が行われていた。また、各会社は、本件相続開始日には、債務超過の状況にはなく、債権者である銀行が連帯保証人である被相続人に対して連帯保証債務の履行を求めたことを認めるに足りる証拠もない。そうすると、各会社は、本件相続開始日において、債務を弁済することができないため保証人がその債務を弁済しなければならない場合であったとは認められない。

したがって、被相続人が負っていた各連帯保証債務は、相続税法第14条第1項に規定する「確実と認められるもの」には当たらない。

1 問題の所在

　我が国の中小企業、とりわけ同族会社においては、会社が資金調達の手段として金融機関からの借入れを行う際、その会社の代表者が、会社の債務について連帯保証人となることは巷間頻繁に行われている。そして、その保証債務が残ったまま会社の代表者が死亡して相続が開始し、同保証債務が、相続税の課税価額の計算上控除できるかどうかという問題も、相続税の実務上しばしば見受けられる事例である。

　保証債務は、その履行義務の「不確実性」から原則として相続税の債務控除の対象とならないが、例外的に一定の要件をクリアすれば控除の対象となる。その判断基準としては、実務上相基通14-3(1)の定めによる運用が知られており、その内容は「裁決の要旨」に記載のあるものと同旨である。

　本裁決は、主たる債務者である被相続人の主宰会社が弁済不能の状態にあるか否かについて、原処分庁と請求人との見解が相違しているという事例である。

2 本件の争点

　本件の争点は、大きく分けて、①更正処分等の理由附記の違法性、②被相続人が負っている連帯保証債務が相続税法第14条第1項に規定する「確実と認められるもの」に当たるか否か（その結果、相続税の債務控除が可能か否か）、③無限責任社員の社員責任は債務控除の対象となるか及び④貸付金の評価である。本裁決において、上記のうち②と③は、結果的に関係会社が債務超過の状態にあるか否かというほぼ同様の判断基準であることから、ここでは、上記②についてのみ検討の対象とする。

3 事実関係

(1) 本件における被相続人（本件被相続人）は、平成21年7月某日
（本件相続開始日）に死亡し、相続が開始した（本件相続）。

(2) 本件被相続人には配偶者がおらず、子であるLが唯一の相続人で
あったところ、同人は相続放棄の申述をしたため、本件相続の法定
相続人は、本件被相続人の妹である請求人のみとなり、請求人は本
件被相続人の財産を全て相続した。

(3) 本件被相続人が代表者等であった法人の概要等

① N社の概要

N社は、旅館業を目的に、昭和41年7月に設立された会社であ
る。

本件被相続人は、平成18年10月に、有限責任社員から無限責任
社員に責任変更し、代表社員に就任した。

② N社のP銀行からの借入金

N社は、P銀行から、本件被相続人の生前にそれぞれ3,600万
円、3,500万円、25,000万円及び2,500万円の借入れを行い、本件
被相続人は、P銀行との間で、当該各借入れについて連帯保証す
る旨の合意をした（連帯保証債務1）。

③ Q社の概要

Q社（N社と併せて「本件各会社」）は、不動産賃貸（貸店舗）
を目的に、昭和52年9月に設立された会社である。

本件被相続人は、平成18年10月に、有限責任社員から無限責任
社員に責任変更し、代表社員に就任した。

④ Q社のP銀行からの借入金

Q社は、本件被相続人の生前に、P銀行から、それぞれ3,000
万円及び4,500万円を借り入れ、本件被相続人は、P銀行との間
で、当該各借入れについて連帯保証する旨の合意をした（連帯保
証債務2）。

⑤ Q社のR銀行からの借入金

Q社は、本件被相続人の生前に、R銀行から、一定額の金額を借り入れ、本件被相続人は、R銀行との間で、当該借入れについて連帯保証する旨の合意をした（連帯保証債務3。連帯保証債務1及び連帯保証債務2と併せて「本件各連帯保証債務」）。

4　審判所の判断

　　審判所は、N社及びQ社の資産・負債の状況、売上げ等の状況、各銀行からの借入金の状況等と各銀行の対応状況、両社が過去に受けた債務免除、本件被相続人に対する死亡退職金の状況等について詳細に検討した上、おおむね次のように判断した。

(1)　連帯保証債務1について

　　N社は、その資産・負債の状況からすると、本件相続開始日には、債務超過の状況にはなく、しかも、P銀行が連帯保証人に対して連帯保証債務の履行を求めたことを認めるに足りる証拠もない。

　　そうすると、N社は、本件相続開始日において、債務を弁済することができないため保証人がその債務を弁済しなければならない場合であったとは認められない。

　　したがって、連帯保証債務1は、相続税法第14条第1項に規定する「確実と認められるもの」には当たらない。

(2)　連帯保証債務1に関する請求人の主張について

　　請求人は、N社の資産・負債の状況について、本件保険金の一部は、法人税等の納付に充てられたことなどを理由に、N社が本件保険金支払請求権を有していたことは、同社の資産の増加に寄与する材料とはいえず、本件被相続人が負担する同社に係る連帯保証債務は相続税法第14条第1項に規定する「確実と認められるもの」に当たるとの判断を左右するものではなく、また、同社が亡父らから受けた債務免除を考慮すると、同社の債務超過は相当な金額になることを理由として、本件被相続人が負担する連帯保証債務1は、相続税法第14条第1項に規定する「確実と認められるもの」に当たる旨

主張する。

　しかしながら、相続税は財産の無償取得によって生じた経済的価値の増加に対して課される租税であり、取得財産と被相続人の控除債務の現に有する経済的価値を客観的に評価した金額を基礎として課税価格を算出し、控除すべき債務については、その性質上客観的な交換価値というものが把握されないため、その現況により控除すべき金額を評価する旨定められている。そうすると、同法第14条第1項に規定する「確実と認められるもの」に当たるか否かは、主たる債務者の相続開始の時点を基準としてその現況により判断すべきであり、本件相続開始日後に、本件保険金の一部が法人税等の納付に充てられたなど、相続開始後の主たる債務者の財産の処分行為によって、相続開始時における主たる債務者の資産・負債の状況に異同を来たすべきものではない。

　そして、請求人の主張するN社が亡父から債務免除を受けた事実は本件相続開始日前に生じたものであり、当該事実を経て本件相続開始日のN社の資産・負債が形成されるに至っているのであるから、このような事実の存否が、相続開始時における債務の確実性を判定する際の根拠となるものではない。

　したがって、請求人の主張には理由がない。

(3)　連帯保証債務2及び連帯保証債務3について

　Q社は、その資産・負債の状況からすると、本件相続開始日には、債務超過の状況にはなく、上記P銀行及びR銀行からの借入金返済状況については弁済条件に従った返済が行われていた。

　そうすると、Q社は、本件相続開始日において、債務を弁済することができないため保証人がその債務を弁済しなければならない場合であったとは認められない。

　したがって、連帯保証債務2及び連帯保証債務3は、「確実と認められるもの」には当たらない。

(4)　連帯保証債務2及び連帯保証債務3に関する請求人の主張につい

て

　請求人は、Q社の収入・支出の状況について、経常利益の計上額が僅少であるから、同社が本件相続開始日において弁済不能の状態にあった旨主張する。

　しかしながら、経常利益を計上できていることはQ社の経営状態が悪くなかったことを意味するものであり、収入・支出の状況から、本件相続開始日において同社が弁済不能の状態にあったとはいえない。

　また、請求人は、Q社の借入れ・弁済の状況について、借入金の返済は亡父及び本件被相続人からの代表者借入金を充てていたのであるから、同社が本件相続開始日において弁済不能の状態にあった旨主張する。

　しかしながら、同族会社においては、その会社固有の資産のみならず、代表者個人の資産も引き当てにするという社会的実態があることからすれば、同族会社の弁済能力を判断するに当たっては代表者の資金注入も積極的要素として考慮されるべきものであり、代表者からの借入金が存在したことをもって、本件相続開始日においてQ社が弁済不能の状態にあったとはいえない。

(5)　以上のとおり、本件各連帯保証債務は、相続税法第14条第1項に規定する「確実と認められるもの」には当たらないので、債務控除できない。

本裁決の留意点

1　本事例は、相続税法第13条の債務控除の可否が問題となっているが、具体的には同法第14条第1項の「債務の確実性」を争点とするものである。より具体的には、主たる債務者である本件各会社の借入金について、本件相続開始当時において、同会社が弁済不能の状態であったかどうかである。

2　主たる債務者が弁済不能の状態であったかどうかは事実認定の問題

であるが、相基通14-3(1)に示されている判断基準は、過去の裁判例においてもおおむね是認されている。

　この点について、請求人は、保証債務履行後の求償権の行使が不可能という条件に該当する事実が潜在する場合にも、相続税法第14条第1項に規定する「確実と認められるもの」に当たる旨主張した。しかし、審判所は、「保証債務は、主たる債務者がその債務を履行しない場合に備えてなされる契約（保証契約）によって生じるものであることから、保証契約が成立すれば、保証人において保証債務を履行する可能性は常に潜在するのである。請求人の主張は保証債務一般の性質を述べるものであって、相続税法第14条第1項の正当な解釈とはいえない」としてその主張を排斥した。

3　このような事例において、保証債務が相続税の債務控除に当たるか否かは、主たる債務者である会社の状況次第であるが、少なくとも、同会社が、単に赤字が数年継続しているというだけでは足りない。本裁決が詳細に検討しているように、さらに進んで、会社の財務状況、収入及び支出の状況、借入金の残高、返済状況及び債権者の対応などを検討した上で、真に「弁済不能の状態」であるか否かを確認する必要がある。

　しばしば発生する事例なので、このような場合の債務控除については気をつけたいところである。

◆関係法令

相続税法第13条、第14条第1項、相基通14-3

◆関係キーワード

債務控除、保証債務、確実と認められる債務

相続税の小規模宅地等の特例について、特例適用対象土地を取得した相続人全員の同意を証する書類の提出がないことから、同特例の適用はないとした事例

平成26年8月8日裁決　裁決事例集№96

裁決の要旨

　本件特例の適用対象となる特例対象宅地等のうちいずれを特例対象宅地等とするかは、相続人等の自由な選択に委ねられているところ、本件特例の適用を受けるためには、特例対象宅地等のうち本件特例の適用を受けるものの選択について、当該特例対象宅地等を取得した全ての個人からの当該選択についての同意を証する書類の提出が必要とされている。これは、相続税が、被相続人から相続又は遺贈により財産を取得した全ての者に係る相続税の総額を計算し、当該総額を基礎としてそれぞれ相続人等に係る相続税額として計算した金額により課するものとされ、相続税の課税価格の確定のためには、同一の被相続人に係る全ての相続人等の課税価格が全ての相続人等との関係で同額で確定されなければならないこととあいまって、同一の被相続人に係る相続人等が特例対象宅地等のうち、それぞれ異なる部分を選択して本件特例の適用を受けようとして相続税の課税価格が確定できない結果となることのないよう、同一の被相続人から相続又は遺贈により特例対象宅地等を取得した者がある場合において、当該取得をした全ての者の当該選択についての同意を証する書類を相続税の申告書に添付して提出する旨規定したものと解される。

　請求人が原処分庁に提出した本件申告書に添付された本件同意書類には、請求人の氏名のみが記載されており、請求人以外の共同相続人全ての氏名が記載されていないのであるから、本件申告書には、他の相続人の「同意」を証する書類の添付がされているとはいえず、本件特例の適

76

用要件を欠いている。

したがって、請求人が特定事業用宅地等である小規模宅地等とした土地については、本件特例を適用することができない。

本裁決のポイント解説

1 問題の所在

個人が相続又は遺贈により財産を取得した場合において、その財産のうちに、その相続の開始の直前において、被相続人又は被相続人と生計を一にしていた親族の事業の用若しくは居住の用に供されていた宅地等で建物若しくは構築物の敷地の用に供されている宅地等があるときは、一定の要件を満たした場合には、その宅地等について最大で80％の減額をするという相続税の特例があり、これは一般に、「小規模宅地等の特例」（本件特例）と呼ばれているものである。

この特例は、相続税の課税負担を大いに軽減する効果があるため、相続税の事例の中でも適用が多く、一方で適用要件も細かく定められ分かりにくい部分もあるため、この特例の適用の可否を巡る争訟もかなりの数に上っている。

本事例は、本件特例の実体的な面ではなく、手続的要件に関する争いである。

2 本件の争点

本件の争点は比較的単純であり、選択特例対象宅地等についての措置法施行令第40条の2第3項第3号（当時。以下同じ。）に掲げる同意を証する書類の添付がない場合において、本件特例の適用ができるか否かである。

3 事実関係

(1) 請求人は、平成22年2月に死亡した被相続人（本件被相続人）の

相続（本件相続）に係る相続税（本件相続税）について、相続税の申告書（本件申告書）を法定申告期限までに原処分庁に提出して、相続税の期限内申告をした。本件相続に係る共同相続人は、本件被相続人の長女であるG、同二女であるH、同長男である請求人及び同三女であるJの4名である（本件相続人ら）。

(2) 本件被相続人の相続財産の中には、次の不動産があった。

① e市に所在する土地1,278.21㎡（e市土地）の本件被相続人の持分1,000分の457（e市土地相続分）及びe市土地上に存する建物（e市建物）の本件被相続人の持分1,000分の457（e市建物相続分）

② f市に所在する土地533㎡（f市土地）の本件被相続人の持分5分の1（f市土地相続分）、並びにf市土地上に存する建物2棟の本件被相続人の各持分5分の1

(3) 請求人は、本件被相続人の生前、請求人の住所地において、本件被相続人と同居し同人と生計を一にしていた。

(4) 本件相続の開始の直前において、e市建物は、請求人によりDの屋号で診療所として事業（医業）の用に供されており、e市土地は当該事業の用に供されていた診療所（e市建物）の敷地及び診療所の来客用の駐車場の用に供されていた。

(5) 請求人は、本件相続の開始時から本件相続税の申告期限まで引き続き、e市土地相続分を有し、かつ、e市土地を上記(4)の診療所の敷地等として事業の用に供していた。

(6) 本件被相続人は、平成19年1月14日付で、要旨、e市土地相続分及びe市建物相続分の全部を請求人に相続させる旨記載した自筆証書を作成し、遺言をした（本件遺言）。

(7) e市土地相続分及びe市建物相続分については、平成23年1月に、本件相続を原因として本件被相続人から請求人への所有権移転登記がそれぞれ経由された。

(8) Gは、平成24年3月、H、請求人及びJを被告として、本件遺言

が無効であることを確認するなどを請求の趣旨とする遺産確認及び遺言無効確認等請求訴訟を提起した（本件遺言無効確認等訴訟）。

(9) f市土地相続分については、本件相続税の申告期限において、本件相続人らの間で遺産分割協議が成立していない。

(10) 請求人は、本件申告書を法定申告期限までに提出しているところ、本件申告書の第11・11の２表の付表２の１の「小規模宅地等についての課税価格の計算明細（その１）」には、請求人が取得した e市土地相続分のうちの400㎡（限度面積）を特定事業用宅地等である小規模宅地等として選択する旨記載され、また、同付表１の「小規模宅地等、特定計画山林又は特定事業用資産についての課税価格の計算明細書」（本件同意書類）には、上記の同付表２の１において選択した財産の全てが小規模宅地等に該当することを確認の上、その財産の取得者が本件特例の適用を受けることに同意するとして、「１　特例の適用にあたっての同意」の「特例の対象となる財産を取得したすべての人の氏名」欄に、請求人の氏名のみが記載されている。

(11) 原処分庁は、e市土地相続分を選択特例対象宅地等とする旨の本件相続人らの全員の同意を証する書類を同申告書に添付しなければならないところ、請求人が本件申告書とともに提出した本件同意書類には請求人の氏名のみの記載しかないため、法定の書類の添付があったとは認められないことから、本件特例の適用を認めることはできないとして、平成25年７月９日付で、請求人に対し、相続税の更正処分及び過少申告加算税の賦課決定処分をした。

4　審判所の判断

本件特例における「同意」の必要性と本件における結論は、「裁決の要旨」記載のとおりである。

その判断に至る過程は次のとおりであった。

(1) 本件遺言は、本件被相続人の相続開始により直ちに請求人に e市

土地相続分及びe市建物相続分の全部を承継させようとするものと解するのが相当であるから、e市土地相続分及びe市建物相続分については、本件相続の開始時に直ちに請求人に対し遺産の分割（承継）の効力が発生し、再度の分割がなされる余地はないこととなる（なお、請求人は、e市土地相続分及びe市建物相続分について、本件相続を原因として、本件被相続人から請求人への所有権移転登記を済ませている。）。

　一方、f市土地相続分は、本件相続税の申告期限において、本件相続人らにおいて遺産分割協議が成立していないことから、当該未分割であるf市土地相続分については、本件相続人ら全員に、同人らの遺産分割協議により取得する可能性が残されている。

(2)　本件被相続人は、本件相続の開始時において、e市土地相続分及びf市土地相続分を有していたところ、①e市土地相続分は、本件相続の開始の直前において、本件被相続人と生計を一にしていた親族である請求人によりDの屋号で診療所として事業（医業）の用に供されていた宅地であって、請求人が本件相続の開始時から本件相続税の申告期限まで引き続き当該宅地を所有し、相続開始前から本件相続税の申告期限まで引き続き当該宅地を請求人の事業（医業）の用に供していたのであるから、e市土地相続分は、特定事業用宅地等に該当し、また、②f市土地相続分は、本件相続の開始の直前において、本件被相続人の不動産貸付けの事業の用に供されていた宅地であったのであるから、f市土地相続分は、特例対象宅地等に該当する。

　したがって、e市土地相続分及びf市土地相続分は、いずれも特例対象宅地等に該当する。

(3)　請求人が本件遺言に基づき本件相続により取得したe市土地相続分に本件特例を適用するためには、特例対象宅地等のうち本件特例の適用を受けるものの選択について、当該特例対象宅地等を取得した全ての個人からの同意を証する書類を提出しなければならないと

ころ、特例対象宅地等を取得した全ての個人とは、特例対象宅地等が未分割であることから共有で取得され、その後、当該特例対象宅地等が分割される際に、本件特例を適用する可能性のある者も含まれると解されるのであるから、未分割である特例対象宅地等に該当するf市土地相続分を共有で取得している本件相続人ら全員の同意を証する書類を提出しなければならないこととなる。

しかしながら、請求人が原処分庁に提出した本件申告書に添付された本件同意書類には、請求人の氏名のみが記載されており、請求人以外の共同相続人全ての氏名が記載されていないのであるから（なお、Gについては、本件遺言無効確認等訴訟を提起し、e市土地相続分について、本件特例を適用することについて同意をしていないことが明らかである。）、本件申告書には、措置法施行令第40条の2第3項第3号に掲げる同意を証する書類の添付がされているとはいえず、本件特例の適用要件を欠いている。

本裁決の留意点

1 　本審査請求において、請求人は、本件特例は、例外的減税措置とは言い難く、あまねく普及した措置であるから、相続税の申告書に選択特例対象宅地等についての同意を証する書類の添付を要するという手続的要件を厳格に解することは、かえって租税負担の公平性を害することになるほか、事業承継の円滑化等のために規定された本件特例の立法趣旨がいかされないことになる旨主張した。

　　しかし、審判所は、本件特例は、他の財産の課税価格に算入すべき価額の計算と比べて特則あるいは例外規定であるから、このような措置法の規定については、その解釈は厳格にされるべきものであり、法令に規定する文言を離れてみだりに拡張解釈ないし類推解釈をすることは許されない、などとして請求人の主張を排斥した。

2 　本裁決においては、「特例対象宅地等を取得した全ての個人とは、特例対象宅地等が未分割であることから共有で取得され、その後、当

該特例対象宅地等が分割される際に、本件特例を適用する可能性のある者も含まれると解されるのであるから（中略）、未分割である特例対象宅地等に該当するｆ市土地相続分を共有で取得している本件相続人ら全員の同意を証する書類を提出しなければならないこととなる。」とした点に注意が必要である。

そうすると、仮に、相続人間で遺産を巡る争いがある場合には、本件特例の適用が難しくなるケースは多いであろう。しかし、本件特例は、相続税負担の減額幅も大きく、適用の有無によって特例対象宅地等を取得した者だけでなく、相続人全員の相続税の負担に影響を及ぼすことになる。したがって、税理士としては、そのような相続税の計算体系を含めて、相続人への丁寧な説明は欠かせないものである。

◆関係法令

措置法第69条の４、措置法施行令第40条の２第５項

◆関係キーワード

小規模宅地等の特例、選択、合意

小規模宅地等の特例について、建物が区分登記され、各々が独立して生活できる構造になっている場合、被相続人が居住していた当該建物の区分所有に係る部分の敷地のみが被相続人の居住の用に供していた宅地に当たるとした事例

平成28年９月29日裁決　裁決事例集№104

裁決の要旨

　措置法第69条の４第３項第２号イは、被相続人の居住の用に供されていた家屋に被相続人と同居していた親族であることを要件とするところ、被相続人が共同住宅の独立部分の一を居住の用に供していた場合には、当該独立部分のみが上記「家屋」に当たると解される。なお、措置法通達69の４−21はこれと同旨の定めである。

　そして、本件建物は、１階部分と２階部分がそれぞれ区分登記され、構造上も各々別々に生活できる設備・構造を備え、現実の生活も別々に営まれていたから、本件被相続人の居住の用に供されていた「家屋」は、独立部分すなわち本件建物の１階部分に限られ、当該独立部分以外の独立部分（２階部分）に居住していた兄は、同居していた親族に該当せず、措置法第69条の４第３項第２号イの要件を満たさない。

　また、兄は、本件建物の２階部分を区分所有し、そこに居住していたのであるから、措置法第69条の４第３項第２号ロの要件を満たさない。さらに、兄は、本件被相続人と生計を一にしていた親族に該当しないので、措置法第69条の４第３項第２号ハの要件を満たさない。

　したがって、兄は、措置法第69条の４第３項第２号に規定する者に該当せず、本件特例を適用することはできない。

本裁決のポイント解説

1 問題の所在

相続税の小規模宅地等の特例において、居住用（特定居住用宅地等）としての適用があるのは、大まかに分類すると、相続財産たる居住用の宅地等を取得した者（配偶者を除く。）が、次の3つのパターンのいずれかに該当する場合である（詳細は後記4(1)参照）。

⑴ 被相続人が居住していた1棟の建物で被相続人と同居していた場合

⑵ 被相続人と別居していた者で、相続開始前3年以内に、自己又は自己の配偶者や親族等の所有する家屋に居住したことがない場合

⑶ 被相続人と生計を一にしていた親族である場合

本件は、主に上記⑶について、請求人らと原処分庁の措置法の解釈と措置法通達の読み方や合理性を巡って争われた事例である。

2 本件の争点

本件宅地全体（本件宅地のうち、本件建物の1階部分の敷地に相当する宅地で、弟Gの相続した分以外の部分）に本件特例を適用することができるか否か。

3 事実関係

⑴ 審査請求人E（兄E）及びF（兄Eと併せて「請求人ら」）並びに兄Eの弟Gの母であるH（本件被相続人）は、平成22年10月に死亡し、その相続（本件相続）が開始した。本件相続に係る相続人は、長男の兄E、長女のF及び二男の弟Gの3名である。

なお、弟Gも当初審査請求人であったが、本審査請求中に死亡したため、兄Eが弟Gの地位を承継している。

⑵ 本件被相続人の相続財産には、a市に所在する238.38㎡の宅地（本件宅地）がある。請求人ら及び弟Gは、平成25年10月21日、本

件相続に係る遺産分割協議を成立させ、本件宅地については、兄E及び弟Gが、持分2分の1ずつを相続した。

(3)　本件宅地上には1棟の建物（本件建物）がある。本件宅地は本件建物の敷地として利用され、他の用途に供されていた部分はなかった。なお、本件宅地に敷地権の設定はない。

(4)　本件建物は、平成元年9月30日に新築された軽量鉄骨造陸屋根2階建ての建物であり、建物の区分所有等に関する法律第1条《建物の区分所有》に規定する建物として、1階の専有部分と2階の専有部分で、それぞれ区分登記がされている。なお、本件相続開始時において、1階部分は本件被相続人（持分100分の25）と弟G（持分100分の75）が共有し、2階部分は兄Eが単独所有していた。本件建物に係る平成26年度土地・家屋名寄帳によれば、本件建物の1階部分の現況床面積は114.52㎡であり、2階部分の現況床面積は103.25㎡である。

(5)　本件建物の構造と利用状況は以下のとおりであった。

①　本件建物の1階部分及び2階部分にはそれぞれ玄関があり、台所、居間・食堂、浴室、洗面所及びトイレも別々に設けられている。また、2階部分への出入りのために本件建物の外部に階段が設置されており、本件建物の内部には、階段やエレベーターなどの本件建物の1階部分と2階部分を行き来するための設備はない。

②　本件建物の1階部分には、本件相続の開始の直前まで本件被相続人及び弟Gが居住し、本件相続の開始後は弟Gが一人で居住していた。本件建物の2階部分には、本件相続の開始前から兄E及びその妻が居住し、本件相続の開始後も兄E及びその妻が引き続き居住していた。

なお、本件建物に居住用以外の用途に供されていた部分はなく、本件宅地は、措置法第69条の4第1項に規定する特例対象宅地等のうち、特定居住用宅地等以外のものには該当しない。

(6) 兄E及び弟Gは、本件相続により本件宅地を取得し、引き続き本件宅地を有していた。

(7) 請求人ら及び弟Gは、本件相続に係る相続税（本件相続税）について、申告期限内である平成23年7月11日に、共同で相続税の申告書を提出して、相続税の申告をした。

　　請求人ら及び弟Gは、上記申告において、本件相続により取得した財産の一部（本件宅地を含む。）が未分割であるとして、相続税法第55条《未分割遺産に対する課税》の規定に基づき、請求人ら及び弟Gが法定相続分の割合に従って当該財産を取得したものとして課税価格を計算している。なお、上記申告書には、「申告期限後3年以内の分割見込書」が添付されていた。

(8) 請求人ら及び弟Gは、遺産分割協議が成立したとして、平成26年2月18日、更正の請求書をそれぞれ提出して、各更正の請求（本件各更正の請求）をした。

　　なお、本件各更正の請求では、兄Eと弟Gの両名が、それぞれ相続した本件宅地238.38㎡のうちの119.19㎡を、本件特例に規定する特定居住用宅地等として選択している。

(9) 原処分庁は、本件各更正の請求に対し、平成27年4月6日付で、弟Gの相続した本件宅地のうち本件建物の1階部分の敷地に相当する宅地のみが特定居住用宅地等に該当し、兄Eの相続した本件建物の敷地の全てと、弟Gの相続した本件建物の2階部分の敷地に相当する宅地については、本件特例を適用することができないなどとして、請求人ら及び弟Gに対して、本件各更正の請求の一部を認容した上で各更正処分をした。

4 審判所の判断

審判所は次のような認定・判断の上、「裁決の要旨」のとおり、請求人らの請求を棄却した。

(1) 本件特例は、相続開始直前において、被相続人又は当該被相続人

と生計を一にしていた当該被相続人の親族（被相続人等）の居住の用に供されていた宅地等であって、下記①ないし③に掲げた措置法第69条の4第3項第2号の要件のいずれかを満たす当該被相続人の親族（配偶者を除く。）が相続により取得した場合には、当該宅地等は特定居住用宅地等に該当し、限度面積要件を満たすものに限り、小規模宅地等として相続税の課税価格に算入すべき当該宅地等の価額を80％減額するというものである。

これは、小規模宅地等については、相続人等の生活基盤の維持のために欠くことのできないものであって、相続人等において事業の用又は居住の用を廃してこれを処分することに相当の制約を受けることが通常であることから、相続税の課税上特別の配慮を加えることとしたものである。

① 措置法第69条の4第3項第2号イに規定する要件

　⑷相続開始の直前において、当該宅地等の上に存する当該被相続人の居住の用に供されていた家屋に被相続人と同居していた親族が、⑤相続開始時から申告期限まで引き続き当該宅地等を有し、かつ、⑥当該家屋に居住していること

② 措置法第69条の4第3項第2号ロに規定する要件

　⑷相続開始の直前において、当該宅地等の上に存する当該被相続人の居住の用に供されていた家屋に被相続人と同居していた親族がなく、⑤同居していない親族が、相続開始前3年以内に日本国内にその者又はその者の配偶者の所有する家屋に居住したことがなく、かつ、⑥相続開始時から申告期限まで引き続き当該宅地等を有していること

③ 措置法第69条の4第3項第2号ハに規定する要件

　⑷相続開始の直前において、当該被相続人と生計を一にする親族の居住の用に供されていた宅地等で、⑤生計を一にしていた親族が、相続開始時から申告期限まで引き続き当該宅地等を有し、かつ、⑥相続開始前から申告期限まで引き続き当該宅地等を自己

の居住の用に供していること

(2)　なお、上記⑴③にいう「生計を一にしていた」とは、同一の生活単位に属し、相助けて共同の生活を営み、ないしは日常生活の資を共通にしている場合をいうものと解され、その判断は社会通念に照らして個々になされるべきである。

(3)　上記(1)のとおり、被相続人等の居住の用に供されていた宅地等の範囲は、相続開始直前において被相続人又は被相続人と生計を一にしていた親族（被相続人等）の居住の用に供されていた宅地等に限られる。

(4)　そこで、本件における上記(3)の「被相続人等」の居住の用に供されていた宅地等の範囲について検討するに、本件建物は、1階部分と2階部分がそれぞれ区分登記され、玄関も別々で1階と2階を直接行き来することのできる内階段等もなく、日常生活に必要な台所、浴室、トイレ等の設備も別々に備え付けられていて、各階が独立して生活できる構造になっており、実際の利用状況についても、1階部分は本件被相続人及び弟Gが居住し、2階部分は兄Eが居住していた。

　　また、原処分関係資料並びに当審判所の調査及び審理の結果によれば、本件建物に係る電気、ガス及び水道に係る契約は、1階部分及び2階部分が別々に契約され、本件相続の開始前の1階部分の契約者は本件被相続人、2階部分の契約者は兄Eであり、使用料は、契約者がそれぞれ支払っていたこと、上記使用料以外の生活費についても、基本的には、本件被相続人と兄Eが、各自に係る費用をそれぞれ負担していたことが認められる。

(5)　上記(4)によれば、まず、本件被相続人の居住の用に供していた宅地については、本件宅地のうち、本件被相続人が居住していた本件建物の1階部分の敷地に相当する宅地であると認められる。

　　続いて、残る本件建物の2階部分の敷地に相当する宅地についてみるに、兄Eは2階部分に居住していたところ、上記(4)のとおり、

２階部分は、本件被相続人の居住していた１階部分とは構造上明確に区分されている状況にあって、兄Ｅと本件被相続人は、水道光熱費のほか、基本的な生活費の負担を各自が行っていたというのである。これらの事情を併せれば、兄Ｅと本件被相続人とは、同一の生活単位に属し、相助けて共同の生活を営み、ないしは日常生活の資を共通にしていたとは認められず、兄Ｅの当審判所に対する答述ないし回答の内容、具体的には、①本件被相続人が、平日は、自ら費用負担した給食サービスを利用する一方で、週末は、兄Ｅの妻が調理したものを食しており、その材料費は兄Ｅが支払っていたこと、②本件被相続人が、晩年入退院を繰り返すようになってからは、入退院時の送迎及び入院中の洗濯などの身の回りの世話は、兄Ｅ及びその妻が行い、治療費については本件被相続人が自ら支払う一方で、送迎に必要な費用は兄Ｅが支払っていたことなどを前提としても、上記認定は左右されない。

　よって、本件被相続人と兄Ｅが生計を一にしていたとは認められず、兄Ｅは「被相続人等」に該当しないから、本件宅地のうち、本件建物の２階部分の敷地に相当する宅地は、被相続人等の居住の用に供されていた宅地等には当たらない。

(6)　弟Ｇについてみると、弟Ｇは、本件相続が開始するまで、本件被相続人と共に本件建物の１階部分に居住し、本件相続が開始した後も平成28年６月に亡くなるまで、本件建物の１階部分に引き続き居住していたから、措置法第69条の４第３項第２号イに規定する者に該当する。

(7)　措置法第69条の４第３項第２号イは、被相続人の居住の用に供されていた家屋に被相続人と同居していた親族であることを要件とするところ、被相続人が共同住宅の独立部分の一を居住の用に供していた場合には、当該独立部分のみが上記「家屋」に当たると解される。なお、措置法通達69の４-21（平成25年改正前のもの。「本件通達」）はこれと同旨の定めである。

そして、本件建物は、１階部分と２階部分がそれぞれ区分登記され、構造上も各々別々に生活できる設備・構造を備え、現実の生活も別々に営まれていたから、本件被相続人の居住の用に供されていた「家屋」は、独立部分すなわち本件建物の１階部分に限られ、当該独立部分以外の独立部分（２階部分）に居住していた兄Ｅは、同居していた親族に該当せず、措置法第69条の４第３項第２号イの要件を満たさない。

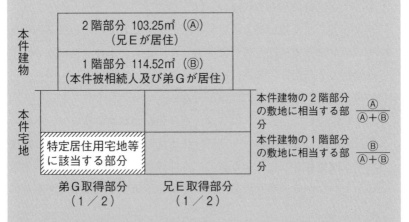

に共に起居していた当該被相続人の相続人がいない場合に限る。）に
おいて、その者について同号イに規定する当該被相続人の居住の用に
供されていた家屋に居住していた者に当たる者であるものとして申告
があったときは、これを認めるものとする旨定めていた。

　請求人らは、このなお書の解釈を巡っても主張をしていたが、審判
所は、要旨「現実には、本件被相続人の居住の用に供していた家屋で
ある本件建物の１階部分において、弟Ｇが本件被相続人と起居を共に
しているところ、本件通達のなお書は、当該被相続人の配偶者又は当
該被相続人が居住の用に供していた独立部分に共に起居していた当該
被相続人の相続人がいない場合に限り、措置法第69条の４第３項第２
号イに該当する者と認める旨定めている。そうである以上、兄Ｅは、
本件通達のなお書が適用される者には当たらず、仮定の事情を持ち出
して本件通達のなお書を適用することもできない。」などとしてその
主張を排斥している。

3　本事例の弟Ｇは、健康を害しているようで、その生活の補助を本件
被相続人と兄Ｅが行っていたようである。しかし、建物を区分所有し
ていたことから、兄Ｅの居住部分に相当する宅地について本件特例の
適用が受けられなかったということで、やや気の毒なケースではある
が、審判所の判断は致し方ないものと考える。本件特例の及ぶ範囲に
ついては、もともと詳細な定めがある上に、法令及び通達の改正もし
ばしば行われているので、十分な注意が必要である。

◆関係法令

措置法第69条の４第３項第２号、措置法通達69の４-21

◆関係キーワード

小規模宅地等の特例、二世帯住宅、生計を一にする

相続開始後3年以内に遺産分割された土地について、措置法第69条の4の適用を受ける場合の更正の請求の期限は、当該土地の遺産分割の日から4カ月以内であるとした事例

令和3年6月22日裁決　裁決事例集№123

裁決の要旨

　　請求人らが、措置法第69条の4の特例に該当すると主張する長女が取得した宅地の遺産分割は、平成30年12月26日付で、請求人らによって遺産分割の協議書が作成され、その翌日には相続を原因とする所有権移転登記も申請されている一方、他の日にされたと認めるべき事実がないから、その作成日付のとおり平成30年12月26日に遺産分割がされ、同日、請求人らが知ったものと認められる。

　　そして、請求人らの更正の請求は、長女が取得した宅地の価額の計算における本件特例の適用について、相続税の当初申告の時点では未分割であったが、遺産分割により「申告期限から3年以内に分割された場合」に該当したことによりされたものであるから、未分割遺産が分割された一定の場合についての相続税法第32条第1項第1号及び第8号に規定する課税価格及び相続税額が異なることとなったことを知った日についても、遺産分割の日であるというべきである。

　　したがって、本件特例の適用についてされる相続税法第32条第1項に規定する更正の請求は、本件遺産分割の日の翌日から4カ月以内にしたものに限られることとなり、請求人らは、これをしなかったものであるから、その後にされた各更正請求が相続税法第32条第1項所定の期限内にされたものに該当することはない。

本裁決のポイント解説

1　問題の所在

　措置法第69条の4に規定する小規模宅地等の特例（本件特例）は、その減額幅が大きいこともあって、相続税の課税価格の計算上きわめて重要な位置を占めている。そのため適用事例も多く紛争もしばしば発生する。この特例は、特例の実体要件もさることながら、手続的な要件にも十分な注意が必要である。

　本事例は、その手続的な要件について争われたものである。

2　本件の争点

(1)　本件各更正請求は、相続税法第32条第1項所定の期限内にされたものか否か（争点1）。

(2)　本件各更正請求は、通則法第23条第1項所定の要件に該当するか否か（争点2）。

3　事実関係

(1)　E（本件被相続人）は、平成29年11月に死亡し、その相続（本件相続）が開始した。本件被相続人の共同相続人は、長女である請求人Aと、長男である請求人Dの2人である（請求人ら）。

(2)　請求人らは、平成30年9月25日、本件相続に係る相続税（本件相続税）について、相続税の申告書を原処分庁へ提出し、本件相続税の期限内申告（本件申告）をした。本件申告では、遺産について、申告期限までに分割されていたF農業協同組合の年金共済の権利を除き未分割であったため、本件特例を適用することなく、その未分割のものについて相続税法第55条の規定により課税価格が計算されており、また、上記の申告書には「申告期限後3年以内の分割見込書」（分割見込書）が添付されていた。

(3)　相続財産である別表1（省略）の各土地は、平成30年12月21日、

同表の「分筆後」欄のとおり分筆され、請求人らは、同月26日付で、本件相続に係る同表の順号①及び②の各土地を請求人Dが、その他の同表の順号③ないし⑥の各土地（本件長女取得宅地）を請求人Aが、それぞれ取得することを内容とする遺産分割（本件遺産分割）の協議書を作成した。また、本件長女取得宅地は、いずれも、本件相続を原因として、平成30年12月27日受付の申請により、本件被相続人から請求人Aへの所有権移転登記が経由された。

⑷　請求人らは、令和元年6月17日、農業協同組合の年金共済の権利及び別表1の各土地以外の遺産の分割協議をした。

⑸　請求人らは、令和元年6月18日、本件相続の遺産分割がまとまったとして、本件相続税の各更正の請求をした。当該各更正の請求では、本件遺産分割及び上記⑷の遺産の分割協議に基づいて請求人らの取得財産の価額を計算し、その計算において、本件長女取得宅地に本件特例を適用することを求めていた。

⑹　請求人らは、上記への各更正の請求について、原処分庁の担当者から、本件特例の適用は認められないが、その他の更正の請求部分については、請求のとおりに更正処分をする予定であるので、事務処理上の都合により、いったん取り下げてほしいとの説明を受けて、令和元年10月4日、いずれも取り下げるとともに、本件相続税の課税価格を本件長女取得宅地に本件特例を適用しないところで計算した各更正の請求をした。

⑺　原処分庁は、令和元年10月29日付で、上記⑹の各更正の請求について、いずれもその全部を認容し、各更正処分をした。

⑻　請求人らは、令和元年12月23日、本件長女取得宅地の価額の計算において本件特例を適用することを求めて、各更正の請求（本件各更正請求）をした。

⑼　原処分庁は、令和2年3月31日付で、請求人らに対し、本件各更正請求は、相続税法第32条第1項に規定する期間を徒過したものであるとして、更正をすべき理由がない旨の各通知処分（本件各通知

処分）をした。

⑩　請求人らは、令和2年6月29日、本件各通知処分を不服として、それぞれ審査請求をした。

4　審判所の判断

（1）　争点1について

審判所は、争点1については、「裁決の要旨」のとおり判断した。また、請求人らの主張とそれに対する審判所の排斥理由は次のとおりである。

請求人らは、本件特例を適用するための更正の請求の事由を全ての遺産が分割されたことと解釈して、本件各更正請求が相続税法第32条第1項所定の期限内にされたものと取り扱われるべきなどと主張する。

しかしながら、本件長女取得宅地は、本件遺産分割によって遺産分割されたものと認めるほかなく、他の遺産について分割を終えるまで未分割であったことにはならないし、令和元年6月17日の遺産分割協議の日の翌日にした更正の請求にあっても、本件遺産分割の日の翌日から4カ月を経過していたのであるから、一連の手続からも請求人らが主張するように取り扱うべき理由がない。

（2）　争点2について

①　本件申告は、措置法第69条の4第4項本文の規定に従い、分割されていなかった本件長女取得宅地の価額の計算に本件特例を適用しなかったものであり、通則法第23条第1項第1号に規定する課税標準等又は税額等の計算が国税に関する法律の規定に従っていなかったものでも当該計算に誤りがあったものでもない。

②　本件特例は、措置法第69条の4第4項本文において、相続税の申告書の提出期限までに共同相続人又は包括受遺者によって分割が行われていない遺産については適用しないとしつつ、同項ただし書において、その分割されていない遺産が相続税の申告書の提

出期限から3年以内に分割された場合には、その分割された遺産についてはこの限りでない旨規定しており、遺産分割が行われたときは、その時点において同条第1項を適用することとしたものであって、申告期限時に遡って適用することを規定したものと解することはできない。

　また、本件特例においては、相続税法第19条の2第3項に「国税通則法第23条第3項に規定する更正請求書に、第1項の規定の適用を受ける旨及び同項各号に掲げる金額の計算に関する明細の記載をした書類その他の財務省令で定める書類の添付がある場合に限り、適用する。」とされているような通則法第23条第1項の規定が適用できることを明確に示す規定がない。

　このように、申告期限までに未分割であった遺産への本件特例の適用は、措置法第69条の4第4項ただし書に該当した時点、すなわち、遺産分割の時点の事実関係及び法律関係を前提にすべきものである。

③　そして、本件各更正請求は、本件遺産分割の時点の事実関係及び法律関係を前提に本件特例を適用できるとするものであって、申告期限を基準として通則法第23条第1項第1号所定の事由に該当するものとはならない。したがって、本件各更正請求は、通則法第23条第1項所定の要件に該当しない。

④　請求人らは、本件申告に際し分割見込書を提出し、本件遺産分割をしたことにより、本件特例が適用された計算によるべきところ、これと異なる計算をしている本件申告には誤りがあるため、本件各更正請求は、通則法第23条第1項所定の要件に該当する旨主張する。

　しかしながら、請求人らの主張は、本件遺産分割の時点の事実関係及び法律関係に基づくものであって、申告期限を基準として通則法第23条第1項第1号所定の事由に該当するものとはならないことは、上記③のとおりである。

本裁決の留意点

1　本件特例は、個人事業者等の事業の用又は居住の用に供する宅地等については、それが相続人等の生活基盤の維持に不可欠なものであって、その処分に相当の制約を受けることに配慮し、これらの宅地等に係る課税価格に算入すべき価額の計算について、昭和58年に特例が創設された。本件特例は、その後数度の改正を経て現在の形になっている。

2　本件特例は、相続税の申告書の提出期限までに共同相続人等によって、分割されていない宅地等については適用されないのが原則である。しかし、相続人間での話し合いに時間がかかり、相続税の申告期限（原則10カ月）まで遺産の分割が終わらないケースは、相当数あるのが実情である。そこで、その分割されていない特例対象宅地等が申告期限から原則3年以内に分割された場合には、適用の対象とすることができるとされている（措置法第69条の4第4項、措置法施行令第40条の2第23項）。

　　その場合には、相続税の当初申告の際に、「申告期限後3年以内の分割見込書」を提出するとともに、遺産の分割が確定したことを知った日から4カ月以内に更正の請求をすることによって、本件特例の適用が具現化されることになる（措置法第69条の4第5項、相続税法第32条第1項）。

3　ところで、相続財産について、一度の遺産分割協議で全ての相続財産の分割が決まらないこともあり、本事例のように数度の遺産分割協議を経て、相続財産の全部の帰属が決定されることもある。本件についても、本件特例対象宅地である長女取得宅地については、平成30年12月26日に分割が確定した（本件遺産分割）が、その余の相続財産については、令和元年6月17日に分割が決定したという経緯がある。

4　その場合、相続税法第32条の更正の請求ができることとなる始期は、最終的な相続財産全部の分割確定の時（本件では令和元年6月17日）ではなく、本裁決のとおり、特例対象宅地等に関する分割が確定した時（本件では平成30年12月26日）となる。したがって、本事例の

場合には、そこから4カ月以内の平成31年4月26日が、本件特例の適用を求めるための更正の請求の期限となる。この点、実務上注意が必要である。

5　なお、請求人らは、相続税法第32条の更正の請求が認められないとしても、通則法第23条第1項による更正の請求が認められるべきとの主張をしたが、これが認められないことは、本裁決の判断のとおりである。

◆関係法令

相続税法第69条の4第4項、措置法施行令第40条の2第23項、相続税法第32条第1項

◆関係キーワード

小規模宅地等の特例、3年以内の分割見込書、更正の請求

時価と著しく乖離する売買価額で被相続人と同族会社が交わした不動産売買取引について、原処分庁が相続税の課税価格を相続税法第64条第1項の規定を適用して計算したことは適法であるとした事例

平成16年3月30日裁決　裁決事例集No.67

裁決の要旨

　相続税法第64条第1項の規定は、同族会社を一方の当事者とする取引当事者が、経済的動機に基づき自然・合理的に行動したならば普通採ったはずの行為形態を採らず、殊更不自然・不合理な行為形態を採ることにより、その同族会社の株主その他所定の者の相続税又は贈与税の負担を不当に減少させると認められる場合には、税務署長は、この同族会社の行為計算を否認し、取引当事者が経済的動機に基づき自然・合理的に行動したとすれば、通常採ったであろうと認められる行為計算に従って相続税又は贈与税を課することができるというものであり、同条がこのように規定する趣旨は、私法上許された法形式を濫用することにより、租税負担を不当に回避し又は軽減することが企図されている場合には、実質的にみて租税負担の公平の原則に反することになるから、このような行為又は計算をいわゆる租税回避行為として、税法上は、これを否認して本来の実情に適合すべき法形式の行為に引きなおして、その結果に基づいて課税しようというものである。

　不動産売買における価格の決定については、利害関係を共通しない経済人の間では近隣の売買実例や公示価格等を参考に時価に相当する金額が売買価額として形成されるのが通例であると考えられるところ、被相続人と同族会社が行った不動産の売買契約においては、当該同族会社の有する借入金残高が、当該売買契約締結時の本件土地建物の時価とは大幅にかい離していることを認識しながら当該借入金残高をもって売買価額としたものである。

したがって、当該売買価額の決定は、経済人の行為として殊更不自然・不合理なもので、利害関係を共通しない経済人当事者の間では通常行われ得なかったものといわざるを得ない。これは、当該同族会社の株主である請求人の相続税を不当に減少させるものと認められるから、相続税法第64条第1項を適用して本件相続に係る課税価格を計算することは適法である。

本裁決のポイント解説

1　問題の所在

同族会社の行為又は計算で、これを容認した場合には、所得税又は法人税の負担を不当に減少させる結果になるときは、税務署長はこれを否認することができる（所得税法第157条、法人税法第132条）。争訟としてしばしば登場するのは、主にこの所得税及び法人税の事件であり、適用事例もそれなりにある。

これに対して、相続税法（第64条）に関しては、それほど適用事例は多いものではなく、争訟として取り上げられる件数も、所得税及び法人税に比べると少ないのが実情である。本事例は、その数少ない相続税の事例において、課税庁がこれを適用して決定処分をしたもので、審判所が、相続税法第64条の解釈や当てはめをどのように行ったのかを確認する。

2　本件の争点

被相続人と同族会社との間に交わされた土地建物売買契約について、相続税法第64条第1項の規定を適用して計算したことの適否（その売買契約により生じた被相続人の債務についての債務控除の金額の多寡）。

3 事実関係

(1) 請求人は、平成12年11月12日（本件相続開始日）に死亡した被相続人Ｅ（被相続人）に係る相続（本件相続）により、ｐ市に所在する土地合計241.38㎡と同地上にある建物（併せて「本件土地建物」）を取得した。

(2) 本件土地建物の本件相続開始日現在における相続税評価額は、合計124,168,000円である。

(3) 公証人Ｆは、平成12年10月18日、遺言者である被相続人の嘱託により、本件遺言書を作成している。

　　なお、本件遺言書には、要旨次の内容が記載されている。

① 被相続人は、Ｇ株式会社（Ｇ社）が所有する本件土地建物を、将来同会社から譲り受ける予定であるが、譲り受けた場合は、これを請求人に相続させる。

② 被相続人の負担に係る債務及び保証債務については、請求人が負担するものとする。

(4) 被相続人は、平成12年10月20日、本件土地建物について、Ｇ社から売買価額1,652,000,000円で譲り受けるとした売買契約（本件契約）を交わしている。

　　なお、本件契約書には、売買代金の支払について、要旨次の内容が定められている。

① Ｇ社が本件土地建物を取得する際に、平成２年１月31日にＨ銀行から借り入れた借入金債務の残高（本件借入金残高）1,652,000,000円の全額を被相続人が承継することにより、その支払に充当する。

② 被相続人は、上記①により承継した借入金債務を各返済期日までにＧ社の銀行口座に元金及び利息の合計金額を送金して支払う。

③ 本件土地建物の所有権は、本件契約締結の日をもって被相続人に移転するものとする。

④　上記記載の被相続人がG社より承継した債務を全額返済した場合、本件土地建物の所有権移転登記手続をする。

⑸　被相続人は、本件契約に係る売買代金の決済手段として債務を承継した本件借入金残高と被相続人のG社に対する貸付金とを相殺するという経理処理により、第1回目の返済期日の平成12年10月31日に、その一部2,000,000円をG社の当座預金口座を介して返済した。

⑹　本件契約の締結以後における借入金名義は、G社のままであり、被相続人名義に変更されていない。

⑺　平成12年5月8日付のG社を与信先とするH銀行保管の貸出条件変更申請書には、本件借入金残高は、平成12年10月31日に2,000,000円を返済され、同年11月30日に残額1,650,000,000円が返済される旨が記載されている。

⑻　K税理士は、平成10年6月にH銀行あてに提出した資料において、当該資料作成時に公表されていた平成9年度の路線価から算出された本件土地の相続税評価額を191,890,000円として、相続税対策を実施しなかった場合の相続税の納付すべき税額を606,781,000円としている。

⑼　請求人は、H銀行に対して被相続人の生前から本件契約により本件借入金残高を被相続人に承継させたい旨の説明をしていたが、H銀行は、被相続人が高齢であるからとして融資先変更手続をとらなかった。

　　また、被相続人の死後、本件契約の決済手段である本件借入金残高の残額は請求人が被相続人より承継して返済することとしたが、他の相続人から相続財産の分割等に関して公正証書遺言無効確認訴訟などが提起されたこともあり、H銀行との契約上は、本件借入金残高の残額に係る債務者はG社のままとなっていた。

⑽　本件建物は平成14年4月ころにG社により撤去され、撤去費用についてはG社に対する貸付金を相殺し減額する方法で請求人が負担

し、その後、本件土地は平成14年5月1日から月額330,000円でL株式会社に駐車場として一括して賃貸されており、同賃貸料は、H銀行の請求人名義普通預金口座に振り込まれている。

⑾　被相続人から本件契約の決済手段である本件借入金残高の残額1,650,000,000円を承継した請求人は、G社に対する貸付金と相殺する方法により、G社名義の預金口座を介して、H銀行へ分割返済している。

⑿　請求人は、本件契約時において、G社の株主であり、G社は、本件契約が締結された時点で、被相続人、請求人など親族らが有する株式の所有割合は発行済株式数の95.5％と50％以上であることから、法人税法第2条第10号に規定する同族会社に該当する。

4　審判所の判断

　審判所は、「裁決の要旨」のとおり、本件における相続税法第64条第1項の適用は適法であるとしたが、その判断過程は、次のようなものであった。

⑴　相続税法第64条第1項の規定の適用に当たっては、その行為計算が単に結果において相続税又は贈与税の軽減を来たすということのみによってこれを決すべきものではなく、当該行為計算が経済的、実質的にみて、経済人の行為として、不自然・不合理なものと認められるか否かにより判断すべきである。

⑵　本件契約は、当事者の意思に基づき締結された不動産売買を目的とした契約であり、本件契約を締結したことにより、被相続人が本件土地建物の所有権を取得したと判断するのが相当である。したがって、本件土地建物は、本件相続に係る相続税の課税価格の計算上、取得財産となる。

　他方、被相続人が本件契約に係る決済手段としてG社から承継したとされる本件借入金残高に相当する金額は、H銀行との間ではG社の銀行借入金を承継したとは認められておらず、被相続人が本件

借入金残高について免責的引受けをしたとはいえない。

(3)　したがって、被相続人が本件契約により負担し、請求人が相続したのは、本件借入金残高相当額のＧ社に対する本件土地建物の売買代金債務であると認められ（本件借入金の返済は、売買代金債務の弁済の手段である。）、本件相続開始日における当該売買代金債務の残額1,650,000,000円（1,652,000,000円－2,000,000円）は、通常は、本件相続に係る相続税の課税価格の計算上、債務控除の対象となるべきものである。

(4)　しかしながら、本件契約は、Ｇ社の再建と被相続人に係る相続税対策を同時に可能にする方法として考え出され、Ｇ社の銀行借入金残高である本件借入金残高を不動産売買価額とした本件契約を締結することによりＧ社の銀行借入金を被相続人に移し変えることを図ったもので、これにより、Ｇ社は、大幅な債務超過の状況を脱することができ、また、被相続人に係る相続税の計算上も借入金であれば債務控除が可能となるとして実行されたものであると認められる。

　　　そして、不動産売買における価格の決定については、利害関係を共通しない経済人の間では近隣の売買実例や公示価格等を参考に時価に相当する金額が売買価額として形成されるのが通例であると考えられるところ、本件契約の当事者間では、本件借入金残高1,652,000,000円が、本件契約締結時の本件土地建物の時価とは大幅にかい離していることを認識しながら本件借入金残高をもって売買価額としたものである。

(5)　したがって、当該売買価額の決定は、経済人の行為として殊更不自然・不合理なもので、利害関係を共通しない経済人当事者の間では通常行われ得なかったものといわざるを得ない。

(6)　本件契約について相続税法第64条第1項を適用して行う本件相続に係る課税価格の計算に当たって、本件土地建物の売買価額（時価相当額）は相続税評価額を基に算定した124,168,000円であるとし

て行うことは、合理的な範囲にあり、相当である。

⑺　本件契約に係る行為に相続税法第64条第1項を適用して、本件契約の売買価額のうち本件契約締結時の時価を超える金額は相続税を不当に減少させているから、当該不当に減少させる金額を除いたところで行われたものとして、本件契約に係る金額を124,168,000円とし、平成12年10月31日に貸付金と相殺させる形で返済された本件借入金残高の一部2,000,000円を差し引いた金額122,168,000円を債務控除額として請求人の課税価格等を計算すると、原処分庁主張額の相続税の課税価格及び納付税額を上回っている。

⑻　以上のことから、本件契約について相続税法第64条第1項を適用した上で、本件相続に係る課税価格の計算を行ったところでなされた本件決定処分は適法である。

本裁決の留意点

1　前述のとおり、同族会社の行為又は計算の否認規定は、所得税や法人税の実務においてはときどき適用事例がみられるものの、相続税の分野では適用事例は少なく、争訟として現れたものも数件にとどまるであろう。

　相続税の同族会社の行為・計算の否認事件で引用例が多いのは、大阪地裁平成12年5月12日判決と、その控訴審である大阪高裁平成14年6月13日判決である。いずれも、相続税法第64条第1項の適用が適法とされ国側が勝訴した。

2　上記の大阪地裁が示した同条の解釈は次のようなものであった。

　相続税法第64条第1項は、「同族会社を一方の当事者とする取引が、経済的な観点からみて、通常の経済人であれば採らないであろうと考えられるような不自然、不合理なものであり、そのような取引の結果、当該同族会社の株主等の相続税又は贈与税の負担を不当に減少させる結果となると認められるものがある場合には、税務署長は、当該取引行為又は計算を否認し、通常の経済人であれば採ったであろう

と認められる行為又は計算に基づいて相続税又は贈与税を課すことができるものと解するのが相当である。」と判示した。

3　本事例において、審判所は、相続税評価額の10倍以上という本件契約金額の異常性や取引全体の不自然さを認定し、相続税法第64条第1項の適用を適法としたものである。また、請求人の「担税力がないものに対して相続税を課税すべきでない」旨の主張については、請求人の担税力がなくなったことは、G社が被相続人との間で経済的、実質的にみて、経済人の行為として不自然・不合理な本件契約を締結した結果、招来したものと認められることから、請求人の主張には理由がなく、本件決定処分は、原処分庁の裁量権の範囲を逸脱した賦課権限の濫用には当たらないとした。

4　このように個人・法人間で、時価よりも著しく高い金額での売買（高額譲渡）が行われた場合には、客観的な交換価値を上回る部分は、売買とは別に、買主から売主への一種の贈与があったとみて課税関係を整理する必要があるであろう。すなわち、時価よりも高い金額での譲渡は、売買の目的物の時価までは譲渡対価になるが、それを超える部分は買主から売主に対して何らかの利益の供与又は贈与があったとみるのが自然である（その結果、本件では、個人買主である被相続人は、時価よりも高額部分は、本件土地建物の取得費には算入することができず、通常は法人に対する寄附金となる。）。

　　この点、本裁決では特に触れていないが、実務家としては注意が必要である。

◆関係法令

相続税法第64条第1項

◆関係キーワード

同族会社の行為又は計算の否認、不自然、不合理、高額譲渡

◆参考判決・裁決

大阪地裁平成12年5月12日判決・平成8年（行ウ）99号、その控訴審である大阪高裁平成14年6月13日判決・平成12年（行コ）64号、相続税法第64条第1項の適用に関しこれを認めなかった事例として、浦和地裁昭和56年2月25日判決・昭和54年（行ウ）4号

被相続人の全財産を書面によらない死因贈与により取得したとする請求人の権利は、和解成立前においては、法定相続人から撤回される可能性がきわめて高く、きわめてぜい弱なものであったといえることから、請求人が自己のために相続の開始があったことを知ったのは、和解により当該死因贈与契約の一部の履行が確定した日であると判断した事例

平成25年6月4日裁決　裁決事例集№91

裁決の要旨

　相続税法第27条第1項は、相続又は遺贈（贈与をした者の死亡により効力を生ずる贈与を含む。）により財産を取得した者について、納付すべき相続税額があるときに相続税の申告書の提出義務が発生することを前提として、その申告書の提出期限を「相続の開始があったことを知った日の翌日から10月以内」と定めているものと解され、上記の「相続の開始があったことを知った日」とは、自己のために相続の開始があったことを知った日を意味するものと解される。

　本件和解により、請求人は、本件預金についてのみ死因贈与により取得することとなったものであるところ、このことは、本件相続人が、本件被相続人がその全財産を請求人に死因贈与する旨の死因贈与契約について、その一部を撤回したものとみるのが相当であり、本件和解により、当該一部撤回後の当該死因贈与契約の履行が確定したと認めるのが相当である。

　そうすると、請求人が自己のために相続の開始があったことを知ったのは、本件和解により当該死因贈与契約の履行が確定した日というべきである。

108

本裁決のポイント解説

1　問題の所在

　親族死亡の事実は、多くの場合、その日のうちに伝えられるであろう。ところが、近年は、いわゆる「おひとり様」で老後を過ごし、死亡してからかなりの時間が経ってから発見されるケースも増えているようである。また、そのようなケースは、相続人が不存在であったり、相続人がいるといっても、普段はほとんど付き合いのない甥や姪であることも多い。

　本事例も、まさにそのようなケースであり、被相続人の死亡の発見が遅れた事例である。相続税法第27条第１項の「相続の開始があったことを知った日」とは、「自己のために相続の開始があったことを知った日をいう」と解されている（相基通27-４）が、被相続人と手紙での交流はあったものの、それほど深い付き合いのなかった請求人について、「自己のために相続の開始があったことを知った日」を、審判所はどのように判断したのかを確認していくこととする。

2　本件の争点

⑴　本件申告書は、相続税法第27条第１項に規定する「相続の開始があったことを知った日の翌日から10月以内」に提出された期限内申告書であるか否か。

⑵　仮に、本件申告書が期限内申告書でなかった場合、期限内申告書の提出がなかったことについて、通則法第66条第１項ただし書に規定する「正当な理由」があると認められるか否か。

　本件は、上記の２点を争点としているものの、本質的には、本事例における相続税法第27条第１項の「相続の開始があったことを知った日」の判定である。

3 事実関係

⑴ E（請求人）は、平成21年1月○日（推定）に死亡し被相続人（本件被相続人）の従妹である。

請求人は、平成21年2月19日、警察から連絡を受けたことにより、本件被相続人の死亡を知った。

⑵ 本件被相続人の法定相続人は、本件被相続人の兄であるH（昭和59年5月死亡）を代襲した同人の子のJ（本件相続人）のみであった。

なお、本件相続人は、平成22年4月14日、請求人から後記⑶の訴訟を提起されて訴状の送達を受けたことにより、本件被相続人の死亡を知った。

⑶ 請求人は、裁判所に対して平成22年3月23日付の訴状を提出して、本件相続人並びに本件被相続人が預金を有していた各金融機関（本件各金融機関）を被告とする所有権移転登記手続等請求訴訟（本件訴訟）を提起した。

本件訴訟は、請求人が、平成20年4月23日に本件被相続人との間で本件被相続人の死亡を条件として本件被相続人がその全財産を請求人に贈与する旨の書面による死因贈与契約を締結しており、当該死因贈与契約に基づき本件被相続人の全財産の権利を取得したとして、①本件相続人に対して、本件被相続人が所有していた各不動産について、平成21年1月○日死因贈与を原因とする所有権移転登記手続を、②本件各金融機関に対して、本件被相続人が有していた各預金について、その支払を、それぞれ求めたものであった。

⑷ 請求人が、本件訴訟において、上記⑶の死因贈与契約を締結したことの証拠として裁判所に提出した書証の要旨は、次の①ないし④のとおりであった。

① 平成20年4月23日頃に本件被相続人が記載したとする「Eえゼンザイサンを Eヘヤル」との記載のあるノート

② 請求人が作成し平成20年4月24日に本件被相続人に郵送したと

する「…昨日お兄さんが『お前は夫が亡くなって大変だろうから俺がもしもの時は全財産やるよ。お前にやらなかったら国に持っていかれてしまうよ』とおっしゃった時は突然のことでびっくり呆然としてしまいました。…心底ありがたいことだと思っております。…財産を頂くから言う訳ではありませんが…お兄さんにもしもの時はeに納骨し、その後供養いたしますのでご安心ください。」と記載された手紙

③　本件被相続人が作成し平成20年12月8日に請求人に荷物とともにゆうパックで配送されたとする「Eえ　お前に全ざいさんをやる。しんぱいするな。」と記載された手紙

④　請求人が作成し平成20年12月9日に本件被相続人に郵送したとする「…ゆうパック9：10ごろ受け取りました。…全財産をくださるとのこと　何とお礼を申し上げていいのやら、ただただありがたいことだと思っております。真にありがとうございます。」と記載された手紙

(5)　本件相続人は、本件訴訟において、平成22年5月19日付の答弁書で、①上記(3)の死因贈与契約が不成立である旨を主張するとともに、②仮に当該死因贈与契約が成立していたとしても、書面によらない死因贈与であり、贈与者である本件被相続人の包括承継人である本件相続人が当該死因贈与契約を撤回する旨を主張した。

(6)　請求人、本件相続人及び本件各金融機関は、平成23年12月○日、本件訴訟において、要旨、次の内容の訴訟上の和解（本件和解）をし、本件訴訟は終了した。なお、本件和解は、訴訟代理人たる弁護士が関与して成立したものであった。

①　請求人と本件相続人は、本件被相続人と請求人との間の平成20年4月23日の死因贈与契約について、本件被相続人のK銀行の定期預金1億7,000万円(平成21年1月○日現在の残高)のうち8,500万円の範囲において有効に成立し、これを請求人が取得することを確認する。

②　請求人と本件相続人は、本件被相続人の財産のうち、上記①記載の財産を除く不動産、預金その他一切の財産を本件相続人が相続することを確認する。

③　K銀行は、上記①の定期預金に係る預金契約を同行の預金規定に基づいて解約し、平成23年12月29日限り、支払日までの所定の約定利息を付し、法定の租税の源泉徴収税額を控除した金員のうち2分の1（円未満切り捨て）を請求人の訴訟代理人名義の銀行口座に振り込む方法により請求人に支払い、残余金を本件相続人名義の銀行口座に振り込む方法により本件相続人に支払う。

⑺　請求人は、本件和解のとおり、死因贈与により取得した財産の価額を本件被相続人のK銀行の定期預金1億7,000万円（平成21年1月○日現在の残高）のうち8,500万円（本件預金）とし、当該金額に既経過利子の額を加算した金額を取得財産の価額として、請求人の課税価格及び納付すべき税額を計算し、平成23年12月24日に相続税の申告書（本件申告書）をした。

⑻　原処分庁は、平成24年1月31日付で、本件申告書の提出により納付すべき税額を基礎として、通則法第66条《無申告加算税》第1項及び第2項の規定に基づき、無申告加算税の賦課決定処分（原処分）をした。

4　審判所の判断

審判所は、本件申告書が、請求人が相続の開始があったことを知った日から10カ月以内に提出された期限内申告書であるとして、無申告加算税を賦課した原処分の全部を取り消した。

その判断過程は次のようなものであった。

⑴　本件においては、本件和解条項のとおり、請求人は本件被相続人から死因贈与により本件預金を取得したものであるが、本件和解条項は、当該死因贈与が書面によるものか否かについては明らかにしていない。

　しかるに、請求人が本件訴訟において裁判所に提出した各書証の客観的な記載のみから当該死因贈与が書面によるものであると認めることはできず、その他、当審判所の調査の結果によっても、当該死因贈与が書面によるものであると認めるに足りる証拠はないから、当該死因贈与は、書面によらないものとみるのが相当である。

(2)　上記(1)のとおり、本件和解条項の死因贈与は書面によらないものとみるのが相当であるところ、書面によらない贈与は、その履行が終わるまでは各当事者が自由にこれを撤回することができる（民法第550条）ため、それまでは目的財産は確定的に移転しておらず、いわば法律関係は当事者間で浮動の状態にあるものというべきである。

　そして、本件において、本件相続人は本件訴訟の訴状の送達を受けて初めて本件被相続人の死亡を知ったものであることからすると、本件被相続人と請求人との間で本件被相続人の全財産に係る死因贈与契約が成立していたとしても、本件被相続人の死亡後に唯一の法定相続人である本件相続人が当該死因贈与契約の存在を知れば、これを撤回する可能性がきわめて高かったことが推認され、実際、本件相続人は、本件訴訟に係る答弁書において、主位的に当該死因贈与契約が不成立である旨を主張し、予備的に当該死因贈与契約を撤回する旨を主張していた。そうすると、本件和解の成立前の時点においては、本件被相続人の全財産を死因贈与により取得したとする請求人の権利は、きわめてぜい弱なものであったといえることから、本件和解の成立前において請求人が自己のために相続の開始があったことを知ったものとは認められない。

(3)　そして、本件和解により、請求人は、本件預金についてのみ死因贈与により取得することとなったものであるところ、このことは、本件相続人が、本件被相続人がその全財産を請求人に死因贈与する旨の死因贈与契約について、その一部を撤回したものとみるのが相当であり、本件和解により、当該一部撤回後の当該死因贈与契約の

履行が確定したと認めるのが相当である。

　そうすると、請求人が自己のために相続の開始があったことを知ったのは、本件和解により当該死因贈与契約の履行が確定した日（平成23年12月○日）というべきである。

(4)　以上からすると、請求人については、本件被相続人との間の死因贈与契約の履行が確定した本件和解の日（平成23年12月○日）をもって、相続税法第27条第1項に規定する「相続の開始があったことを知った日」とするのが相当である。

　したがって、本件申告書は、本件和解の日である平成23年12月○日の翌日から10カ月以内である平成23年12月24日に提出された期限内申告書である。

　そうすると、請求人の主張には理由があり、本件申告書が期限後申告書であることを前提にされた原処分は違法である。

本裁決の留意点

1　本事例において、請求人が「自己のために相続の開始があったことを知った日」について、原処分庁は次のように主張した。

(1)　本件において、本件被相続人は、請求人との間で、自らの死亡を停止条件として、自らの全財産を請求人に贈与する旨の死因贈与契約を締結しており、当該死因贈与契約は有効に成立している。

(2)　死因贈与の効力発生時期は贈与者の死亡時であり、死因贈与には民法第554条により遺贈の規定が準用されることなどからすると、請求人が本件被相続人の死亡を知った平成21年2月19日が、相続税法第27条第1項に規定する「相続の開始があったことを知った日」である。したがって、本件申告書は、期限後申告書である。

2　しかし、本件被相続人と請求人の贈与契約について、両者署名による書面は存在しておらず、書面による贈与であるかどうかは、その他の事実関係からしても審判所の判断のとおり否定的に考えざるを得ない。しかも、契約である死因贈与と単独行為である遺贈の法律的な相

違や、請求人と本件相続人による本件訴訟の経緯を考慮すると、上記
1(2)のように認定して原処分を行ったことには疑問が残る。
3　我が国では、最近親族関係が希薄になっていることもあり、独居で
死亡してその発見が遅れる事例は増えると思われる。今後とも「相続
の開始があったことを知った日」の意義については、事例ごとに慎重
に判断する必要がある。

◆関係法令

相続税法第27条第1項、相基通1の3・1の4共-8、27-4

◆関係キーワード

相続の開始があったことを知った日、書面によらない贈与、死因贈与

相続税法第35条第3項の規定に基づいて行われた増額更正処分は、その処分の前提となる更正の請求が同法第32条第1号の要件を満たしていないから違法であるとした事例

平成24年3月13日裁決　裁決事例集No.86

裁決の要旨

　相続税法第35条第3項は、相続財産の全部又は一部が未分割であるとして、同法第55条の規定に基づく相続税の申告がされた後に、遺産分割協議が成立したことなどの理由により、当該申告に係る課税価格及び相続税額が過大となった者が、同法第32条の規定に基づく更正の請求をした場合には、税務署長は、当該更正の請求に基づいて（減額）更正をする一方で、当該更正の請求をした者の被相続人から相続により財産を取得した他の者に対しては、通則法第70条所定の更正又は決定に係る期間制限が経過した後であっても、更正又は決定することができるとするものである。このような相続税法第35条第3項と同法第32条との関係からすれば、同法第35条第3項の規定に基づいて行う更正処分は、同法第32条の規定による適法な更正の請求に基づいて（減額）更正処分が行われたことを前提とするものであると解するのが相当である。

　ところが、他の相続人らの各更正の請求は、相続税法第32条第1号による更正の請求の要件を満たすものとは認められず、また、同条第2号ないし第5号の各規定による更正の請求の要件を満たさないことも明らかであるから、本件第2次更正処分は、相続税法第35条第3項の要件を満たさない。

本裁決のポイント解説

1　問題の所在

　相続税の申告に際し、申告期限（相続の開始があったことを知った日の翌日から10カ月）までに遺産の分割が決まらない場合には、相続税法第55条の規定に基づいて、各相続人が、法定相続分に従って相続財産を取得したものとして、相続税の課税価格を計算することとされている。

　この場合において、その後に遺産分割協議が成立し各相続人の取得財産が決定して、各人の課税価格が当初の申告と相違した時は、更正の請求や修正申告、あるいは税務署長の更正処分などによって、各相続人間の負担の調整を図ることとされている。そして、遺産が未分割では認められていなかった「配偶者に対する税額軽減」や「小規模宅地等の特例」も、遺産が分割されることによってその適用が認められることになっている。このような事例は、実務でも頻繁に発生している。

　しかし、このような申告期限後の負担調整措置には、一定のルールがあり、本事例はそのルールの遵守が行われていたか否かが争点となっている。

2　本件の争点

　原処分庁が、請求人に対して行った相続税法第35条第3項を根拠とした第2次更正処分は、他の共同相続人の相続税法第32条第1号（当時。以下同じ。）に基づく更正の請求を前提とした適法なものか否か。

3　事実関係

(1)　Ｊ（本件被相続人）は、平成17年1月に死亡した（本件相続）。
　　本件被相続人の法定相続人は、養子である請求人、長男Ｋの代襲相続人であるＬ、Ｍ及びＮ並びに長女であるＰ、二女であるＱ、三女

であるR、三男であるS及び四男であるTの合計9名である（本件相続人ら）。

(2) 請求人は、本件相続に係る相続税（本件相続税）について、法定申告期限までに申告した。

(3) 遺言者を本件被相続人とする公証人作成の平成16年8月作成の遺言公正証書（本件遺言）の内容は、要旨次のとおりである。

　① 本件被相続人は、新たに設立される財団法人W会に対して、別表2（省略）に記載の各財産及びX銀行に対する預金債権のうち50,000,000円を寄附する。

　② P、Q、R及びSに、それぞれ現金2,000,000円を相続させる。

　③ 上記①及び②の財産を除く、本件被相続人の財産全部をTに相続させる。

(4) 請求人、L、M、N及びQは、T、P、R及びSを被告として、本件遺言が無効であることの確認を求める訴訟を提起した（本件訴訟）。

(5) 本件相続の開始後、財団法人W会は財団設立のための条件を満たさなかったことから設立されず、平成19年3月、特定非営利活動法人W会が設立された。

(6) 本件訴訟については、裁判所により、次の①ないし⑤を主な内容とする民事調停法第17条《調停に代わる決定》の決定（本件民事調停決定）がなされた（本件和解条項）。当該決定の告知を受けた日から2週間以内に本件相続人らから裁判所に異議の申立てがなかったので、上記決定が確定し、裁判上の和解と同一の効力をもつこととなった。

　なお、本件民事調停決定において、本件遺言が無効であることの確認はなされていない。

　① 本件被相続人の財産は、請求人、L、M、N、Q及びSのグループ（請求人グループ）、T、P及びRのグループ（Tグルー

プ）並びにW会がそれぞれ取得する。

② W会は、別表3-1（省略）に記載の各財産を取得する。請求
人グループ、Tグループ及びW会は、当該各財産をW会が取得す
ることについては、本件遺言における本件被相続人の遺志を考慮
してのことであり、遺産からの寄附行為として行われるものであ
ることを確認する。

③ W会は、別表3-2（省略）に記載の各財産を取得する。W会
が当該各財産を取得することについては、上記②同様、本件遺言
を尊重してのことである（本件被相続人の財産のうち、W会が取
得することとなった各財産を「W会財産」。W会財産を除く財産
は「その他財産」）。

④ 請求人グループは、別表4-1～3（省略）に記載の各財産を
取得する。

⑤ 請求人グループ、Tグループ及びW会は、本件和解条項に定め
た遺産分割を前提として、請求人グループ及びTグループの各内
部における遺産分割については、別途協議することを確認する。

(7) 請求人グループは、本件民事調停決定を受けて、本件被相続人の
財産のうち請求人グループが取得することとなった財産（別表4-
1、別表4-2及び別表4-3に記載の各財産）などについて、請求
人グループ内で協議を行い、請求人、L、M、N、Q及びSの取得
財産が具体的に確定した（本件分割協議）。

(8) 原処分庁は、平成20年11月17日付で別表1（省略）の「第1次更
正処分」欄のとおりの本件相続税の更正処分（本件第1次更正処
分）をした。

(9) その後、請求人は、本件相続税について、平成22年5月21日に、
別表1の「更正の請求」欄のとおりとすべき旨の更正の請求をし
た。

(10) 原処分庁は、これに対し、平成22年11月24日付で、更正をすべき
理由がない旨の通知処分（本件通知処分）及び別表1（省略）の

「第2次更正処分」欄のとおりの本件相続税の更正処分（本件第2次更正処分）をした。

4 審判所の判断

(1) 相続税法第32条柱書は、同条各号のいずれかに該当する事由により納付すべき税額が過大となったときは、その分割が行われたことを知った日の翌日から4カ月以内に限り、通則法第23条第1項の規定による更正の請求ができると規定し、相続税法第32条第1号は、同法第55条の規定により未分割財産について、民法の規定による相続分の割合に従って課税価格が計算されていた場合において、その後当該未分割財産の分割が行われ、共同相続人が当該分割により取得した財産に係る課税価格が、当該相続分の割合に従って計算された課税価格と異なることとなったことを事由として掲げている。つまり、相続税法第32条第1号に基づく更正の請求は、①まず、同法第55条の規定に基づいて、未分割財産について、民法の規定による相続分の割合に従って課税価格が計算されていること（要件①）、②次に、当該未分割財産が分割されたこと（要件②）、③そして、当該分割の結果に従って相続税の課税価格を計算すると上記①の課税価格と異なることとなったこと（要件③）、という要件を充足する必要があることから、仮に要件①を満たしている場合であっても、要件②及び③の要件を満たさない場合には、同号の更正の請求の要件を満たさないこととなる。

(2) 相続税法第35条第3項は、相続財産の全部又は一部が未分割であるとして、同法第55条の規定に基づく相続税の申告がされた後に、遺産分割協議が成立したことなどの理由により、当該申告に係る課税価格及び相続税額が過大となった者が、同法第32条の規定に基づく更正の請求をした場合には、税務署長は、当該更正の請求に基づいて（減額）更正をする一方で、当該更正の請求をした者の被相続人から相続により財産を取得した他の者に対しては、通則法第70条

所定の更正又は決定に係る期間制限が経過した後であっても、更正
又は決定することができるとするものである。このような相続税法
第35条第3項と同法第32条との関係からすれば、同法第35条第3項
の規定に基づいて行う更正処分は、同法第32条の規定による適法な
更正の請求に基づいて（減額）更正処分が行われたことを前提とす
るものであると解するのが相当である。

(3) 原処分庁は、平成20年11月17日付で、本件相続税について、その
他財産については、本件遺言によって帰属が確定しているから、相
続税法第55条の規定の適用はないとして、また、W会財産について
は、本件遺言の効力が生じないから、同条の規定の適用があるとし
て、請求人に対しては本件第1次更正処分をし、M及びNに対して
はそれぞれ減額の更正処分をした。

　本件第1次更正処分並びにM及びNに対する当該各更正処分で
は、いずれも別表5（省略）の「請求人」、「M」及び「N」の各欄
のとおり、W会財産については、民法第900条第1号に規定する法
定相続分（法定相続分）により、その他財産については、本件遺言
に基づいて本件相続税の課税価格が計算されている。

(4) Sは、本件調査を受け、本件相続税について、平成21年2月2日
に、修正申告書を原処分庁に提出した。

　Sのこの修正申告（この修正申告と上記(3)のM及びNに対する各
更正処分を併せて「本件修正申告等」）では、W会財産について
は、法定相続分で、その他財産については、現金2,000,000円を取
得したとして、本件相続税の課税価格が計算されている。

(5) 請求人らは、本件民事調停決定及び本件分割協議を基因として、
平成22年5月21日に、原処分庁に対してそれぞれ更正の請求をし
た。

　請求人らの各更正の請求は、本件第1次更正処分及び本件修正申
告等において未分割としたW会財産及び本件未収金等を、本件被相
続人の財産に含めないで本件相続税の課税価格が計算されている。

(6)　原処分庁は、上記(5)の請求人らの各更正の請求のうち、Mらの各更正の請求については、相続税法第32条第1号に規定する事由に該当するとして、平成22年11月24日付で、それぞれ減額の各更正処分をするとともに、請求人の更正の請求については、同日付で、本件通知処分を行うとともに、同法第35条第3項に基づき本件第2次更正処分を行った。

　　当該減額の各更正処分及び本件第2次更正処分では、①本件民事調停決定に基づき、請求人らが取得することとなったその他財産については、本件分割協議により請求人らが取得することとなった財産の価額で、②W会財産については、上記①により請求人らが取得したその他財産の価格の割合で分配した価額で、請求人らの本件相続税の課税価格が計算されている。

(7)　相続税法第35条第3項の規定に基づく更正処分が適法になされるためには、前提として、他の相続人につき、同法第32条の規定による適法な更正の請求に基づく（減額）更正処分が行われなければならない。この点、原処分庁は、上記(5)のMらの各更正の請求が、相続税法第32条第1号の事由に該当する旨主張していることからすると、Mらの各更正の請求が適法なものであることを前提とするものと解される。

(8)　そこで、相続税法第32条第1号に基づく更正の請求は、要件①ないし③を充足する必要があるところ、Mらの各更正の請求が、同号の事由に該当する適法なものであるか否かについて検討すると、次のとおりである。

　　①　本件修正申告等におけるMらの本件相続税の課税価格のうち、その他財産部分については、上記(3)及び(4)のとおり、本件遺言に基づいて計算されており、そもそも、相続税法第55条が適用されていないので、要件①を満たさないこととなる。

　　②　財団法人W会は財団設立のための条件を満たさず設立されなかったことからすると、本件遺言のうち、上記3(3)①について

は、その効力が生じないものと解するのが相当であり、そうすると、W会財産については、民法第995条《遺贈の無効又は失効の場合の財産の帰属》の規定により、本件相続人らに共有で帰属することとなったと解される。

③　次に、本件民事調停決定において、本件相続人らが、W会財産はW会が遺産からの寄附によって取得したものであることを確認しているところ、これについては、W会財産は、本件相続人らに共有で帰属していたことを踏まえれば、本件相続人ら全員の総意により、本件相続人らが、同人らに共有で帰属しているW会財産をW会へ寄附したと解するのが相当である。

④　そして、W会財産については、当該寄附をもって、つまり本件民事調停決定をもって分割されたとみるのが相当であり、本件相続人らの間で、W会財産がW会に帰属することについて争いがなかったことからすると、W会財産が法定相続分の割合と異なる割合でW会へ寄附されたと解する事情はないから、W会財産は、本件相続人らの法定相続分の割合でW会に寄附され、その割合で分割されたとみるのが相当である。

⑤　W会財産について、要件①ないし③を満たしているか否かを検討すると、次のとおりである。

　　まず、本件修正申告等におけるMらの本件相続税の課税価格のうちW会財産部分については、法定相続分で計算されているところ、これは要件①を満たしていることになる。

　　また、W会財産については、本件民事調停決定をもって分割が確定したとみるのが相当であるから、要件②を満たすこととなる。

　　しかしながら、W会財産は、本件相続人らにおいて、法定相続分の割合で分割されたとみるのが相当であり、これに基づき、MらのW会財産部分に係る本件相続税の課税価格を計算すると、本件民事調停決定の前後において変動がないこととなるから、W会

財産については、要件③を満たさないこととなる。

(9) 以上のことからすると、Mらの各更正の請求は、いずれも相続税法第32条第1号の要件を満たす適法なものとは認められず、また、同条第2号ないし第5号の各規定による更正の請求の要件を満たさないことも明らかであるから、本件第2次更正処分は、相続税法第35条第3項の要件を満たさない。

本裁決の留意点

1　本事例は、やや複雑な経過を辿っているが、簡略化すると、税務署長が行う相続税法第35条第3項の更正は、他の相続人から、同法第32条の規定による更正の請求が適法になされ、それに対する減額更正が適法になされた場合に、初めて行える処分であることを示している。しかも、その更正の請求にも更正にも厳格性が要求されている。本裁決は、本件遺言、本件訴訟、本件民事調停決定などの内容を詳細に分析しながら、審理・判断したものである。

　したがって、相続税法第55条による申告や同法第32条による更正の請求をする場合には、遺言書の意味内容を吟味するとともに、本裁決が示した要件①ないし③を満たしているか否かについても、十分な注意を払う必要がある。

2　本件遺言では、財団法人W会に対する遺贈をすべきこととされていたが、財団法人が設立できなかったため、結果的に遺産の分割について複雑な経過を辿ることになった。遺言の作成に当たっては、実現可能性も十分視野に入れた内容とすることが望まれる。

◆関係法令

相続税法第32条、第35条第3項、第55条、民法第995条

◆関係キーワード

未分割財産に対する課税、更正の請求、遺贈の無効

相続税法施行令第8条第1号に規定する判決は、請求人が訴訟当事者である判決に限られるとした事例

平成25年8月22日裁決　裁決事例集№92

裁決の要旨

　通則法第23条第2項第1号の規定の趣旨は、申告等に係る課税標準等又は税額等の計算の基礎となった事実関係について民事上紛争を生じ、判決や和解によってこれと異なる事実が明らかにされたため、申告等に係る課税標準等又は税額等が過大になった場合において、更正の請求を認めようとするものであり、ここにいう判決とは、申告等に係る課税標準等又は税額等の計算の基礎となった事実の得喪変更に関する訴訟に係る判決を意味するものと解される。

　この場合において、通則法第23条第2項第1号は、当該判決が確定したことを要件としており、民事訴訟法第115条第1項第1号の規定によれば、確定判決は当事者に対してその効力を有するものとされているところ、確定判決の効力が及ばない者であれば、当該確定判決でどのような事実が認定されようとも何らの影響も受けず、当該確定判決によって自己の申告等に係る課税標準等又は税額等の計算の基礎とした事実が異なることはない。したがって、通則法第23条第2項第1号に規定する判決は、更正の請求をする者にその効力が及ぶ判決、すなわち、更正の請求をする者が訴訟当事者である判決に限られるものと解される。

　そして、相続税法施行令第8条が改正された趣旨からすると、同条第1号に規定する判決は、通則法第23条第2項第1号に規定する判決と同義のものといえるから、更正の請求をする者にその効力が及ぶ判決、すなわち、更正の請求をする者が訴訟当事者である判決に限られるものと解される。

本件判決は、Eが提起した貸金請求事件の判決であるから、請求人にはその効力が及ばない判決、すなわち、請求人が訴訟当事者ではない判決であるところ、相続税法施行令第8条第1号に規定する判決は、更正の請求をする者が訴訟当事者である判決に限られるのであるから、本件判決は請求人にとって同号に規定する判決には該当しない。

本裁決のポイント解説

1　問題の所在

　更正の請求は、申告等によっていったん確定した課税標準等又は税額等を自己に有利に変更すべきことを税務署長に求めることである。更正の請求には、①納税申告書に記載した課税標準等又は税額等に誤りがあるためになすものと、②後発的な理由によって課税標準等又は税額等の計算の基礎に変動を生じたためになすものがある（金子宏『租税法（第24版）』弘文堂（2021年）967頁）。

　更正の請求があった場合には、税務署長は、その請求に対し、更正をするか又は更正をすべき理由がない旨の通知をするかのいずれかの処分をしなければならない（通則法第23条第4項）。

　本事例は、上記②の後発的理由による更正の請求が適法であったか否かを巡る争いであり、相続税法施行令第8条第1号（当時。現行は同条第2項第1号）の「判決」の意義が問題とされている。

2　本件の争点

　本件判決は相続税法施行令第8条第1号に規定する判決に該当するか否か。

3　事実関係

⑴　請求人は、平成15年6月に死亡したDの相続（本件相続）に係る相続税について、共同相続人のEと共に法定申告期限までに申告し

た。

　なお、本件相続に係る共同相続人は、Dの長男であるF、同次男
である請求人及び同三男であるEの3名である。

⑵　請求人は、本件相続について原処分庁所属の調査担当職員の調査
を受け、平成19年2月19日に、修正申告をした。

　なお、当該修正申告に係る申告書第11表「相続税がかかる財産の
明細書」の中に、相続財産として医療法人社団G会H病院に対する
貸付金190,150,000円（G会貸付金）及び同会理事長であるJに対
する貸付金40,000,000円（J貸付金）が記載されている。

⑶　その後、原処分庁は、請求人に対し、平成21年2月12日付で、J
貸付金が本件相続開始前に弁済されているとして、更正処分及び過
少申告加算税の変更決定処分をした。

⑷　請求人は、K地方裁判所（K地裁）に、G会貸付金及びJ貸付金
のうち請求人の法定相続分に相当する金員の支払などを求める訴訟
を提起したところ、K地裁は、平成21年3月の判決（請求人判決）
において、これらの貸付金の存在を認めるに足りる証拠はないなど
として請求人の請求を棄却し、請求人判決は確定した。

⑸　請求人は、請求人判決が確定したことにより、G会貸付金が存在
しないこととなったため、通則法（平成18年法律第10号による改正
前のもの）第23条第2項第1号に規定する事由があるとして、平成
21年6月15日に更正の請求をしたところ、原処分庁は、同年12月16
日付で、請求人判決は同号に規定する判決に該当しないとして、更
正をすべき理由がない旨の通知処分をした。

⑹　請求人は、請求人判決は通則法第23条第2項第1号に規定する判
決に該当するから、上記への通知処分に不服があるとして、平成22
年2月13日に異議申立てをしたところ、異議審理庁は、①G会貸付
金は、Dの相続財産と推認するのが合理的であること、②当該訴訟
は、訴訟当事者を誤ったものということもできること及び③請求人
判決は、十分な攻撃防御が尽くされた結果の判決とは認められない

ことから、同号に規定する判決に該当するとは認められないことを
理由として、同年5月13日付で棄却の異議決定をし、請求人が審査
請求をしなかったことから、当該通知処分は確定した。

(7) Eは、K地裁に、G会貸付金のうち同人の法定相続分に相当する
金員の支払を求める訴訟を提起したところ、K地裁は、平成21年11
月の判決（以下「本件判決」という。）において、G会貸付金の存
在を認めることはできないとして同人の請求を棄却し、本件判決は
同年12月に確定した。

(8) 請求人は、本件判決が確定したことにより、G会貸付金が存在し
ないこととなったため、相続税法第32条第5号（当時。以下同じ。）
及び相続税法施行令第8条第1号に規定する事由があり、本件判決
があったことを知ったのは平成24年4月5日であるとして、同月24
日に更正の請求（本件更正の請求）をしたところ、原処分庁は、本
件判決は相続税法施行令第8条第1号に規定する「相続若しくは遺
贈又は贈与により取得した財産についての権利の帰属に関する訴え
についての判決」に当たらないとして、平成24年7月3日付で、更
正をすべき理由がない旨の通知処分（本件通知処分）をした。

4 審判所の判断

本裁決の結論は、「裁決の要旨」のとおりであるが、請求人の主張
に対しては、おおむね次のとおり判断した。

(1) 本件判決は、Eが提起した貸金請求事件の判決であるから、請求
人にはその効力が及ばない判決、すなわち、請求人が訴訟当事者で
はない判決であるところ、相続税法施行令第8条第1号に規定する
判決は、更正の請求をする者が訴訟当事者である判決に限られるの
であるから、本件判決は請求人にとって同号に規定する判決には該
当しない。

(2) 請求人は、通則法第23条第2項第1号には、当該判決を受けた者
について明文の規定がないから、自己の申告等に係る課税標準等又

は税額等の計算の基礎としたところが当該判決により異なることとなる者であれば、当該判決に係る訴訟当事者以外の者であっても、同号の規定による更正の請求をすることができる旨主張するが、そもそも、確定判決の効力が及ばない者であれば、当該確定判決でどのような事実が認定されようとも何らの影響も受けず、当該確定判決によって自己の申告等に係る課税標準等又は税額等の計算の基礎とした事実が異なることはないのであるから、請求人の主張には理由がない。

(3)　請求人は、相続税法第32条第5号及び相続税法施行令第8条第1号の規定により、当該判決があったことを知った日の翌日から4カ月以内に更正の請求をすることができるとされていることをもって、相続税法施行令第8条第1号に規定する判決には更正の請求をする者が訴訟当事者となっていない判決も含む旨の主張をするが、同号に規定する判決は、通則法第23条第2項第1号に規定する判決と同義のものであり、更正の請求をする者が訴訟当事者である判決に限られるのであるから、相続税法第32条において「知った日」と規定されていることをもって、相続税法施行令第8条第1号に規定する判決に、更正の請求をする者が訴訟当事者となっていない判決が含まれると解することはできず、請求人の主張には理由がない。

(4)　請求人は、通則法第23条第2項第1号及び相続税法施行令第8条第1号に規定する判決が、文理解釈上、更正の請求をする者が訴訟当事者である判決に限らない根拠として、通則法第71条第1項第1号の規定を例に主張するが、同号は、更正決定等に係る不服申立て又は訴えについての裁決、決定又は判決による原処分の異動に伴い、それ以外の年分又は事業年度について更正決定等をすべき場合の期間制限の特例を規定したものであって、「当該裁決等を受けた者」自体についての更正決定等の期間制限の特例を規定したものではないから、同号の文理解釈をもって、請求人が主張するように、通則法第23条第2項第1号及び相続税法施行令第8条第1号に規定

する判決が更正の請求をする者が訴訟当事者である判決に限らない
とする論拠とはなり得ず、請求人の主張には理由がない。

(5) 請求人は、相続税法には、同一の被相続人から相続等により財産
を取得した全ての者に係る相続税の課税価格が各相続人の相続税額
の計算の基礎となるという同法特有の事由があることから、同法第
32条が通則法第23条の一般的な更正の請求の規定に対する特例的な
規定として設けられたものであることに鑑みれば、相続税法施行令
第8条第1号に規定する判決は、更正の請求をする者が訴訟当事者
となっていない判決も含むものと解され、そのことは、相続税法第
35条第3項第1号の規定の趣旨からも明らかである旨主張する。

確かに、相続税法第11条、第16条及び第17条の規定によれば、同
一の被相続人から相続等により財産を取得した全ての者に係る相続
税の課税価格が各相続人の相続税額の計算の基礎とされているが、
これは各相続人の納付すべき相続税額を算出するための計算方法を
規定したものにすぎないところ、相続税の納税義務は、同法第1条
の3の規定により各相続人が独立して負うものであり、申告書も、
同法第27条第1項の規定により各相続人が個別に提出するもので
あって、例外的に、申告の簡素化の観点から、同一の被相続人に係
る納税義務者が2人以上ある場合には、同条第5項の規定により申
告書の共同提出が認められているのみで、共同相続の場合であって
も、相続税の申告及び課税は、相続人ごとに別個独立に行われ、そ
の効力も個別的に判断されるのである。したがって、相続税法が上
記のような計算方法を採用していることをもって、相続税法施行令
第8条第1号に規定する判決が、更正の請求をする者が訴訟当事者
となっていない判決も含むものと解することはできず、また、相続
税法第35条第3項第1号は、同法第32条の規定による更正の請求に
基づき更正がされた場合の規定であって、更正の請求をすることが
できる要件を規定しているものではないから、請求人の主張には理
由がない。

本裁決の留意点

1 相続税法第32条第１項による更正の請求は、通則法に定める一般的な更正の請求に対して、相続税特有の事由が生じた場合に対処できるよう設けられているものである。

　この相続税法第32条の更正の請求は、一定の事由が生じたことを知った日から４カ月以内にすることができるとされており、通則法の更正の請求の特則と位置付けられる。

2 ところで、相続税法第32条第１項第６号の委任を受けた相続税法施行令第８条第１号（当時。現行は同条第２項第１号）では、更正の請求の理由の一つとして、「相続又は遺贈により取得した財産についての権利の帰属に関する訴えについての判決があったこと」を定めている。

　本事例は、この「判決」が、更正の請求をする者自身が受けた判決に限られるのか否かが具体的な争点であり、本裁決は、上記のとおり棄却の結論であった。しかし、Ｇ会貸付金及びＪ貸付金が、どのような性質のものであったのか不明ではあるものの、請求人判決及び本件判決が示したように真に不存在であったとしたら、請求人には相続税の負担について、気の毒な結果になっているようにも思える。

3 気をつける必要があるのは、上記の「４　審判所の判断」の(5)である。我が国の相続税計算の性質上、同一の被相続人からの相続により財産を取得した各相続人について、その課税価格の合計額や相続税の総額は同一人になることが予定されている。しかし、相続税の納税義務は、あくまで相続人ごとに別個に確定され、争訟の結論において、結果的に相続人全員の相続税の課税価格の合計額や相続税の総額が異なることになったとしても、そのことを理由として処分の違法性を問うのは困難であろう。

◆関係法令

相続税法第32条第１項第６号、相続税法施行令第８条第２項第１号、通則法第23条第２項

◆関係キーワード

後発的な理由による更正の請求、判決

相続税法第34条第6項に規定する連帯納付義務の納付通知処分が適法であるとした事例

平成26年6月25日裁決　裁決事例集No.95

裁決の要旨

　相続税の課税は、遺産全体を各相続人が民法に定める相続分に応じて取得したものとした場合における各取得金額に所定の税率を適用して相続税の総額を算出した上、その相続税の総額を、各相続人等の取得した財産の価額に応じてあん分する仕組みを採っている。

　かかる仕組みによれば、課税の面における相続人の負担の公平は図られるが、共同相続人中に無資力者があったときなどには、租税債権の満足が得られなくなり、共同相続人中に無資力者がいない他の一般納税者との間での公平が保てないなど、租税の徴収確保の上から適当でない結果を招来することとなる。

　そこで、相続税法第34条第1項は、相続により財産を取得した全ての者に対し、互いに連帯納付の責めに任ずる旨規定した。ただ、相続をしたことにより相続をしない場合よりも不利益になるのは相当ではないから、個々の相続人の負う連帯納付義務は、相続により受けた利益の価額に相当する金額を限度とされたものである。

　この連帯納付義務は補充性を有しないのであって、連帯納付義務者は第二次納税義務等のように本来の納税義務者に滞納処分を執行しても徴収すべき額に不足すると認められる場合に限って納付義務を負担するというものではない。したがって、原処分庁が徴収手続を怠った結果、本来の納税義務者から滞納相続税を徴収することができなくなったという事実があったとしても、同人又は第三者の利益を図る目的をもって恣意的に当該滞納相続税の徴収を行わず、他の相続人に対して徴収処分をし

たというような事情がない限り、徴収権の濫用には当たらない。

本裁決のポイント解説

1 問題の所在

同一の被相続人から相続又は遺贈により財産を取得した全ての者は、その相続又は遺贈により取得した財産に係る相続税について、その相続等により受けた利益の価額に相当する金額を限度として互いに連帯納付の義務がある（相続税法第34条第１項）。

これは、相続税の納付の義務を各相続人等のみに限定してしまった場合には、相続人等の中に無資力の者がいた場合などには、相続税債権の満足が得られなくなるおそれがあることから、各相続人等に対し、他の相続人等の固有の相続税の納税義務について一定の範囲で連帯納付義務を負担させることとしている。

本事例は、そのような相続税の連帯納付の義務が、税務官庁による徴収権の濫用に当たるとする請求人の主張に対する判断をしたものである。

2 本件の争点

(1) 本件通知処分が徴収権の濫用に当たるか否か。

(2) 請求人の連帯納付責任限度額が過大であるか否か。

ここでは上記(1)の争点に絞って検討する。

3 事実関係

(1) 請求人は、平成20年12月に死亡した被相続人Ｈの相続（本件相続）に係る相続税について、共同相続人であるＪ、Ｋ及びＧとともに、相続税の申告書を法定申告期限までに共同して原処分庁へ提出した。

(2) Ｌ地方裁判所は、平成22年７月付で破産者をＧとする破産手続の

開始を決定し、破産管財人（本件破産管財人）を選任した。

⑶　請求人、J及びK（請求人ら）は、本件相続に係る請求人らの各相続税について、M国税局長所属の調査担当職員の調査（本件相続税調査）を受け、平成24年1月31日に修正申告書（本件修正申告書）を共同して原処分庁へ提出した。

⑷　原処分庁は、本件相続税調査に基づき、本件相続に係るGの相続税について、平成24年10月11日付で更正処分及び過少申告加算税の賦課決定処分（本件更正処分等）を行い、同日、本件破産管財人に更正通知書及び加算税の賦課決定通知書を送達した。

⑸　原処分庁は、通則法第38条第1項第1号の規定に基づき、本件更正処分等により納付すべき相続税の納期限を平成24年11月12日から同年10月12日に繰り上げて、その納付を請求する旨記載した同年10月11日付の繰上請求書により繰上請求処分を行い、同日、本件破産管財人に送達した。

⑹　原処分庁は、請求人に対して、相続税法第34条第5項の規定に基づき、同条第1項に規定する連帯納付義務の制度の概要のほか、督促後1カ月を経過しても完納されていない本件相続に係る相続税があり、当該相続税について各相続人に連帯納付義務が生じている旨などを平成24年11月20日付の「相続税の連帯納付義務について」と題する文書により通知した。

⑺　原処分庁は、相続により受けた利益の価額に相当する金額（連帯納付責任限度額）を限度に、相続税法第34条第1項に規定する連帯納付義務を負うとして、請求人に対して、同条第6項の規定に基づき、平成25年3月27日付の納付通知書により、納付通知処分（本件通知処分）をした。

4　審判所の判断

⑴　固有の納税額につき本来の納税義務者でない者に納付責任を負わせるという点で連帯納付義務者と類似するものに、通則法第50条第

6号に規定する納税保証人及び徴収法第32条に規定する第二次納税義務者があるが、これらの者から徴収しようとするときは、いずれも本来の納税義務者に対して滞納処分を執行してもなお徴収すべき額に不足する場合に限るとして補充性を明示的に規定している（通則法第52条第4項、同条第5項及び徴収法第32条第4項）。それにもかかわらず、連帯納付義務者には、補充性を定めた規定がおかれていないことに照らすと、連帯納付義務には補充性はないと解されるから、連帯納付義務者は、本来の納税義務者に対する滞納処分の状況等のいかんにかかわらず、連帯納付義務を負うと解するのが相当である。

(2) 上記(1)のとおり、連帯納付責任額は、各相続人等が固有に納付義務を負う額が確定するのとともに確定するのであり、国税の徴収に当たる所轄庁は、連帯納付義務につき格別の確定手続を要さずに徴収手続を行うことが許されるものと解される。しかし、他方で、相続人等の事情は一様ではなく、連帯納付義務を負う相続人等が、連帯納付義務を十分認識していないか、他の相続人等の履行状況が分からない場合もある。また、納付すべき金額、納付期限その他納付義務の具体的内容などについて知ることができないこともあるから、通常の申告納税方式にのっとった徴税手続をそのまま行うことで、当該連帯納付義務者に不意打ちの感を与え、又は納付義務の内容の不明確等により連帯納付義務者を困惑させるような事態になることがないわけではない。

そこで、このような事態が生じないよう、平成23年度及び平成24年度税制改正において、本来の納税義務者に相続税の督促をした後1カ月を経過する日までに完納されないときは、本来の納税義務者が円滑に相続税を納付している場合に比して連帯納付義務の履行を求められる可能性が高まったものとして、連帯納付義務者に対し、当該相続税が完納されていないことなどを通知する旨を相続税法第34条第5項に規定し、さらに当該通知後、実際に連帯納付義務者か

ら徴収しようとするときは、納付すべき金額、納付場所その他必要
な事項を記載した納付通知書による通知をしなければならない旨を
同条第6項に規定することによって、連帯納付義務者に対して連帯
納付義務の履行を求めるための通知の手続が法定されたものと解さ
れる。

(3) 上記のとおり、相続税法第34条第1項の連帯納付義務は、補充性
を有しないのであって、連帯納付義務者は、第二次納税義務等のよ
うに本来の納税義務者に対する滞納処分を執行しても徴収すべき額
に不足すると認められる場合に限って納付義務を負担するというも
のではない。

したがって、仮に国税当局において本来の納税義務者に対する滞
納処分等の徴収手続を適正に行っていれば、本来の納税義務者から
滞納相続税を徴収することが可能であったにもかかわらず、国税当
局がその徴収手続を怠った結果、本来の納税義務者から当該滞納相
続税を徴収することができなくなったという事実があったとして
も、その事実は、相続税法第34条第1項により各相続人に課されて
いる連帯納付義務の存否又はその範囲に影響を及ぼすものではな
く、国税当局が各相続人に対し連帯納付義務の履行を求めて徴収手
続を進めたとしても、これをもって徴収権の濫用と評価することは
できないものというべきである。

(4) もっとも、国税当局において本来の納税義務者から相続税の徴収
を怠ったというにとどまらず、本来の納税義務者が現に十分な財産
を有し、本来の納税義務者から滞納相続税を徴収することがきわめ
て容易であるにもかかわらず、国税当局が本来の納税義務者又は第
三者の利益を図る目的をもって恣意的に当該滞納相続税の徴収を行
わず、相続税法第34条第1項に基づき、他の相続人に対して徴収処
分をしたというような場合においては、当該徴収処分が形式的には
租税法規に適合するものであっても、正義公平の観点からみて徴収
権の行使として許容できず、徴収権の濫用に当たると評価すべき余

地がないわけではない。

　しかしながら、本件でこのような事情は認められない。

(5)　請求人の主張する事情は、結局のところ、原処分庁において本来の納税義務者に対する滞納処分等の徴収手続を適正に行っていれば、本来の納税義務者から滞納相続税を徴収することが可能であるのに、これを怠り、請求人から徴収することが徴収権の濫用だというものであるが、補充性がない以上、原処分庁は本来の納税義務者の資力等からして同人から徴収できる可能性があったとしても、連帯納付義務者に対して滞納処分を行うことができるのであって、これが徴収権の濫用となるのは、上記(4)で述べたとおり、国税当局が本来の納税義務者又は第三者の利益を図る目的をもって恣意的に当該滞納相続税の徴収を行わなかったような例外的な場合に限られるから、請求人の主張は失当である。

(6)　なお、本件の事実関係からすると、本来の納税義務者であるGは、本件相続によって財産を取得した後に破産手続の開始決定を受けており、同手続は、本件通知処分のときも係属中である。また、原処分庁は破産法との調整の中で交付要求を行うなどの措置を講じており、本来の納税義務者からの徴収を怠ったとは認められない。そして、本件滞納相続税は破産手続における財団債権ではあるが、優先弁済が受けられる地位にあるにすぎないし、過少申告加算税は劣後的破産債権であり、交付要求をしたからといって必ずしも本件滞納相続税の全額が弁済されるものとはいえないのであって、このような中で行われた本件通知処分について徴収権の濫用に当たると評価すべき余地があるとは認められない。

本裁決の留意点

1　本裁決で問題となっている相続税や贈与税の連帯納付の義務は相続税法特有のものであり、過去には、贈与税の事例ではあるが、その合憲性が争われたことがある（東京高裁平成19年6月28日判決・平成18

年（行コ）313号）。同判決は、立法目的として不合理なものということはできないとして納税者の訴えを退けた。

この連帯納付の義務は、連帯納税義務ではなく、他の相続人の納税義務に対する一種の人的責任であるが、その基礎にある思想は、一の相続によって生じた相続税については、その受益者が共同して責任を負うべきであるという考え方と説明されている（金子宏『租税法（第24版）』弘文堂（2021年）695頁）。

2　しかし、「自らは、納税義務を適正に履行した者が、さらに共同相続人の納税義務について、自己の意思に基づくことなく連帯納付の責任を負わなければならないことは、その責任の内容がときとして過大ないし苛酷でありうることを考えると、今日の法思想のもとでは異例のことであるといわなければならない」（前掲『租税法』696頁）とする考え方もあり、この考え方に同感である。

3　いずれにしても、この相続税の連帯納付の義務には、本裁決でも指摘しているように補充性がないことを理解しておくことはきわめて重要である。この点は、遺産分割時においても十分考慮しておく必要があるし、納税者への事前の説明も欠かすことはできないであろう。

◆**関係法令**

相続税法第34条、相続税法施行規則第18条の 2

◆**関係キーワード**

連帯納付の義務、補充性、徴収権の濫用

◆**参考判決・裁決**

大阪地裁平成15年 1 月24日判決・平成13年（行ウ）80号、その控訴審である大阪高裁平成16年 2 月20日判決・平成15年（行コ）15号、東京高裁平成19年 6 月28日判決・平成18年（行コ）313号

物納申請がされた土地（分譲マンションの底地）について、相続税法第42条第2項ただし書にいう「管理又は処分をするのに不適当である」ものとは認められないとした事例

平成14年10月8日裁決　裁決事例集No.64

裁決の要旨

　物納適格財産であるというためには、その収納が金銭納付に代わるものである以上、相続税評価額すなわち時価の算定が可能であるとして相続税が課税されたことをもって、直ちにこれに当たるということはできず、国が、物納された財産の管理又は処分を通じて、金銭の納付があった場合と同等の経済的利益を確保し得るものでなければならないと解するのが相当である。

　相続税法第42条第2項ただし書は、税務署長は、物納申請に係る物納財産が管理又は処分をするのに不適当であると認める場合においては、その変更を求めた上で、その申請を許可又は却下することができる旨規定している。ここでいう「管理又は処分をするのに不適当」であるか否かの基準については、相続税法に明文の規定は置かれていないが、物納制度の趣旨から、単に管理又は処分が絶対的に不可能であるのかという判断ではなく、当該財産を国において管理又は処分することにより、金銭で国税の納付があった場合と同等の経済的利益を将来、現実に確保することができるか否かの観点から判断されるべきことになる。

　本件物納申請土地については、借地権の譲渡につき事前承認条項がなくても貸主に著しい不利益が生ずるとまでは認められないから、本件賃貸借契約に事前承認条項がないからといって、「社会通念に照らし、契約内容が貸主に著しく不利な貸地」に該当すると解することは相当でない。また、本件物納申請土地については、借地権譲渡に当たって承諾料を徴さない条項があるからといって、「社会通念に照らし、契約内容が

貸主に著しく不利な貸地」に該当すると解するのは相当でない。

したがって、本件変更要求処分は違法である。

本裁決のポイント解説

1　問題の所在

　租税は原則として金銭で納付することとされており、相続税についても一時に金銭で納付することを原則とするが、相続税が財産税の性格を持っていることから、金銭で一時に多額の相続税を納付することが困難な場合もある。このような場合に対応する制度として、相続税の物納制度が認められている。

　例えば、相続財産の多くが不動産や出資など換価することが困難なものであることも多く、このような場合には、まず、延納の方法によることになるが、延納の方法によってもなお、納税の見通しが立たないときには、税務署長の許可を得て、相続税の課税価格の計算の基礎となった財産を物納に充てることができる。

　本事例は、その物納の許可を巡る納税者と課税庁との争いである。なお、本裁決に記載のある相続税法第42条第2項（ただし書は削除されている。）や「物納財産の変更要求通知処分」の制度は、現在は廃止されているが、問題の本質は、物納申請財産が現行法の相続税法第41条第2項に規定する「管理又は処分をするのに不適格なもの」に当たるか否かである。

2　本件の争点

　原処分庁が請求人に対してした「物納財産の変更要求通知処分」（本件変更要求処分）が違法であるか否か。より具体的には、請求人が申請した物納申請に係る物納申請土地が、「管理又は処分をするのに不適当な財産」に当たるか否かである。

3　事実関係

(1)　審査請求人Ａ、同Ｂ及び同Ｃ（請求人ら）は、平成３年12月30日に死亡したＤの共同相続人であるが、この相続について、相続税の申告書及び物納申請に係る財産を請求人らが相続により取得した土地（本件物納申請土地）とする相続税物納申請書を、いずれも法定申告期限までに提出した。

(2)　その後Ａは、相続税の修正申告書及び物納申請に係る財産を本件物納申請土地とする相続税物納申請書を平成13年５月30日に提出した。

(3)　原処分庁は、上記(1)及び(2)の相続税について、相続税法第42条第３項の規定に基づいて平成13年11月７日付で、上記(1)及び(2)の物納申請に係る本件物納申請土地について、物納財産の変更要求通知処分（本件変更要求処分）をした。

(4)　本件物納申請土地は、相続により請求人らが取得したものであり、本件物納申請土地上には、分譲マンションである「Ｆ共同住宅」（本件マンション）が存在する。

(5)　本件物納申請土地については、Ｄを賃貸人とし、本件マンションの各区分所有者を賃借人とする土地賃貸借契約（昭和46年契約）、請求人らを賃貸人とし、管理組合を賃借人とする土地賃貸借契約（平成４年契約。昭和46年契約と併せて「本件賃貸借契約」）が締結されている。本件賃貸借契約においては、賃借人による借地権譲渡に際し賃貸人の事前承認は不要とされ、また、その譲渡に際し賃貸人がいわゆる承諾料を請求することはできない旨定められている。

(6)　本件変更要求処分に係る通知書には、本件変更要求処分における変更を求める理由として、本件物納申請土地は、「借地権者の借地権譲渡に際し、地主の承諾不要、かつ、承諾料を徴さない条項となっていることで貸主となる国が著しく不利益を被るため、管理又は処分するのに不適当な財産に当たる」旨の記載があった。

4 審判所の判断

(1) 「管理又は処分をするのに不適当」な財産とは、例えば、物納申請財産が、①質権、抵当権その他の担保権の目的となっている財産、②所有権の帰属等について係争中の財産、③共有財産及び④法令又は定款で譲渡に関し特別の定めのある財産等と解され、不動産については、具体的に、①買戻しの特約等の登記のある不動産、②崖地や地形狭長な土地等で、単独には通常の用途に供することができない土地等、売却できる見込みのない不動産、③現に公共の用に供され又は供されることが見込まれる不動産及び④借地、借家契約の円滑な継続が困難な不動産である場合などがこれに該当するものと解される。

(2) ところで、賃借権などの目的となっている土地（底地）の物納においては、物納が一種の代物弁済の性格を有することからも国は物納によって前賃貸人の地位を承継することになるが、この場合の「地位を承継する」とは、底地そのものの所有権及びこれに伴う賃貸借契約における貸主の地位などの権利も移転することであり、また、この承継により経済的利益として、底地の売却処分による財政収入はもとより、前賃貸人の地位を承継したことによる賃貸料収入も承継することになる。

　よって、賃貸借の目的となっている土地（底地）の物納においては、継続的な財政収入としての賃貸料収入の確保の観点から当然に賃貸借契約の円滑な継続が要請されるところ、ここでいう「賃貸借契約の円滑な継続が困難な不動産」とは、例えば、次に掲げるものがこれに当たると解され、これに該当した不動産は、「管理又は処分をするのに不適当な財産」に当たると解される。

① 賃貸料が近傍類似の賃貸料を大幅に下回るもの。

② 賃貸料の滞納が見込まれるもの。

③ 社会通念に照らし、契約内容が貸主に著しく不利な貸地であること。

(3)　上記(2)③について付言すれば、契約は私法上の契約自由の原則に
より契約当事者相互の自由な意思によって行われるものであること
から、一般的にはその契約内容は尊重され、賃貸人及び賃借人相互
間においてその契約内容によって権利が保護されるものであり、物
納により国が賃貸中の不動産を収納した場合においても、国が従前
の賃貸借契約関係における前賃貸人の地位をそのまま承継し、その
賃貸借契約の内容も従前の契約内容と同一であり、収納後において
も従前の契約内容は尊重され、権利も保護されるものと解される。
一方、物納許可により物納申請財産が国有財産となった場合には、
財政法及び国有財産法等の適用を受けることから、賃貸借契約にお
いても貸付けに関する国の定める基準も考慮する必要がある。そこ
で、この両者の調和を図るためには、その契約内容が、①契約時は
もとより現在においても社会慣習に著しく反していること、②貸主
に対し一方的に不利な内容の特約が存すること、また、③賃貸人と
賃借人の賃貸借契約関係が不明確であり、賃借人を特定することが
できないような権利関係が複雑なものなど、「契約内容が貸主に著
しく不利な貸地」は、賃貸料の円滑かつ継続的な収入の確保が図ら
れない危険を包含するから、管理又は処分をするのに不適当な財産
に当たるものと解される。

(4)　本件賃貸借契約において、賃借人は、土地賃借権の準共有持分
を、賃借人が所有する本件マンションの専有部分と同時に第三者に
譲渡することができる旨規定されており、本件マンションの専有部
分と分離して土地賃借権の準共有持分だけを譲渡することはできな
いこととされている。また、本件賃貸借契約に基づく賃借料の支払
に関し、昭和46年契約では各区分所有者の連帯債務とされていて、
同契約は有効に存続している上、さらに平成4年契約では本件マン
ションの管理組合も賃借料の支払義務を負うこととされており、こ
れまで賃借料の滞納はない。

(5)　本件マンションの管理規約においては「区分所有者が、その専用

部分を第三者に譲渡する場合には、あらかじめ、管理委員会に書面にて届出をし、かつ、その譲渡前日までに所定の管理費、賦課金等の未納があった場合には、残額を完納しなければならない」旨定められている。

(6) 借地権付マンションの敷地に関する借地契約については、本件賃貸借契約と同様に事前承認条項のない契約も見受けられるところ、①賃借人変更による賃借料滞納のおそれについては、借地権付マンションにおける敷地利用権たる借地権の譲渡の場合には、建物の区分所有等に関する法律第22条により、区分所有者はその有する専有部分とその敷地利用権を分離して処分することはできないとされており、本件賃貸借契約にも同様の規定があることから、建物所有者と借地権者が異なるという権利関係が生ずる危険がなく、本件賃貸借契約においては特に賃借料の安定した徴収の確保が図られており、賃借人の変更による賃借料滞納は見込まれない。また、②公序良俗に反するような行為を行う者の排除の点については、この点に最も大きな利害関係を有するのは、むしろ本件マンションの各区分所有者であるところ、借地権譲渡に際し管理組合が事前届出を受けて、賃貸人と同様の管理機能の一部を果たすこととされており、事後的にせよ各区分所有者によって建物の保存に有害な行為及び共同の利益に反する行為を排除する効果が確保されることが期待できる。

　そうすると、本件物納申請土地については、借地権の譲渡につき事前承認条項がなくても貸主に著しい不利益が生ずるとまでは認められないから、本件賃貸借契約に事前承認条項がないからといって、「社会通念に照らし、契約内容が貸主に著しく不利な貸地」に該当すると解することは相当でない。

(7) 借地権付マンションの借地権譲渡に伴う承諾料の授受は必ずしも一般的ではなく、契約慣行とまでは至っていないことが認められる。そして、①承諾料の発生は、賃貸料のように契約内容の根幹と

して継続的に発生する確実な収入とは異なり、偶発的、臨時的に、また発生するかしないか不確実なものであること、②承諾料は、承諾に代わる性質を有するものであるから、本件賃貸借契約に事前承認条項がないことについて、著しい不利益ではないと解すべきである以上、承諾料を請求できないことを著しい不利益と解することはできない。したがって、本件物納申請土地については、借地権譲渡に当たって承諾料を徴さない条項があるからといって、「社会通念に照らし、契約内容が貸主に著しく不利な貸地」に該当すると解するのは相当でない。

(8) 以上の結果、本件物納申請土地については「管理又は処分をするのに不適当である」とは認められないにもかかわらず、本件変更要求処分は違法であるから、その余について判断するまでもなく、原処分はいずれもその全部を取り消すべきである。

本裁決の留意点

1 物納申請された財産が、管理又は処分をするのに不適格な財産であった場合には、その物納申請は却下される（相続税法第42条第2項）。この場合には、物納申請却下の通知を受けた日の翌日から20日以内に、他の財産による物納再申請をすることができる（相続税法第45条第1項）。

2 従来は、物納申請財産が管理又は処分するのに不適当であると税務署長が認めた場合には、他の財産に変更することを求める旨の通知（変更要求通知）が行われていたが、平成18年度の税制改正によりこの「変更要求」の規定は廃止されている。

　同改正においては、そのほかにも物納制度の各種の明確化が図られた。

3 物納がされると、その財産は国有財産となるため、税務官庁や財務局などがその受入れの審査に慎重になることは十分理解できる。しかし、その審査が過度に慎重になることによって、社会通念から逸脱す

るような要求がなされてはならない。本裁決は、本件マンションと本件物納申請土地の置かれた状況を詳細に確認・検討し、その上で社会通念に照らして「管理又は処分をするのに不適格な財産」とはいえないとしたもので、妥当な判断であったと思われる。

◆関係法令

相続税法第41条、第42条、相続税法施行令第18条

◆関係キーワード

物納、管理又は処分をするのに不適格なもの

◆参考判決・裁決

東京地裁平成10年7月29日判決・平成9年（行ウ）173号、大阪地裁平成12年5月12日判決・平成8年（行ウ）99号、その控訴審である大阪高裁平成14年6月13日判決・平成12年（行コ）64号

請求人の名義で登録された車両は、請求人の父がその資金の全額を拠出しており、贈与に当たるとして行われた贈与税の決定処分について、請求人に対する贈与の事実はないとして、贈与税の決定処分の全部を取り消した事例

平成27年9月1日裁決　裁決事例集№100

裁決の要旨

　相基通9−9は、贈与が親族間で行われることが多く贈与であるか否かの事実認定が困難であることや、贈与税も相続税も課税できないという事態を避ける必要性があることを踏まえ、一般に不動産登記等の名義（外観）が権利関係を公示するものであることに着目し、通常は外観と実質が一致すること、すなわち財産の名義人とされている者がその真実の所有者であるとの経験則が存することを前提として、他の者の名義で新たに財産を取得した場合等には、反証がない限り、名義と実質が一致するものとして贈与があったことを事実上推認する取扱いを定めたものであると解される。

　しかしながら、相基通9−9は、反証があれば、贈与として取り扱わない場合があるところ、本件においては、父は購入特典の利用のために、請求人の名義を使用したことが認められ、これに加えて、①父が本件車両を請求人に贈与する動機はなかったと認められること、②請求人への贈与の事実を疑わせる事情が存在しないこと、③父は、本件車両の取得資金を出捐し、売却に際してはその売却代金を自ら受領・費消するとともに、その間本件車両に係る維持管理費用を全て負担していたことなどの諸事情を総合すると、父から請求人に対して本件車両の贈与があったとは認められない。

本裁決のポイント解説

1 問題の所在

相基通9-9《財産の名義変更があった場合》は、不動産、株式等の名義の変更があった場合において対価の授受が行われていないとき又は他の者の名義で新たに不動産、株式等を取得した場合においては、これらの行為は、原則として贈与として取り扱うものとすると定めている。

また、一方で、「名義変更等が行われた後にその取消し等があった場合の贈与税の取扱いについて」（昭和39年5月23日付直審（資）22（例規）ほか国税庁長官通達。「本件通達」）の5《過誤等により取得財産を他人名義とした場合等の取扱い》第1文は、「1」《他人名義により不動産、船舶等を取得した場合で贈与としない場合》に該当しない場合においても、他人名義により自動車等の取得等をしたことが過誤に基づき、又は軽率にされたものであり、かつ、それが取得者等の年齢その他により確認できるときは、これらの財産に係る最初の贈与税の申告又は決定の日前にこれらの財産の名義を取得者等の名義とした場合に限り、これらの財産については、贈与がなかったものとして取り扱う旨定めている。

本事例は、この相基通9-9と本件通達の取扱いを巡って、納税者と課税庁が対立した事案である。

2 本件の争点

(1) 争点1　請求人は本件車両の贈与を受けたか否か。

(2) 争点2　請求人の平成20年分の贈与税の調査（本件調査）の違法を理由として本件決定処分等が取り消されるべきか否か。

(3) 争点3　本件決定処分等に係る通知書の理由附記に不備があるか否か。

ここでは、上記(1)の争点のみを検討の対象とする。

3　事実関係

(1)　請求人は、自動車製造の関連会社G社の従業員である。

(2)　自動車の小売業者（ディーラー）であるD社（本件ディーラー）宛ての平成20年10月19日付「新車注文書」には、E車を、買主・注文者を請求人の父であるF（父）、使用者名義を請求人とし、代金○○○○円で注文する旨が記載されている。

(3)　上記(2)により購入された車両（本件車両）に係る自動車検査証には、「登録年月日／交付年月日」欄に平成20年12月22日と記載され、「所有者の氏名又は名称」欄に請求人の氏名が記載されている。

(4)　本件車両の代金は、平成20年12月25日までに、その全額が父名義の普通預金口座から本件ディーラーに対して支払われた。

(5)　父は、本件車両の前にもE車（前車両）を購入したことがあり、父が代金を支払い、父の名義で登録していたが、本件車両の購入に当たって前車両を処分した。

(6)　G社においては、その従業員がディーラーに紹介した客が車両を購入すると、当該従業員が商品券等の特典を受け取ることができる紹介制度（本件紹介制度）が設けられている。このこともあり、父は、請求人がG社に就職して以来、父が経営する法人の社用車等を購入する際には本件紹介制度を用いて請求人の紹介という形式を採ってきた。

(7)　E車等の車両を製造販売するH社は、平成20年10月から同年末までの間、同社が費用の一部を負担して、同社と取引関係を有する企業（G社を含む。）及びその従業員向けのキャンペーン（本件キャンペーン）を実施することとし、ディーラーに対してこれを周知するとともに、この機会を活用して積極的に営業活動を行うよう求めた。本件キャンペーンの内容は、購入車両を上記対象企業及び従業員が本人名義で登録することを条件として、車種に応じて（E車の場合は100,000円分）購入車両の装備品等の割引をするとともに、

購入者に20,000円分のプリペイドカードを贈呈するというものである。

⑻　本件車両についても本件キャンペーンが適用され、本件車両に装備されるカーナビゲーションが100,000円分割引された。

⑼　本件車両の購入後の保険料及び自動車税は、全て父が負担していた。

⑽　請求人は、本件車両の購入以前から平成24年3月までは父の自宅に住んでいたが、同年4月から平成25年12月までの間は、父とは別居して生活をしていた。その間、本件車両は父の自宅に保管されていた。

⑾　本件車両は、父の判断によって平成26年5月に売却され、売却代金は父が受領した。そして、父は、同月中に新たにE車を購入し、自らの名義で登録を行った。

⑿　原処分庁は、本件調査に基づき、請求人に対し平成26年3月12日付で平成20年分の贈与税の決定処分等（本件決定処分等）を行った。

4　審判所の判断

⑴　相基通9−9は、反証がない限り、名義と実質が一致するものとして贈与があったことを事実上推認する取扱いを定めたものであると解される。したがって、反証として上記推認の前提となる経験則の適用を妨げる事情の存在が認められる場合には、上記推認は働かないことになる。

⑵　本件においては、本件車両の代金全額を父が負担しているのに自動車検査証には請求人の名義で登録されており、相基通9−9に定める「他の者の名義で新たに不動産、株式等を取得した場合」に該当するから、反証のない限り、父から請求人への贈与として取り扱われる。

⑶　本件車両の購入時点では、本件紹介制度（その内容に鑑み、客を

紹介したＧ社の従業員に与えられる商品券等の特典の額はせいぜい数万円相当のものであると推認される。）と本件キャンペーンが存したが、両者は車両の登録名義人をＧ社の従業員（請求人）本人とするか否かという点で両立しないので、いずれか一方しか利用できないものであったと認められる。そして、本件車両を購入する場合の両者の効果を比較すると、本件紹介制度を利用するより本件キャンペーンを利用する方が、少なくない額（装備品の割引額及びプリペイドカードの合計額120,000円と本件紹介制度による特典の差額相当額）を節約できることになる点で有利である。したがって、本件車両の代金を負担する父としては、本件紹介制度ではなく本件キャンペーンの利用を選択するのが経済的に合理性のある行動であるといえる。

(4)　父は、本件キャンペーンの利用条件を満たすために、請求人の名義を使用して本件車両を購入した（すなわち、あえて実質と一致しない外観を作出した）ことは容易に推測されるところである。

(5)　前車両は父が代金を支払い、父が登録名義人であったから、父が自己所有物として購入したものであることは明らかであるが、当審判所の調査によっても、請求人の家族について、本件車両の購入前後（すなわち前車両の所有時と本件車両の所有時）で、その使用状況に変化を生じさせるような生活環境等の変動はなかった。そうすると、父所有の前車両が本件車両に変更された際に、これを請求人に贈与する必要性は特別見当たらないから、父が本件車両を請求人に贈与する動機はなかったと認められる。

(6)　請求人及び父は、当審判所の調査に対し、本件車両を主に使用していたのは、父及び請求人の妹であるＪであり、請求人は本件車両をほとんど利用していなかったと認められる（請求人が平成24年4月以降、父とは別居して生活するようになっても本件車両が父の自宅で保管されていたことからすれば、少なくともその頃からは請求人が日常的に本件車両を使用していなかったことは明らかであ

る。）。そして、一般に、利用しない者に対して車両を贈与するとは考え難いことに照らせば、このことは請求人への贈与の事実を疑わせる事情といえる。

(7)　なお、請求人が父から本件車両の贈与を受けるつもりであったとすれば、請求人が好みの車種や色等の希望を述べ、これが購入する車両の決定に反映されるのが通常であるところ、当審判所の調査によっても、請求人が、購入すべき車両の選定や購入手続等に関与した事実は認められない。

(8)　結局のところ、父は、自らの判断で購入すべき車両を選定して本件車両の取得資金を出捐し、本件車両の維持・管理に必要な費用を全て負担し、本件調査の開始後のこととはいえ自らの判断で本件車両を売却して同売却代金を受領し、新たな車両を購入しており、これはまさに所有者らしい振る舞いであると評価できる。これに対して、請求人が本件車両の所有者であったことを伺わせる事情は特に認められず、かえって、贈与があったとすれば不自然ともいい得る事情の存在も認められる。

　したがって、請求人は本件車両の贈与を受けたとは認められない。

　本件決定処分は、争点2及び3について判断するまでもなく、その全部を取り消すべきである。

本裁決の留意点

1　本裁決も指摘しているように、贈与は親族間で行われることが多く、外形上も、課税庁が贈与事実を把握しにくい場合も多いであろう。したがって、相基通9−9のような取扱通達を置いて、課税の公平を図ろうとしているものと思われる。また、不注意などによって、資金の拠出者以外の者の名義で登記登録をしてしまうことがあることに配慮して、本件通達を定めていると考えられる。

2　相基通9−9は、他者の名義で新たに不動産等を取得した場合にお

いては、「原則として贈与として取り扱う」という表現からも明らか
なように、そのような場合に常に贈与というわけではなく、納税者が
贈与には当たらないとする反証に成功すれば、贈与という推認は働か
ないことになるのは、本裁決指摘のとおりであろう。

3　原処分庁は、本件車両はその代金全額を父が負担しているのに、請
求人の名義で登録されているから、相基通9-9により、原則として
贈与として取り扱うこととなり、本件においては本件通達の5の要件
を満たさず、これが適用されない旨主張した。

　これに対して、審判所は、「確かに本件は、相基通9-9に基づき、
原則、贈与として取り扱うべきものである。しかしながら、本件通達
は、相基通9-9の要件を満たしているにもかかわらず課税庁の立場
から贈与として取り扱わない場合を類型化したものにすぎず、相手方
による反証はこれに限定されるものではないところ、（中略）本件に
おいては、本件車両の贈与の不存在について反証がされているといえ
るから、本件通達の5の要件を満たすか否かにかかわらず、上記結論
は左右されない」として、原処分庁の主張を排斥した。

　本裁決のこのような判断と、その前提となる、本件車両の購入前か
ら売却に至るまでの過程の詳細な分析については注目に値する。

◆関係法令

相続税法第9条、相基通9-9、「名義変更等が行われた後にその取消し
等があった場合の贈与税の取扱いについて」（昭和39年5月23日付直審
（資）22（例規）ほか国税庁長官通達）

◆関係キーワード

みなし贈与、財産の名義変更、他の者の名義による財産の取得

前住職から請求人への資金移動により相続税法第66条第4項に規定する贈与者である前住職の親族等の相続税の負担が不当に減少する結果になるとは認められないとした事例

令和3年5月20日裁決　裁決事例集№123

裁決の要旨

　相続税法第66条第4項の趣旨は、持分の定めのない法人に財産の贈与があったときに、その財産の贈与者の親族等が当該贈与財産の使用、収益を事実上享受し、又は当該財産が最終的にこれらの者に帰属するような状況にある場合に、相続税又は贈与税の負担に著しく不公平な結果をもたらすことになることを防止するため、当該持分の定めのない法人を個人とみなして、財産の贈与があった時に、当該法人に対し贈与税を課することとしたものである。

　このような趣旨からすれば、同項所定の贈与者の親族等の相続税又は贈与税の負担が不当に減少する結果となると認められるかどうかは、持分の定めのない法人に対して財産の贈与等があり、その時点において、その法人の社会的地位、寄附行為、定款等の定め、役員の構成、収入支出の経理及び財産管理の状況等からみて、財産の提供者等ないしはその特別関係者が、当該法人の業務、財産の運用及び解散した場合の財産の帰属等を実質上私的に支配している事実があるかによって判断すべきである。

　審判所が認定した事実によれば、宗教法人たる請求人は、相続税法施行令第33条第3項に定めるところの相続税又は贈与税の不当減少に当たらないための要件は一部満たしていないものの、前住職らが、請求人の業務、財産の運用及び解散した場合の財産の帰属等を実質上私的に支配している事実は認められない。

　したがって、本件各資金移動により相続税法第66条第4項に規定する

155

贈与者である前住職の親族等の相続税の負担が不当に減少する結果となるとは認められない。

本裁決のポイント解説

1　問題の所在

　　相続税又は贈与税における税負担の不当減少に対する個別否認規定は、同族会社の行為又は計算の否認（相続税法第64条）、持分の定めのない法人に対して財産の贈与又は遺贈があった場合の特別受益者の納税義務（同法第65条）、人格のない社団又は財団に対する贈与又は遺贈があった場合の当該社団又は財団に対する納税義務（同法第66条第1項）、持分の定めのない法人に対する贈与又は遺贈に係る当該法人の納税義務（同条第4項）及び特定の一般社団法人等に対する課税（同法第66条の2）などがある。

　　これらの諸規定については、その適用事例も争訟案件も件数は相当に少ない。本事例は、上記のうちの「持分の定めのない法人に対する贈与」と、当該受贈法人の贈与税課税が問題とされたものであるが、これはきわめて希少な事例ということができる。

2　本件の争点

⑴　本件各資金移動は、いずれも前住職から請求人への財産の贈与に該当するか否か（相続税法第66条第4項に規定する財産の贈与の有無）（争点1）。

⑵　本件各資金移動により相続税法第66条第4項に規定する相続税の負担が不当に減少する結果となると認められるか否か（争点2）。

3　事実関係

⑴　請求人は、昭和28年5月に設立された宗教法人法に基づく宗教法人であり、法人税法第2条第6号に規定する公益法人等である。

⑵　K（前住職）は、昭和42年7月から平成28年8月に死亡するまでの間、請求人の代表役員を務めていた。

⑶　前住職の長男であるF（現住職）は、前住職の死亡後、請求人の代表役員を引き継いだ。

　　なお、現住職は、平成10年から継続して請求人の責任役員を務めており、前住職の死亡当時、教員として勤務していた。

⑷　現住職の妻であるL（現住職の妻）は、平成18年に前住職から請求人の経理担当を引き継ぎ、請求人の法要収入等を記録しているノート（本件ノート）も併せて引き継いだ。

⑸　前住職は、平成27年4月22日、M銀行の前住職名義の普通預金（前住職名義口座1）から○○○○円を払い出し、同日、同出張所に開設した請求人名義の普通預金口座（請求人名義口座1）へ入金した（本件資金移動1）。

⑹　前住職は、平成27年4月27日、前住職名義の債券（国債）の売却代金19,985,514円を、また、翌28日、前住職名義の投資信託の解約金9,050,601円を、それぞれ前住職名義口座1へ入金した。

　　そして、前住職は、平成27年4月28日、前住職名義口座1から○○○○円を払い出し、請求人名義口座1へ入金した（本件資金移動2）。

⑺　前住職は、平成27年4月28日、N銀行の前住職名義の定期預金（前住職名義口座2）を解約し、その解約金のうち○○○○円を同行の請求人名義の定期預金として預け入れた（本件資金移動3。本件資金移動1ないし本件資金移動3を併せて「本件各資金移動」、本件各資金移動のために前住職名義口座1及び前住職名義口座2から払出し等をした金員の合計を「本件金員」）。

⑻　P県に提出された請求人の財産目録によれば、本件金員に相当する預金等について、平成26年3月31日現在までの各財産目録には記載がなく、本件各資金移動の後に提出された平成27年3月31日現在以後の各財産目録には記載がある。

(9) 請求人は、平成26年に、現住職の子であるQ（現住職の子）が居住する建物（本件建物）を請求人の敷地内に新築した。

(10) 請求人の寺院規則「宗教法人『E寺』規則」（本件寺院規則）は、要旨次のとおり定めている。

① 代表役員は、請求人の住職の職にある者をもって充てる。

② 請求人に責任役員を3名置く。

③ 請求人に門徒から選定した3名の総代を置く。総代は、この寺院の業務について勧告及び助言をすることができる。

④ 主要建物の新改築並びに主要な境内建物及び境内地の用途の変更等については、あらかじめ総代の同意を得なければならない。

⑤ 基本財産は、不動産、有価証券、現金及び預金について、総代の同意を得て設定した財産とする。

⑥ 請求人が解散したときは、その残余財産は解散当時の住職に帰属する。

(11) 原処分庁は、原処分庁所属の調査担当職員の調査に基づき、相続税法第66条第4項の規定により請求人を個人とみなして、令和2年1月21日付で、請求人に対して、平成27年分の贈与税についての決定処分並びに無申告加算税の賦課決定処分（本件決定処分等）をした。

4 審判所の判断

(1) 財産の贈与については、相続税法上、明確に定義する規定はなく、相続税法上の贈与は、民法第549条に規定する贈与をいうものと解される。

　そして、相続税法第9条は、法律的には贈与により取得した財産でなくても、その取得した事実によって実質的に贈与と同様の経済的利益を生ずる場合においては、税負担の公平の見地から、その取得した財産について、当該利益を受けさせた者からの贈与により取得したものとみなして贈与税を課税することとしたものと解され

る。

(2) 本件金員は、請求人が法律的には贈与により取得した財産でない
としても、上記(1)によれば、請求人に、本件各資金移動によって実
質的に贈与と同様の経済的利益が生ずる場合には、贈与により取得
したものとみなされることとなる。

本件金員は、前住職に帰属するものと認められるところ、本件各
資金移動により請求人名義口座に移動したもので、前住職又はその
法定相続人に対し返還されることもなく、また、消費貸借契約の締
結など、本件金員に対価性があることも認められない。

そうすると、本件各資金移動により前住職から請求人に対し実質
的に贈与を行ったのと同様の経済的利益が生じているから、相続税
法第9条の規定により、請求人は本件金員を贈与により取得したも
のとみなされる。

したがって、本件各資金移動は、いずれも前住職から請求人に対
する贈与に該当する。

(3) 本件寺院規則においては、請求人の役員等のうち親族関係を有す
る者及び相続税法施行令第33条第3項（本件施行令）第1号に規定
する特殊の関係がある者の数がそれぞれの役員等の数のうちに占め
る割合をいずれも3分の1とする旨の定めはないから、本件寺院規
則は、本件施行令第1号の要件を満たさない。

したがって、請求人においては、本件施行令の規定には該当しな
い。

(4) 請求人の責任役員は、本件各資金移動の当時、同役員3名のうち
2名については前住職及び現住職が務めており、その3分の2は前
住職の親族が占めていたものではあるが、前住職又は現住職は、本
件建物の建設や現住職の子を本件建物に居住させることについて、
本件寺院規則の規定に沿って、請求人の総代全員から同意を得てい
たほか、請求人の業務や財政状況等に関する報告を総代に対して随
時行っていたことが認められる。

また、前住職又は現住職の妻は、本件ノート及び金銭出納帳により請求人の業務に係る収支を継続して記録しているほか、請求人が本件各資金移動の後にＰ県に提出した請求人の財産目録には、本件金員に相当する預金等が請求人の財産として記載されている。

　　これらのことからすれば、前住職らによる請求人の業務運営及び財産管理については、請求人の総代が相当程度に監督しているものと認められるほか、前住職らが私的に業務運営や財産管理を行っていたとまでは認められない。

(5)　本件メモの記載内容は、概括的なもので具体的内訳も示されていないため、本件メモは請求人の業務運営とは無関係の私的な支出が記載されたものとまでは認められない。

　　また、本件メモは、本件各資金移動から6年以上前の年分に関する記載である上、平成21年以降の本件ノート及び金銭出納帳には、前住職らの私的な生活費のために請求人の財産が支出されたことを示す記載はない。

　　したがって、本件メモがあるからといって、前住職らが、本件各資金移動の時点において、請求人の財産を私的に生活費として費消していたとする事実を認めることはできない。

(6)　現住職の子は、平成24年に大学卒業後、現住職と共に僧侶として継続的に請求人の業務に従事していたものと認められる。また、前住職又は現住職は、現住職の子が居住する本件建物を建設することについて、総代全員から同意を得ている。

　　そして、本件建物が、現住職の子の居住及び請求人の業務以外に使用されていたことを示す証拠もない。

　　これらのことからすると、本件建物は現住職の子が僧侶としての職務を遂行するに当たり必要な庫裏とみるのが相当であり、現住職の子を本件建物に無償で居住させたとしても請求人の財産を私的に利用したということはできない。その他、前住職らが、本件各資金移動の時点において、請求人の財産から私的に財産上の利益を享受

した事実は見当たらない。

(7) 本件寺院規則には、請求人が解散した際の残余財産について、国等その他の公益を目的とする事業を行う法人に帰属する旨の定めはない。

　しかしながら、本件寺院規則第37条は、法人の解散には、責任役員の定数の全員及び総代並びに門徒の3分の2以上の同意を得た上、管長の承認及びR県知事の認証を受けなければならない旨定めており、前住職らの意思のみで恣意的に解散等を行うことは事実上、困難と認められる。

　したがって、本件寺院規則第39条の定めをもって、前住職らが恣意的に請求人を解散し、その財産を私的に支配することができるとはいえない。

(8) 上記(4)ないし(7)のことからすれば、請求人は、本件施行令の適用はないものの、前住職らが、請求人の業務、財産の運用及び解散した場合の財産の帰属等を実質上私的に支配している事実は認められない。

　したがって、本件各資金移動により相続税法第66条第4項に規定する贈与者である前住職の親族等の相続税の負担が不当に減少する結果となるとは認められない。

(9) 以上のとおり、本件各資金移動は、いずれも前住職から請求人への贈与に該当するとしても、本件各資金移動により相続税法第66条第4項に規定する前住職の親族等の相続税の負担が不当に減少する結果となるとは認められないから、本件決定処分等はいずれも違法であり、その全部を取り消すべきである。

本裁決の留意点

1　個人から法人等に対する資産の贈与があった場合に、当該法人等を個人とみなして贈与税の課税が行われることは、一般にはあまり知られていない。なお、仮に相続税法第66条第1項、第2項及び第4項に

より贈与税の課税が行われる場合には、当該贈与税の額から、これらの財団若しくは社団又は持分の定めのない法人に課されるべき法人税等が控除される（相続税法第66条第5項）ことに注意が必要である。

相続税法第66条第4項は、本裁決の争点1及び争点2の要件のいずれも満たした場合に適用があるところ、本裁決は、争点1の要件（贈与の事実）は満たしているものの、争点2の要件（相続税の不当減少）は満たしていないと判断した。

2　本事例における、相続税法第66条第4項の「特別の関係のある者の相続税又は贈与税の負担が不当に減少する結果」となるかどうか（争点2）については、「公益を目的とする事業を行う法人に対する財産の提供または贈与の時点においてその法人の社会的地位、評価、定款もしくは寄附行為の定め、役員の構成、収入支出の経理および財産の管理の状況等からみて財産の提供者、贈与者またはその親族等の相続税または贈与税の負担が不当に減少する結果となると認められる事実が存すれば足り、結果的にだれにどれだけの相続税の負担の減少をきたしたか確定的に明らかになる必要はない」と判示した裁判例がある（東京地裁昭和46年7月15日判決、その控訴審である東京高裁昭和49年10月17日判決）。

本裁決も、この裁判例の判示を参考にしたものと思われる。

3　いずれにしても、個人と法人の間での資産の移転には、どのような種類の法人であっても、所得税、法人税及び相続税又は贈与税等の複数の税目の課税関係が生じる可能性が高いため、事前に入念な検討が必要である。

◆関係法令

相続税法第9条、第66条第1項、第4項、相続税法施行令第33条

◆関係キーワード

みなし贈与、持分の定めのない法人、相続税又は贈与税の不当減少

◆参考判決・裁決

東京地裁昭和46年7月15日判決・昭和35年（行）48号、その控訴審である東京高裁昭和49年10月17日判決・昭和46年（行コ）61号

居住用と居住用以外の建物の敷地となっている土地の持分である本件受贈財産のその全てが居住用家屋の敷地であるとはいえないとした事例

平成13年9月13日裁決　裁決事例集No.62

裁決の要旨

　相続税法第21条の6第1項は、贈与により、婚姻期間が20年以上の配偶者から、専ら自己の居住の用に供する土地若しくは土地の上に存する権利又は家屋を取得した者は、課税価格から20,000,000円を控除する旨規定し、同条第3項は、上記の規定は、贈与税の申告書に大蔵省令（現財務省令）で定める書類（戸籍の謄本又は抄本及び戸籍の附票の写し並びに居住用不動産に関する登記簿の謄本又は抄本など）の添付がある場合に限り、適用する旨規定している。

　贈与者が作成した贈与証書には、請求人が主張するように、本件の受贈財産の所在を限定するかのような記載があるが、他方で、登記簿謄本には、土地の持分の9分の1の所有権が贈与者から請求人に移転したことが記載されており、その登記申請に当たっては、居住用土地のみを贈与する旨の限定文言を削除した原因証書が贈与者により新たに差し入れられて、登記の原因証書とされていることにかんがみると、請求人が実際に贈与を受けた財産は、居住用家屋の敷地部分及び賃貸アパート等の敷地部分を併せた本件土地の全体に係る持分9分の1であるとみるのが相当であって、居住用家屋の敷地部分のみに限られていたものとは認められない。

本裁決のポイント解説

1 問題の所在

　贈与税の配偶者控除（相続税法第21条の6：本件特例）が設けられている趣旨は、その贈与が、①同一世代間の資産の移転であること、②夫婦の財産は共同で形成したとの考え方から贈与という認識が薄いこと、③配偶者の老後の生活保障を意図して行われることが多いことなどの理由が考えられる。

　条文からも明らかなように、この特例の対象となるのは、居住用財産（又は居住用財産を取得するための金銭）に限られ、贈与財産のうちに居住用以外の部分があれば、その部分は控除の対象からは除外される。本事例は、その居住用財産の範囲を巡る争いである。

2 本件の争点

(1) 本件特例の適用に当たり、請求人が夫から持分の贈与を受けた土地の範囲。

(2) 上記(1)の土地の持分の贈与に対する本件特例の適用に当たり、店舗兼住宅等の持分の贈与に関する相基通21の6-3のただし書と同様の取扱いをすべきか否か。

3 事実関係

(1) q市r町22番1の宅地1,185.15㎡（本件土地）及び本件土地上の家屋（本件家屋、本件土地と併せて「本件資産」）の各不動産登記簿（本件登記簿謄本）には、各9分の1の持分が平成10年10月26日に請求人の夫Fから請求人に贈与された旨の記載がある。

(2) 本件土地は、居住用家屋の敷地部分690.85㎡、貸物置の敷地部分32.00㎡及び賃貸アパートの敷地部分462.30㎡から構成されている一筆の土地である。

(3) Fは、平成10年10月26日に請求人に対して、土地のうち居住用宅

地敷地と賃貸アパート敷地の区画が記載されている図の入った不動産贈与証書（本件贈与証書）を差し入れた。なお、本件贈与証書には「土地については次図のとおり居住用家屋の敷地の部分とする。」旨の文言が記載されていた。

(4)　ところが、本件土地が一筆の土地であるため、その一部についての贈与であるかのような限定文言がある本件贈与証書によっては所有権移転登記ができなかったことから、Ｆは、本件贈与証書のうち上記の限定文言を削除した同一日付の不動産贈与証書（本件原因証書）を新たに作成して差し入れ、これを原因証書として上記(1)の所有権移転登記がなされた。

(5)　請求人は、平成10年10月26日にＦから持分の贈与を受け、同年12月3日に所有権移転登記を経由した不動産の全てが本件特例に該当するとして、平成11年2月26日に平成10年分贈与税の申告をしたところ、原処分庁から、利用状況の違う2棟の建物の敷地となっている土地について本件特例を適用しようとする場合には、居住用部分と居住用以外の部分に区分しなければならず、この区分に応じて土地を分筆した上で居住用部分を贈与すれば、その全てが本件特例の対象となる旨の指導を受けたことから、分筆手続はしなかったものの、居住用部分の面積を実測した上で、同年3月12日に訂正申告をした。

(6)　その後、請求人は、平成11年8月12日にＦが死亡したため、相続財産の現況調査をしたところ、贈与を受けた土地の利用区分ごとの面積に誤りがあったとして、同年10月19日に自発的に修正申告をした。

(7)　しかし、請求人は、訂正申告及び修正申告はしたものの、居住用以外の部分も持分の贈与の対象となっていることを前提とする原処分庁の指導には承服できないとして、平成12年3月10日に更正の請求をしたところ、原処分庁は、同年6月8日付で更正をすべき理由がない旨の通知処分（本件通知処分）をした。

4 審判所の判断

(1) 通則法第23条第1項は、納税申告書を提出した者は、法定申告期限から1年以内に限り、当該申告書に記載した課税標準等又は税額等の計算が法律の規定に従っていなかったこと等により納付すべき税額が過大であるときは、更正をすべき旨の請求をすることができると規定し、同条第3項には、当該請求をするに至った事情の詳細その他参考となるべき事項を記載した更正の請求書を税務署長に提出しなければならないとしている。これは、自ら記載した申告内容が真実に反する場合については、更正の請求をする者が、このことを書面で主張、立証すべきである旨を定めたものであると解される。

(2) これを本件についてみると、請求人は、居住用家屋の敷地及び賃貸アパート等の敷地のそれぞれ9分の1の贈与を受けたので、賃貸アパート等の敷地については本件特例の適用はできないとして、居住用以外の敷地の贈与に対応する部分について修正申告したが、その後、本件受贈財産は居住用家屋の敷地内にのみ存在するのであるから、その全てに配偶者控除の適用があるとして更正の請求をし、その際、本件受贈財産の全てが本件居住用家屋の敷地内にあることを立証する書類として、本件登記簿謄本及び本件贈与証書を当審判所に提出したことが認められる。

(3) 本件贈与証書には、請求人が主張するように、本件受贈財産の所在を限定するかのような記載があるが、他方で、本件登記簿謄本には、本件土地の持分の9分の1の所有権が平成10年10月26日に贈与を原因としてFから請求人に移転したことが記載されており、その登記申請に当たっては、前述の限定文言を削除した本件原因証書がFにより新たに差し入れられて、登記の原因証書とされていることにかんがみると、請求人が実際に贈与を受けた本件受贈財産は、居住用家屋の敷地部分及び賃貸アパート等の敷地部分を併せた本件土地の全体に係る持分9分の1であるとみるのが相当であって、居住

用家屋の敷地部分のみに限られていたものとは認められない。

(4) そうすると、本件受贈財産の全てが本件居住用家屋の敷地内にあることが証明されたこととはならず、通則法第23条に基づく更正の請求には理由がないから、請求人の更正の請求は認められないこととなる。

(5) 相基通21の6-3のただし書は、店舗兼住宅等について配偶者が持分の贈与を受けた場合には、区分所有権の対象となり得る場合を除いて、法律上も実際の利用上も明確な分割ないし分離が困難な家屋について、その居住用部分のみを贈与し、あるいはその全部を使用させるというのが贈与当事者間の通常の意思と解されるため、立法趣旨にかんがみ例外的に認められた取扱いである。これに対し、本件のように、一筆の敷地に利用区分の違う3棟がそれぞれ独立して存在しているような場合は、法律上も実際の利用上も明確な分割ないし分離が可能であるから、店舗兼住宅等の場合とは事情が異なるというべきであり、この通達の趣旨を直ちに及ぼすことはできない。

(6) 以上のとおり、本件特例は、本件受贈財産の全てについて適用をすることはできず、原処分庁が更正の請求には理由がないとして行った本件通知処分は適法である。

本裁決の留意点

1 更正処分や決定処分のように課税庁が租税確定処分を行う場合には、課税要件事実の認定が必要であるから、民事訴訟法の理論に則り、課税要件事実の存否及び課税標準については、原則として課税庁が立証責任を負うと解されている。しかし、確定申告書記載の課税要件事実をその申告者が争う場合には、立証責任は原告（納税者）が負うと解すべき（金子宏『租税法（第24版）』弘文堂（2021年）1136頁以降参照）であり、更正の請求はまさにこれに当たるであろう。

通則法第23条第3項は、このような考え方を背景に、更正の請求を

しようとする納税者に、証明書類提出義務を負わせ、立証責任を負わせたものと理解される。本裁決も、文言の表現ぶりからは、最終的に納税者の立証不足ということで結論を出しているようにも見受けられる。

2　なお、請求人は、「本件受贈財産が本件土地の全部にまたがる9分の1の持分であると解されるとしても、配偶者控除の適用に当たっては、相続税法基本通達21の6−3が、店舗兼住宅等の持分の贈与があった場合の居住用部分の判定につき、贈与を受けた持分の割合が居住用部分の割合以下である場合において、その贈与を受けた持分の割合に対応する当該店舗兼住宅等の部分を居住用不動産に該当するものとして申告があったときは、これを認めるものとすると規定している趣旨を十分に汲むべきである。」旨の主張をした。

　　これに対して、審判所は、上記「4　審判所の判断」(5)のとおりこれを排斥したが、このような本件特例の実体面についての本裁決の判断は妥当である。

　　審判所は、さらに「贈与税における配偶者控除の制度は、生存配偶者の老後の生活安定に配慮する趣旨から、婚姻期間が20年以上である等一定の要件を充たす夫婦間の居住用不動産の贈与について、一生に一回限り、その取得した居住用不動産の課税価格から20,000,000円を限度として控除することを登記簿の謄本又は抄本並びに住民票等の提出を要件として認める措置であるから、租税負担公平の原則に照らし、その解釈は厳格にされるべきである。そうすると、この点についても、請求人の主張は採用できない。」という説明を追加している。

3　本事例では、申告時に税務署による的確な指導があったにもかかわらず、納税者はこれに従った措置を取らなかったのである。いずれにしても、贈与税の配偶者控除の適用を念頭に置いた贈与の実行に際しては、事前に適用要件に関する十分なチェックをしておくことが重要である。

◆**関係法令**

通則法第23条第1項、第3項、第4項、相続税法第21条の6、相基通21
の6-3

◆**関係キーワード**

更正の請求の立証責任、贈与税の配偶者控除、店舗兼住宅

請求人の主張する各種事情によっても、相続により取得した土地の財産評価基本通達の定めに従った原処分庁の評価額は時価であるとの推認を覆されないから、不動産販売業者が試算した価格によって評価することはできないとした事例

令和元年5月29日裁決　裁決事例集№115

裁決の要旨

　相続税法第22条は、相続財産の価額は、特別に定める場合を除き、当該財産の取得の時における時価によるべき旨を規定しており、ここにいう時価とは相続開始時における客観的な交換価値をいうものと解するのが相当である。

　しかし、客観的な交換価値というものが必ずしも一義的に確定されるものではないことから、課税実務上は、国税庁において、納税者間の公平、納税者の便宜、徴税費用の節減等の観点から評価通達を定め、各税務署長が、評価通達に定められた評価方法に従って統一的に相続財産の評価を行ってきたところである。このような評価通達に基づく相続財産の評価の方法は、当該財産の客観的な交換価値を算定する方法として一定の合理性を有するものと一般に認められており、その結果、評価通達は、単に課税庁内部における行為準則というにとどまらず、一般の納税者にとっても、納税申告における財産評価について準拠すべき指針として通用してきているところである。

　このように、評価通達に基づく相続財産の評価の方法が、当該財産の客観的な交換価値を算定する方法として一定の合理性を有するものと一般に認められていることなどからすれば、評価通達の定めに従って相続財産の価額を評価したものと認められる場合には、その価額は当該財産の時価であると事実上推認することができるというべきである。

　したがって、このような場合には、請求人において、財産評価の基礎

となる事実関係に誤りがある等、その評価方法に基づく価額の算定過程自体に不合理な点があることを具体的に指摘して上記推認を妨げ、あるいは、当該財産に関する個別的な事情等を考慮した合理的な方法により、評価通達の定めに従って評価した価額が当該財産の客観的な交換価値を上回るものであることを主張立証するなどして上記推認を覆すことなどがない限り、評価通達の定めに従って評価した価額が時価であると認めるのが相当である。

　当審判所の調査の結果によれば、本件土地を評価通達の定めに従って評価すると、その評価額は本件通達評価額と同額となり、その算定過程に誤りは認められない。したがって、本件通達評価額は評価通達の定めに従った評価額と認められる。

本裁決のポイント解説

1　問題の所在

　相続税における土地評価は、路線価に代表されるように、ほとんどが評価通達の定めに従って行われているのが実情である。土地の評価における路線価や倍率は、地価公示価格、売買実例価額及び不動産鑑定士などの地価事情精通者の鑑定評価額や意見価額などを基として評定されている。

　このような土地の評価については、平成元年に制定された土地基本法を基礎に、土地評価の適正化・均衡化のため、平成4年分の路線価等の評価からは、地価公示価格と同水準の価格の80％とすることとされている（従前は70％であった。）。しかし、土地は、上場株式などとは異なり非常に個別性が強いため、昔から相続税の土地評価の多寡を巡る争訟は絶えない実態がある。

　本事例もそのうちの1件であるが、原処分庁が評価通達に基づく土地評価を主張したのに対して、請求人は不動産販売業者の試算した価額を基とした評価額を主張している。

2 本件の争点

(1) 通達による評価額に時価を上回る違法があるか否か（争点1）。

(2) 本件相続開始日において、本件相続税の課税価格の計算上相続財産の価額から控除する請求人主張の債務が存在していたか否か（争点2）。

ここでは、上記のうち争点1に絞って検討の対象とする。また、以下の事実関係及び審判所の判断についても、同様とする。

3 事実関係

(1) 請求人の姉であるH（本件被相続人）は、推定平成27年7月○日（本件相続開始日）に死亡し、その相続（本件相続）が開始した。本件相続に係る法定相続人は請求人1名であり、請求人は、本件相続によりd市に所在する宅地（本件土地）を含む本件被相続人の全ての財産を取得した。

(2) 本件被相続人は、本件土地及びd市に所在する居宅を所有していた。請求人は、本件相続により本件土地及び同居宅を取得したが、いずれも平成27年12月20日締結の売買契約により44,000,000円で売却した。なお、同居宅は、平成28年4月9日、買主によって取り壊された。

(3) 本件土地は、北側で幅員約4mの道路（本件道路）に接し、間口が約14.6m、奥行が約11mのほぼ長方形の画地であり、実測地積は164.61㎡であった。

　本件土地の東側と南側は、それぞれ幅員約4mの通路に接しており、本件道路と東側の通路が接する角及び東側の通路と南側の通路が接する角には、通路として利用されている隅切り用地がそれぞれ1.02㎡及び1.07㎡存していた。

(4) 本件土地は、都市計画法上の第一種低層住居専用地域に所在し、建築基準法上の容積率は80%、建蔽率は40%であった。

　d市においては、第一種低層住居専用地域で建蔽率が50%以下の

地域について、建築物の敷地面積の最低限度を100㎡と定めていた。

(5) 評価通達に基づきK国税局長が定めた平成27年分財産評価基準書には、本件道路の路線価は260,000円とされていた。

(6) 本件土地は、文化財保護法第93条第1項に規定する「周知の埋蔵文化財包蔵地」に該当する「M」として周知されている地域内に所在していた。

　　d市においては、「周知の埋蔵文化財包蔵地」内で建築工事を行う際に所定の届出が必要であり、工事中に1日程度の立会調査又は試掘・確認調査が行われ、遺物等が発見された場合は本発掘調査が行われていた。しかし、本件土地のような崖下の低地にあってN川の流路に該当する地域においては、遺物等が出土する可能性が低いことから、分譲開発などの大規模開発以外で試掘が行われることはなかった。

(7) 本件土地の南東方約300mには、地価公示法第2条第1項の規定に基づく地価公示の標準地「〇〇〇〇-〇1」が、同北方約330mには、国土利用計画法施行令第9条第1項の規定に基づく都道府県地価調査の基準地「〇〇〇〇-〇2」があり、それらの都市計画法上の各地域区分並びに建築基準法上の各容積率及び各建蔽率は、いずれも本件土地と同一であった。また、上記「〇〇〇〇-〇1」の地積は207㎡、前面道路の幅員は4.0mであり、上記「〇〇〇〇-〇2」の地積は110㎡、前面道路の幅員は5.0mであった。

(8) 請求人は、本件相続に係る相続税についての申告書を法定申告期限までに原処分庁に提出した。

(9) 原処分庁は、税務調査の結果に基づき、平成30年4月25日付で、本件土地の価額は評価通達に定める評価方法に基づき評価した価額（42,798,600円。本件通達評価額）であり、その他の申告漏れ財産を課税価格に加算すべきであるなどとして、請求人に対し更正処分（本件更正処分）及び過少申告加算税の賦課決定処分をした。

⑽　請求人は、平成30年7月4日、本件土地の価額は不動産販売業者が試算した売買価格（35,000,000円。本件試算価格）の70％相当額とするのが相当であるなどとして、本件更正処分のうち一部についての取消しを求めて、審査請求をした。

4　審判所の判断

(1)　当審判所の調査の結果によれば、本件土地を評価通達の定めに従って評価すると、その評価額は、本件通達評価額と同額となり、その算定過程に誤りは認められない。したがって、本件通達評価額は評価通達の定めに従った評価額と認められる。

　　そこで、先に示した法令解釈に照らし、本件試算価格に70％を乗じた価額が、本件通達評価額における事実上の推認を覆すか否かという点について検討する。

(2)　請求人は、本件土地は約50坪（164.61㎡）あり、d市の条例で分割して売買することができず、購入者が限定されると主張する。

　　しかしながら、本件土地の存する地域では、建築物の敷地面積の最低限度が100㎡に制限されていることは認められるものの、本件土地の近隣地域に存する地価公示の標準地及び都道府県地価調査の基準地の地積はそれぞれ207㎡及び110㎡であって、本件土地と同程度の規模であり、地価公示の標準地及び都道府県地価調査の基準地は、土地の用途が同質と認められるまとまりのある地域において、土地の利用状況、環境、地積、形状等が通常であると認められるものが選定されることからすれば、本件土地の地積が近隣地域の標準的な土地の地積と比較して格別に大きいものとは認められない。

　　そうすると、本件土地は、その存する地域において標準的な規模といえるのであり、必ずしも分割して売却する必要性は認められない。

　　仮に、宅地利用を前提とした場合に分割して売却できず、購入者が限定されるとしても、かかる事情は、当該地域に存する土地に共

通するものであり、本件土地と近隣の土地の各売買価格に格差を生じさせるものではない。

(3) 請求人は、本件土地は、隅切りやセットバックが必要なため、最大限活用できないと主張する。

　　しかしながら、本件土地の東側には実際に隅切り用地が存するものの、本件土地上に建築物を建築する際の容積率及び建蔽率の算定における敷地面積から隅切り用地を除外する法令上の規定はないから、隅切り用地の有無は本件土地に建物を建築する上での制約となるものとは認められない。

　　また、本件土地が北側で接している本件道路は、幅員約4.0ｍであり、建築基準法第42条第2項に規定する道路には当たらないから、本件土地は、いわゆるセットバックを必要とする土地にも該当しない。したがって、隅切りやセットバックの存在が本件土地を最大限活用できない理由になるとは認められない。

(4) 請求人は、本件土地の地下には遺跡が存在し、土地活用に制限を受けると主張する。

　　しかしながら、本件土地は「Ｍ」として周知されている地域内に存するものの、ｄ市における「周知の埋蔵文化財包蔵地」内に所在する土地であっても、必ずしも試掘・確認調査や本発掘調査が行われるとは限らず、現に同地域で発掘が行われたことは一度もなく、また、当審判所の調査によっても、本件土地について遺跡が存在することは確認されておらず、前提を欠くものである。

(5) 請求人は、本件試算価格は、請求人が本件土地を売買するに当たって試算を依頼した不動産販売業者4社が提示した価格のうちで一番説得力があったものであり、これに70%を乗じた価額（24,500,000円）が本件土地の時価であって、本件通達評価額はそれを上回ると主張する。

　　しかしながら、本件試算価格は、飽くまで不動産販売業者が本件土地の売買価格を試算したものにすぎず、売買の成約に至っていな

い価格である。また、本件試算価格は、売却後に取り壊された居宅を含む本件土地の実際の売買価額（44,000,000円）からも相当に低廉な価格であり、当該価格にさらに70％を乗ずる理由も、単に、不動産販売業者の査定した買取価額のうちに本件試算価格の70％のものがあったことを根拠としているようであるから、本件土地の客観的な交換価値であると認めることはできない。

(6)　以上のとおり、本件土地については、本件試算価格に70％を乗じた価額が本件相続開始日における本件土地の客観的な交換価値（時価）を的確に表すものとは認められず、また、その他に、本件土地を評価通達の定めに従って評価した価額が時価であるとの事実上の推認を妨げ、あるいは覆すに足りる事情は認められない。したがって、評価通達に定められた評価方法に従って算出した本件土地の価額（本件通達評価額）に時価を上回る違法はない。

本裁決の留意点

1　相続税法第22条の時価の意義について、同法は一部の財産を除いて特に定めを置いていないので、もっぱら解釈によることになるが、実務的には国税庁長官が定めた評価通達に従った評価が行われている。これは、固定資産税における評価が、一応地方税法の委任を受けた「固定資産評価基準」（地方税法第388条第1項）を基に実施されていることと対象的である。

　　したがって、このような評価のあり方には、疑問を呈する向きもある（金子宏『租税法（第24版）』弘文堂（2021年）735頁ほか）が、納税者間の公平、徴税費用の節減、納税者の便宜などを考慮すると、致し方ないものと思われる。このような評価通達による相続税及び贈与税の財産評価については、近年では多くの裁判例でこれを肯定する傾向にある。

2　特に有名なものとしては、贈与税に関するものであるが、東京高裁平成27年12月17日判決がある。同判決は、評価通達による財産評価の

あり方について、次のような判示をしている。

「（相続税法の）趣旨に鑑みれば、評価対象の不動産に適用される
評価通達の定める評価方法が適正な時価を算定する方法として一般的
な合理性を有するものであり、かつ、当該不動産の贈与税の課税価格
がその評価方法に従って決定された場合には、上記課税価格は、その
評価の方法によっては適正な時価を適切に算定することのできない特
別の事情の存しない限り、贈与時における当該不動産の客観的な交換
価値としての適正な時価を上回るものではないと推認するのが相当で
ある。」

また、タワーマンション事件として有名な最高裁令和4年4月19日
判決においても、評価通達による画一的な財産の評価方法を一応肯定
しているように読める。

3　本裁決も、この東京高裁判決の判示内容を参考にしたものと思われ
る。また、本事例では、請求人は、不動産業者数社からの地価情報を
もとに、独自に評価額を算定したものであるが、本裁決が指摘してい
るように合理性には乏しいものというほかない。そうすると、本件土
地を評価通達の定めに従って評価した価額が時価であるとの事実上の
推認を妨げ、あるいは覆すに足りる事情は認められないとする本裁決
の判断は妥当なものと考える。

◆関係法令

相続税法第22条

◆関係キーワード

時価、財産評価基本通達

◆参考判決・裁決

東京高裁平成27年12月17日判決・平成26年（行コ）18号、最高裁令和4
年4月19日判決・令和2年（行ヒ）283号

土地上に建物を有していた被相続人が当該土地の所有者に対し地代として支払っていた金員は、当該土地の使用収益に対する対価であると認められないから、被相続人が当該土地上に借地権を有していたと認めることはできないとした事例

平成29年1月17日裁決　裁決事例集№106

裁決の要旨

　請求人Aが、平成2年7月に本件土地を相続により取得したこと、及び本件被相続人から請求人Aに対する本件金員の支払が開始されたのが平成6年4月であることからすれば、請求人Aは、平成2年7月に本件土地に係る使用貸借契約における貸主たる地位を本件被相続の父から承継したものということができ、本件被相続人による本件土地の使用収益は、本件金員の支払が開始する平成6年4月以前においては、使用貸借契約に基づくものであったと認めることができる。

　平成6年4月以降、本件被相続人から請求人Aに対して本件金員が支払われているものの、本件金員の支払を開始するに当たって、請求人Aと本件被相続人との間で契約書が作成されたとか、権利金の授受がされたなどの事情は見当たらず、本件で提出された全証拠資料を精査しても、本件金員の支払が開始された経緯や動機は不明であり、本件金員の算定根拠についても明らかではない。

　本件被相続人と請求人Aは親子であり、本件金員の支払が開始された平成6年当時、請求人Aが未成年者であったことを併せ考慮すると、本件金員が本件土地の使用収益に対する対価であると認めるには足りないというべきであり、従前、親子間における使用貸借契約に基づくものであった本件土地の使用収益が、本件金員の支払が開始されたことをもって、賃貸借契約に基づくものに変更されたとみることはできない。

　本件相続の開始時においては、本件金員の年額が本件固定資産税等年

税額の数倍であったものの、かかる事情のみでは、本件金員が本件土地の使用収益に対する対価であるとは認めるに足りないというべきである。

本裁決のポイント解説

1 問題の所在

借地権の設定に際し、権利金授受の慣行のある地域において、相続財産である土地が貸し付けられていた場合には、原則として、その土地は借地権の価額（評価通達27）を控除した金額によって評価することとされている（評価通達25）。また、建物の所有を目的として、使用貸借による土地の借受けがあった場合には、当該使用貸借に係る使用権の価額は零として取り扱うこととされている（「使用貸借に係る土地についての相続税及び贈与税の取扱いについて」（昭和48年11月1日付直資2-189ほか国税庁長官通達）1）。

したがって、相続財産である土地に借地権が存するかどうかは、評価上重要な問題である。

借地権の慣行のある地域において、地主と借地人との関係が利益の相反する第三者同士であれば、通常は借地権の存在することについて問題となることは少ない。しかし、例えば、会社のオーナーである個人が地主で、同人の主宰する会社に土地を貸し付けているというようなケースについては、その土地の貸借が賃貸借なのか、使用貸借なのか（さらには相当地代の授受など）が、相続税の局面で問題となることが多い（もっとも、使用貸借や相当地代の場合には、土地の無償返還届けなどを提出するのが一般的である。）。

一方、個人である親子間での土地貸借については、そのほとんどが使用貸借であろう。本件は、親子間の土地貸借について、課税庁が賃貸借に当たるため、被相続人は借地権を有しているとして、相続税の課税財産に加算する内容の更正処分をした珍しい事例である。

2　本件の争点

⑴　本件被相続人は、本件土地上に借地権を有していたか否か（争点
　　1）。

⑵　本件土地は、評価通達24-4《広大地の評価》に定める広大地に
　　該当するか否か（争点2）。

　　ここでは、争点1に絞って検討を行うこととする。

3　事実関係

⑴　審査請求人A、同D及び同F（請求人ら）は、G（本件被相続
　　人）の子であり、本件被相続人の共同相続人である。

　　なお、本件被相続人の共同相続人には、請求人らのほか、本件被
　　相続人の配偶者であり請求人らの母であるEがいる。

⑵　本件被相続人は、昭和56年9月30日、本件被相続人の父（請求人
　　らの祖父）であるHが所有していたa市の土地（本件土地）上に建
　　物を新築した（本件建物）。

⑶　請求人Aは、Hと養子縁組をし、同人の養子となった。

⑷　請求人Aは、昭和63年3月26日、本件被相続人から本件建物の持
　　分（4分の1）の贈与を受けた。

⑸　Hは、平成2年7月に死亡し、請求人Aは、相続により本件土地
　　を取得した。

⑹　本件被相続人は、平成6年4月から平成24年9月までの間、「土
　　地代」の名目で毎月449,178円を、請求人A名義の貯金口座に入金
　　していた。

⑺　本件被相続人及び請求人Aは、L社（本件会社）に対し本件建物
　　を賃貸していたところ、平成23年3月26日に当該賃貸借契約は更新
　　された。

⑻　請求人Aに係る平成23年分及び平成24年分の所得税の各確定申告
　　書に添付された所得税青色申告決算書（不動産所得用）には、本件
　　建物に係る本件会社からの賃料として月額○○○○円、本件土地に

係る本件被相続人からの賃料として月額326,340円（本件金員）及び本件土地以外の土地に係る本件被相続人からの賃料として月額122,838円などがある旨の記載があった（当該各青色申告決算書の記載によれば、本件被相続人からの賃貸料収入の合計は449,178円であり、上記(6)の金額と同額となる。）。

(9)　本件被相続人は、平成24年10月に死亡し、請求人ら及び母Eが本件被相続人の権利義務を相続した（本件相続）。

　　　なお、本件被相続人の本件建物の持分（4分の3）は、母Eが相続した。

(10)　請求人ら及び母Eは、本件相続に係る相続税（本件相続税）について、本件土地の借地権を相続財産に含めない内容で、法定申告期限までに申告した。

(11)　原処分庁は、本件土地上に本件被相続人の相続財産たる借地権が存しているとして、当該借地権の価額を財産評価基本通達の定めに基づき評価し、請求人A、請求人D及び請求人Fに対して、それぞれ本件相続税の各更正処分及び過少申告加算税の各賦課決定処分をした。

4　審判所の判断

(1)　物の使用収益に伴う金員の支払があったとしても、それが対象物の使用収益に対する対価の意味を持たない金員の支払である場合には、民法第601条に規定する賃貸借には該当せず、同法第593条に規定する使用貸借に該当するというべきである（最高裁昭和35年4月12日第三小法廷判決・民集14巻5号817頁、最高裁昭和41年10月27日第一小法廷判決・民集20巻8号1649頁参照）。

(2)　これを本件についてみると、本件相続の開始時においては、①請求人Aの所有する本件土地上に、本件被相続人が持分4分の3、請求人Aが持分4分の1を有する本件建物が存在すること、②本件被相続人が請求人Aに対し、毎月、本件金員を土地代として支払って

いたこと、及び③本件金員の年額が本件固定資産税等年税額の数倍
であることが認められ、これらの事実に照らせば、本件被相続人が
請求人Aに対して支払った本件金員が、本件土地の使用収益に対す
る対価であるとみる余地もあるところである。

(3)　しかしながら、本件土地の使用収益に係る経緯を検討するに、本
件被相続人が、昭和56年9月30日に、同人の父であるHが所有する
本件土地上に本件建物を新築したことからすると、遅くとも同日以
降、本件被相続人が本件土地を使用収益していたと認められるとこ
ろ、本件被相続人は、Hに対して、地代を支払っていなかったと認
められるから、本件被相続人が本件土地の使用収益を開始した当時
の当該使用収益は使用貸借契約に基づくものと認められる。そし
て、請求人Aが、平成2年7月に本件土地を相続により取得したこ
と、及び本件被相続人から請求人Aに対する本件金員の支払が開始
されたのが平成6年4月であることからすれば、請求人Aは、平成
2年7月に本件土地に係る使用貸借契約における貸主たる地位をH
から承継したものということができ、本件被相続人による本件土地
の使用収益は、本件金員の支払が開始する平成6年4月以前におい
ては、使用貸借契約に基づくものであったと認めることができる。

(4)　そこで、平成6年4月以降、本件相続の開始時までの間に、本件
被相続人による本件土地の使用収益が賃貸借契約に基づくものに変
更されたか否かを検討するに、同月以降、本件被相続人から請求人
Aに対して本件金員が支払われているものの、本件金員の支払を開
始するに当たって、請求人Aと本件被相続人との間で契約書が作成
されたとか、権利金の授受がされたなどの事情は見当たらず、本件
で提出された全証拠資料を精査しても、本件金員の支払が開始され
た経緯や動機は不明であり、本件金員の算定根拠についても明らか
ではない。

(5)　以上の事情に加え、本件被相続人と請求人Aは親子であり、本件
金員の支払が開始された平成6年当時、請求人Aが未成年者であっ

たことを併せ考慮すると、本件金員が本件土地の使用収益に対する
対価であると認めるには足りないというべきであり、従前、親子間
における使用貸借契約に基づくものであった本件土地の使用収益
が、本件金員の支払が開始されたことをもって、賃貸借契約に基づ
くものに変更されたとみることはできない。

(6) そして、本件土地の周辺の土地の価格に変動があったにもかかわ
らず、本件金員の支払が開始された平成6年4月から本件相続が開
始されるまでの間、本件金員の額に変更はなく、そのほかに本件土
地の使用収益が賃貸借契約に基づくものに変更されたことをうかが
わせるような事情は見いだせない。

　　以上の事実経過等を踏まえると、本件相続の開始時においては、
本件金員の年額が本件固定資産税等年税額の数倍であったものの、
かかる事情のみでは、本件金員が本件土地の使用収益に対する対価
であるとは認めるに足りないというべきである。

(7) 原処分庁は、本件相続の開始時における事実に着目して原処分を
行ったものであるが、本件土地の使用収益が開始された当時の状況
や、本件金員の支払がされるようになった経緯、事情等を十分に調
査しておらず、また、上記の判断を覆すに足りる的確な証拠資料も
提出していない。

　　なお、原処分庁は、請求人Aが本件金員を不動産所得に係る地代
収入として所得税の確定申告をしていたと主張するが、かかる事実
が、本件金員が本件土地の使用収益に対する対価の意味を持つか否
かについての上記の判断を左右するものとはいい難い。

(8) したがって、原処分庁の上記主張にはいずれも理由がなく、本件
金員が本件土地の使用収益に対する対価であるとは認めるに足りな
いから、本件被相続人による本件土地の使用収益は使用貸借契約に
基づくものであったと認めるのが相当である。

　　すなわち、本件被相続人が本件土地上に借地権を有していたとは
認めることができないから、争点2について判断するまでもなく、

本件各更正処分はいずれも違法である。

本裁決の留意点

1 　前述したとおり、親子間での土地貸借はほとんど使用貸借であり、本件土地も、昭和56年から平成6年4月までは賃料の支払はなく、もともと使用貸借であったと認められる。その後、本件被相続人も請求人A（平成6年当時未成年であった。）も、賃貸借と使用貸借の税務上の取扱いの違いというものについて無知であったか、あるいはさほど意識することなく軽い気持ちで賃料の授受を始めたものと思われる。すなわち、両当事者は、使用貸借契約を賃貸借契約に変更するためというような明確な意思のもとで、賃料の授受を開始したというものではないと推測される。

　しかも、請求人Aと本件被相続人とは生計を一にする親族であったようであるから、その場合の請求人Aの賃料収入は、所得税の計算上なかったものとなる（所得税法第56条。この点は請求人らも主張していた。）。

2 　原処分庁は、本件被相続人から請求人Aに支払われていた賃料が、固定資産税額の数倍に及ぶという本件相続開始時の状況を重視して、本件土地の貸借が賃貸借契約に基づくものと判断した。一方、審判所は、本件被相続人と請求人Aとの土地貸借関係について、過去からの経緯を丹念に調査・検討して、この土地貸借が、相続開始当時においても使用貸借であるとの結論を出している。

　相続税の課税の場面において、土地の貸借が賃貸借契約又は使用貸借契約のいずれに当たるのかの判断に当たっては、賃料の多寡のみではなく、貸借が開始してから現在に至るまでの経緯を入念に確認した上で結論を出すことが重要である。本裁決は、そのことを改めて認識させられる事例である。

◆関係法令

相基通25、27、「使用貸借に係る土地についての相続税及び贈与税の取扱いについて」（昭和48年11月1日付直資2-189ほか国税庁長官通達）

◆関係キーワード

使用貸借、賃貸借、借地権

相続財産である貸家の空室部分は、一時的に賃貸されていなかったものではないため、評価額の減額は認められないとした事例

平成26年4月18日裁決　裁決事例集№95

裁決の要旨

　評価通達26の（注）2は、継続的に賃貸の用に供されている各独立部分を有する家屋について、課税時期においてたまたま一時的に空室が生じている場合もあることを考慮し、例外として、賃貸割合の算出に当たり、賃貸されている各独立部分には、継続的に賃貸されていた各独立部分で、課税時期において、一時的に賃貸されていなかったと認められるものを含むこととしている。したがって、賃貸されていなかった期間が一時的といえるかどうかについては、例えば「空室の期間が、課税時期前後の例えば1カ月程度であるなど、一時的な期間であること」などの事実関係から、各独立部分の一部が課税時期において一時的に空室となっていたにすぎないと認められるものをいうと解するのが相当である。

　本件各集合住宅は、いずれも独立して賃貸その他の用に供することができる各独立部分によって構成されている。そして、本件各独立部分は、このうち、相続開始時点で空室であったものであるが、その賃貸状況は、本件相続開始日から数年間が経過した平成25年7月8日時点においてもいまだに賃貸されていない独立部分が複数存在するほか、本件相続開始日後に賃貸された独立部分についても、本件相続開始日前後の空室期間は、最も長いもので8年間、最短のものでも4カ月を超える期間に及んでいる。このような空室期間等の賃貸の状況に照らしてみれば、請求人らが主張する本件各家屋の維持管理の状況や賃借人の募集の状況等の諸事情を考慮したとしても、評価通達26の（注）2に定める賃貸割

> 合の算出上、本件各独立部分が「一時的に賃貸されていなかったと認められるもの」に該当するものと認めることはできない。

本裁決のポイント解説

1 問題の所在

　相続税における財産の評価上、貸家については、家屋の価額（A）から、Aに借家権割合（30％）とその家屋の賃貸割合を乗じたものを控除して評価することとされている（評価通達93）。賃貸割合を乗じるのは、賃貸に供されていない部分については、借家人による借家権が発生していないため、減額の必要がないと解されているからである。ただし、上記の賃貸割合の計算において、一時的に賃貸されていなかったと認められる部分は、賃貸されている部分に含めても差し支えないとされている（評価通達26の（注）2）。本事例において、評価の対象となった貸家には多くの空室があり、その空室部分をどのように評価するかが問題となっている。

2 本件の争点

　本件の争点は貸家及びその敷地の評価であるが、より具体的には、上記のとおり、相続財産である貸家のいくつかについて、評価通達26の（注）2に定める「一時的に賃貸されていなかった」に当たるか否かである。

3 事実関係

(1) 請求人らは、いずれも平成21年8月（本件相続開始日）に死亡したG（以下、同人の死亡により開始した相続を「本件相続」）の子である。本件相続の共同相続人は、請求人ら4名である。

(2) 別表2（省略）に記載の家屋（本件各家屋。また、本件各家屋のうち、集合住宅であるものは「本件各集合住宅」）並びに本件各家

屋の敷地の用に供されている別表3（省略）に記載の土地、借地権
及び使用借権は、本件相続に係る相続財産の一部である。

⑶　請求人らが相続税の申告において相続財産中の本件各家屋の評価
に当たり、その全部が貸し付けられていることを前提に減価したと
ころ、原処分庁が、当該家屋のうち本件各集合住宅の一部に相続開
始日において空室があったなどとして減価を一部認めず更正処分等
をした。

⑷　請求人らは、当該家屋等は継続的に賃貸の用に供しているもので
あり、たまたま相続開始日に一時的に空室があったとしても、その
部分の減価を認めないことは違法であるなどとしてその一部の取消
しを求めている。

4　審判所の判断

⑴　評価通達の趣旨等からすれば、相続により取得した財産の評価
は、評価通達が定める評価方式によった場合にはかえって実質的な
租税負担の公平を害することが明らかな場合を除き、課税の公平の
観点から、評価通達の定める評価方式に基づいて行うことが相当で
あると解される。

⑵　評価通達26、28及び93は、貸家建付地、貸家建付借地権（貸家建
付地等）及び貸家の価額について、それぞれ当該宅地の自用地とし
ての価額（同通達26）や借地権等（同通達28）の価額、家屋（同通
達93）の価額から、これらの価額に国税局長が定める「借家権割
合」等を乗じたものを差し引く方法で一定の減価補正をする旨を定
めている。これは、建物が借家権の目的となっている場合には、賃
貸人は一定の正当事由がない限り、建物賃貸借契約の更新拒絶や解
約申入れができない（借地借家法第28条《建物賃貸借契約の更新拒
絶等の要件》）ため、借家権を消滅させるために立退料等の支払を
しなければならないこと、また、家屋の借家人は、家屋に対する権
利を有するほか、その敷地についても、家屋の賃借権に基づいて、

家屋の利用の範囲内で、ある程度の支配権を有しているものと認められ、逆にその範囲において地主は、利用についての受忍義務を負うこととなること、したがって、借家権が付いたままで貸家及びその敷地を譲渡する場合にも、譲受人は、建物及びその敷地の利用が制約されることになるため、貸家及び貸家建付地等の経済的価値がそうでない建物及び敷地等に比較して低下することを考慮したものと解される。

(3) また、貸家の中には、課税時期において、1棟の建物を複数の者に対して住宅や店舗等として貸し付けているものがある。評価通達26、28及び93は、このような貸家及び貸家建付地等の評価額につき上記減価補正をする場合に、借家権割合に賃貸割合（当該家屋の各独立部分の床面積の合計に対する課税時期において賃貸されている各独立部分の床面積の合計の割合）を乗じたものを差し引くこととしている。

　すなわち、「借家権の目的となっている家屋」とは現実に貸し付けられている家屋をいうものと解されること、相続財産の価額は「相続開始時の」時価によるべきことから、一棟の家屋について、それがもっぱら賃貸用として建築されたものであっても、相続開始時点において現実に賃貸されていない独立部分が存在する場合は、当該独立部分の客観的交換価値は、それが借家権の目的となったことによる経済的価値の減少の効果を受けないのであるから、これがないものとして評価すべきであり、当該貸家の敷地すなわち貸家建付地等の評価についても、当該独立部分には借家権の負担がないものとして評価すべきであると考えているのである。

(4) ところで、評価通達26の（注）2は、賃貸割合の算出に当たり、賃貸されている各独立部分には、継続的に賃貸されていた各独立部分で、課税時期において、一時的に賃貸されていなかったと認められるものを含むこととして差し支えない旨定めている。これは、継続的に複数の者の賃貸の用に供されている建物等において、相続開

始時にたまたま一時的に空室が存したような場合、原則どおり賃貸
割合を算出することが、不動産の取引実態等に照らして必ずしも実
情に即したものといえないことがあるものとして、これに配慮した
ものと解される。

(5) 国税庁は、ホームページ上で情報提供を行っている「タックスア
ンサー」№4614「貸家建付地の評価」として、継続的に賃貸されて
いたアパート等の各独立部分で、例えば、①各独立部分が課税時期
前に継続的に賃貸されてきたものであること、②賃借人の退去後速
やかに新たな賃借人の募集が行われ、空室の期間中、他の用途に供
されていないこと、③空室の期間が、課税時期前後の例えば1カ月
程度であるなど、一時的な期間であること、④課税時期後の賃貸が
一時的なものではないことなどの事実関係から、課税時期において
一時的に空室となっていたにすぎないと認められるものについて
は、課税時期においても賃貸されていたものとして取り扱って差し
支えないとしているが、これは、上記評価通達に係る運用を記載し
たものと解される。

(6) 本件各集合住宅の本件各独立部分は、このうち、相続開始時点で
空室であったものであるが、その賃貸状況は、本件相続開始日（平
成21年8月）から数年間が経過した平成25年7月8日時点において
もいまだに賃貸されていない独立部分が複数存在するほか、本件相
続開始日後に賃貸された独立部分についても、本件相続開始日前後
の空室期間は、最も長いもので8年間、最短のものでも4カ月を超
える期間に及んでいる。このような空室期間等の賃貸の状況に照ら
してみれば、請求人らが主張する本件各家屋の維持管理の状況や賃
借人の募集の状況等の諸事情を考慮したとしても、評価通達26の
（注）2に定める賃貸割合の算出上、本件各独立部分が「一時的に
賃貸されていなかったと認められるもの」に該当するものと認める
ことはできない。

本裁決の留意点

1　請求人らは、アパート等の供給過剰等の社会情勢に鑑み、上記のような空室期間や、その後の入居の有無の考慮は柔軟に行うべきであるなどと主張した。

　これに対して審判所は、貸家としての減額を行う趣旨を考えれば、請求人ら主張のような社会情勢があったとしても、課税時期において一時的に賃貸されていなかったことの意味を広く解する理由とはならないとして、その主張を排斥している。

2　本裁決が示すように、貸家の評価に当たって、評価通達では現に賃貸されている部分についてのみ減額の対象としているが、例えば、1棟の賃貸マンションが取引の対象となる場合などにおいては、賃貸されている部屋数が多いほど市場価値が高いケースも見受けられるようである。したがって、そもそも、評価通達によるこのような評価方式が、今後も説得力を持つものといえるかどうかは分からない。今後の建物賃貸借を巡る社会的な動向や経済情勢の変化によっては、現在の評価方式の改正が必要になってくるのかもしれない。

　いずれにしても、現行の評価通達によれば、賃貸割合を考慮した評価となることに留意が必要である。また、「一時的に賃貸されていなかったと認められるもの」に当たるかどうかは、国税庁タックスアンサーが示すような点を十分考慮した上で、賃貸割合についての判断を下すということが求められる。

◆関係法令

評価通達26、28、93、94

◆関係キーワード

貸家、貸家建付地、賃貸割合

相当の地代を支払っている場合の借地権は、贈与財産である株式の純資産価額の計算上、株式の発行会社の資産の部に算入するとした事例

平成27年3月25日裁決　裁決事例集№98

裁決の要旨

　60年通達の6は、その注書において、被相続人が同族関係者となっている同族会社に対し相当の地代を収受して土地を貸し付けている場合においては、43年通達を適用して、被相続人が所有する同族会社の株式の評価上、当該土地の自用地としての価額の20％に相当する金額（借地権の価額）を同社の純資産価額に算入する旨定めている。

　そして、60年通達の6の注書は、株式の生前贈与の場合にも及ぼすべきであると考えられるから、60年通達の注書の取扱いにより借地権相当額を当該会社の純資産価額に算入すべき場合があるということになる。

　本件においては、本件株式の贈与者である父Hが所有する土地を、相当の地代を収受して父Hが同族関係者となっている本件同族会社に貸し付けている状況において、本件株式を同人の実子である請求人に贈与していることから、本件株式の評価に当たり、借地権の価額を本件同族会社の純資産価額に算入することは相当である。

本裁決のポイント解説

1　問題の所在

　相当の地代を収受している土地等の評価に関連する通達の概要は次のとおりである。

(1)　「相当の地代を収受している貸宅地の評価について」（昭和43年10

月28日付直資3−22ほか国税庁長官通達。「43年通達」）は、相当の地代を収受している貸宅地の評価に関して、①課税時期における被相続人所有の貸宅地は、自用地としての価額から、その価額の20％に相当する金額（借地権の価額）を控除した金額により評価すること、②上記借地権の価額は、被相続人所有の株式会社の株式評価上、同社の純資産価額に算入することとし、同様の事案については、これにより処理する旨の取扱いを定めている。

(2) 「相当の地代を支払っている場合等の借地権等についての相続税及び贈与税の取扱いについて」（昭和60年6月5日付課資2−58ほか国税庁長官通達。「60年通達」）の1《相当の地代を支払って土地の借受けがあった場合》は、借地権の設定に際しその設定の対価として通常権利金その他の一時金（権利金）を支払う取引上の慣行のある地域において、当該権利金の支払に代え、当該土地の自用地としての価額に対しておおむね年6％程度の地代（相当の地代）を支払っている場合は、借地権を有する者については当該借地権の設定による利益はないものとして取り扱う旨定めている。

(3) 60年通達の6《相当の地代を収受している場合の貸宅地の評価》は、借地権が設定されている土地について、相当の地代を収受している場合の当該土地に係る貸宅地の価額は、権利金を収受していない場合又は特別の経済的利益を受けていない場合には、当該土地の自用地としての価額の100分の80に相当する金額で評価する旨定めている。

(4) また、同通達では、上記(3)に該当する場合において、被相続人が同族関係者となっている同族会社に対し土地を貸し付けている場合においては、43年通達の適用があることに留意する旨の（注）がある。

　本事例は、取引相場のない株式の贈与があった場合の株式の評価に関するものであるが、評価対象会社の純資産価額の計算上、上記(1)②の借地権の価額を資産に計上すべきか否かが問題とされたもの

である。

2　本件の争点

(1)　本件株式の評価に当たり、借地権の価額を純資産価額に算入すべきか否か。

(2)　通則法第65条第4項に規定する正当な理由があると認められる場合に該当する事情が存在するか否か。

　　ここでは、上記(1)の争点について検討の対象とする。問題は、60年通達の6（注）の記載ぶりが、相続税の場合についてのみ触れているようにも取れるため、この注書が、株式の贈与に係る贈与税の場合にも同様に及ぶのかどうかである。

3　事実関係

(1)　G社は、資本金の額が10,000,000円、発行済株式数が20,000株の不動産賃貸業を営む法人で、平成24年において、発行済株式の全てを、請求人、請求人の実父であるH、請求人の母であるJ及び請求人の妹であるKの4名で保有する同族会社である。

(2)　G社が発行する株式は、評価通達168《評価単位》の(3)に定める「取引相場のない株式」である。G社は、評価通達178に定める会社の規模区分の判定に当たり、「中会社」に区分される会社である。

(3)　G社は、不動産賃貸業を営むに当たり、a市の宅地（本件土地）上に、地上14階建の賃貸用共同住宅を所有しているが、本件土地の所有者はHであり、G社は本件土地を同人から賃借している。

(4)　G社は、本件土地の地代として、Hに対し相当の地代を支払っている。

(5)　請求人は、平成24年6月1日、Hとの間で、G社が発行する株式のうち1,840株（本件株式）を同人から贈与（本件贈与）により取得する旨の贈与契約を締結し、同日、同人から本件株式の引渡しを受けた。

この結果、請求人の保有するＧ社の株式数は従前の5,560株から7,400株となり、発行済株式数（20,000株）に占める割合は37％となった。

⑹　請求人は、平成24年分の贈与税についての申告書を、法定申告期限までに原処分庁へ提出した。同申告におけるＧ社株式の評価における純資産価額の計算上、本件土地におけるＧ社の借地権は計上されていなかった。

⑺　原処分庁は、これに対し、本件土地におけるＧ社借地権の計上漏れがあるなどとして、平成25年12月20日付で、更正処分及び過少申告加算税の賦課決定処分をした。

4　審判所の判断

⑴　評価会社の１株当たりの純資産価額について、評価通達185は、課税時期における評価会社の各資産を評価通達に定めるところにより評価した価額の合計額から課税時期における各負債の合計額などを控除した金額を課税時期における発行済株式数で除して計算した金額とするとされている。

⑵　60年通達は、借地権の設定に際しその設定の対価として通常権利金を支払う取引上の慣行のある地域において、権利金の支払に代え相当の地代を支払うなどの特殊な場合の相続税及び贈与税の取扱いを定めたものであり、同通達の３は、借地権が設定されている土地について、相当の地代を支払っている場合の当該土地に係る借地権の価額は、権利金を支払っていない場合や特別の経済的利益を供与していない場合は零と評価する旨定めている。

⑶　60年通達の６は、借地権が設定されている土地について、相当の地代を収受している場合の当該土地に係る貸宅地の価額は、権利金の授受がない場合や特別の経済的利益を受けていない場合は、当該土地の自用地としての価額の100分の80に相当する金額によって評価する旨定めている。

　このように取り扱う理由は、権利金を収受していない場合又は特別の経済的利益を受けていない場合において、相当の地代を収受している場合の課税時期における当該貸宅地の価額は、上記(2)によれば借地権の価額を零とする考え方もあるが、借地借家法上の借地権が設定されていることにより土地の所有者が自由な使用収益を制約されること等を考慮するとともに、借地権の取引慣行のない地域における貸宅地の評価について自用地としての価額から20％相当額を控除して評価していることとの権衡を図って、自用地としての価額から、その価額の20％相当額を控除することが適当であることによるものである。

(4)　ただし、60年通達の6は、その注書において、被相続人が同族関係者となっている同族会社に対し相当の地代を収受して土地を貸し付けている場合においては、43年通達を適用して、被相続人が所有する同族会社の株式の評価上、当該土地の自用地としての価額の20％に相当する金額（借地権の価額）を同社の純資産価額に算入する旨定めている。

(5)　このように取り扱う理由は、同族会社である株式会社の同族関係者が、その所有に係る土地を、相当の地代を収受して当該会社に賃貸している場合において、その同族関係者に相続が発生したときは、相続税課税上、当該賃貸に係る土地の価額から20％の借地権相当額が控除されるだけであるとするならば、同族関係者は当該会社に対して支配するという関係を有することを考慮すると、相当の地代を収受して同族会社に土地を賃貸する方法を採る場合と権利金及び通常の地代を収受して同族会社に土地を賃貸する場合とで、課税の取扱い上不公平を生ぜしめることになる。そこで、地主と借地人が上記のような関係にある場合には、20％の借地権相当額を同族会社の純資産価額に算入することで、貸付けに係る土地の評価額を株式の評価額を通じて100％顕現（地主の株式の所有割合などにより必ずしも100％顕現できるわけではないが）させることが課税の公

平上適当と考えられるからであり、これらの取扱いは、借地権相当額を同族会社の純資産価額に算入すべき場合を必要十分に示しているとはいえないものの、上記の場合の定めとしては合理的なものであると解する。

(6) G社が原処分庁へ提出した、法人税の確定申告書に添付した平成24年3月31日現在の貸借対照表によれば、資産の部に借地権が計上されておらず、本件土地の賃貸借に伴う権利金の授受及び権利金の認定課税が行われたと認めることはできない。

　そこで、本件株式の「1株当たりの純資産価額」の算定に当たっては、G社が権利金等の支払に代えて相当の地代を支払って、本件土地をHから賃借していることから、60年通達の6の注書の適用の有無が問題となる。

(7) 上記(5)の実質的理由は、土地を所有する者が、家族で経営する会社を設立し、所有する土地にその会社に対する借地権を設定して建物を建て、その建物を利用して家族経営に係る事業をするにつき、会社を介在させることで、土地所有者自身がその土地上に自己所有建物を建てて事業を行う場合に比して、その代替わりの際に課税されるべき相続税が回避されることを防止することにあると解される。ところで、生前贈与に対して課税することで生前贈与によって相続税の負担が回避されることを防止しようという贈与税の意義からすると、上記の代替わりの際に課税されるべき相続税の回避の防止は、生前贈与を通じて同様の結果が生じてしまうことをも防止しなければ、徹底しないことになり、そうなるとひいては贈与税の存在意義を没却ないし減殺することになりかねない。

(8) 確かに、60年通達の6の注書は、その文言のみからすれば、相続税の課税上の取扱いを定めたものとなっているが、同通達の表題や趣旨の記載から贈与税の取扱いをも定めたものであることは明らかであり、同通達の6の注書に関しても、上記の代替わりの際に課税されるべき相続税の回避の防止の趣旨に合致する限りは、生前贈与

の場合にも及ぼすべきであると考えられる。

(9)　本件においては、本件株式の贈与者であるHが所有する土地を、相当の地代を収受して同人が同族関係者となっているG社に貸し付けている状況において、本件株式を同人の実子である請求人に贈与していることから、本件株式の評価に当たり借地権の価額を同社の純資産価額に算入するとした原処分庁の判断は相当というべきである。

本裁決の留意点

1　相当の地代を収受している土地の評価及びその際の借地権の扱いについては、上記「1　問題の所在」に記載のとおりである。

　　ところで、60年通達の6（注）及び43年通達の「借地権の価額は、被相続人所有の株式会社の株式評価上、同社の純資産価額に算入する」旨の定めが、株式の贈与に係る贈与税の株式評価の場合にも適用があるのかどうかは、実務家の間で従来から話題となっていた。

2　本裁決は、これを肯定したものであり実務的な意義は大きい。この点について、請求人は、60年通達の6の注書を文理解釈及び反対解釈すると、被相続人でない者（相続税の場合は被相続人以外の者を指し、贈与税の場合は贈与者を指す。）が同族関係者となっている同族会社に対し土地を貸し付けている場合においては、43年通達の適用はない旨主張した。

　　これに対して審判所は、60年通達の6の注書は、その定められた理由を考えると、相続税課税の場合にのみ限定して適用されるというものではなく、その趣旨に合致する限りは贈与の場合にも適用すべきであるとした。

3　また、請求人は、将来の贈与者と受贈者の関係や土地の所有及び賃貸関係が不確定であるなどから、贈与によって株式を取得した時点において、必ずしも土地の評価額が個人と法人を通じて100％顕現することはできないため、評価会社の純資産価額に20％の借地権を算入し

ないことにより、全ての受贈者を課税上公平に取り扱うことができる
旨主張した。

　審判所は、「確かに、請求人が主張するように、本件の場合、株式
等を贈与した時点においては、贈与者の所有土地は受贈者の所有する
ところではなく、また、将来の状況は不確定ではあるが、本件株式の
贈与者であるＨと受贈者である請求人が親子関係にあることからすれ
ば、Ｈに相続が開始した場合、請求人が相続人となる蓋然性が高いか
ら、贈与財産である本件株式の評価に当たり、借地権の価額をＧ社の
純資産価額に算入して同社の株式の価額を算定することは、（中略）
贈与税が相続税の補完税である趣旨に鑑みても相当である。」とし
て、その主張を排斥している。

◆関係法令

「相当の地代を収受している貸宅地の評価について」（昭和43年10月28
日付直資３-22ほか国税庁長官通達）、「相当の地代を支払っている場合
等の借地権等についての相続税及び贈与税の取扱いについて」（昭和60
年６月５日付課資２-58ほか国税庁長官通達）

◆関係キーワード

相当の地代、借地権、株式の純資産価額

不動産の譲渡に際して収受した未経過固定資産税等相当額は、譲渡所得の金額の計算上、総収入金額に算入されるとした事例

平成14年8月29日裁決　裁決事例集№64

裁決の要旨

　所得税法第36条第1項は、収入金額とすべき金額又は総収入金額に算入すべき金額は、別段の定めがあるものを除き、その年において収入すべき金額とする旨規定しているところ、譲渡所得の課税は、資産の値上がりによりその資産の所有者に帰属することとなった増加益を、当該資産が譲渡される機会をとらえて所得として把握しようとするものであり、その資産の価値ないし値上がり益は、その際に得られた対価によって顕現したものとみることができるから、それに基づき算定するのが相当である。

　そして、ここにいう「対価」は、その名称のいかんにかかわらず、資産の譲渡に基因し、それと因果関係のある給付であれば足りるものと解するのが相当であるから、請求人の主張する未経過固定資産税等相当額も、本件甲土地及び本件乙土地の売却に基づいて受領したものである以上、形式的に総収入金額に該当することは明らかである。

　固定資産税等の未経過分名目での金員の授受は、当事者間の契約によって、初めて生じる債権債務関係に基づいてなされるものであって、これを未経過固定資産税等相当額の求償と評価することは現行法上できないから、立替金の清算という実質を有するものとはいい得ない。

　一方、固定資産税等の未経過分名目での金員の授受は、所有期間に応じて固定資産税等をあん分計算により清算するのが公平だとの譲渡当事者間の意識に基づいてなされるものと思われるが、譲渡人はその意識を背景に当該金員の授受を持ち掛け、譲受人はこれに応じたにすぎないも

のと認められるから、その性質は売買条件の一つにほかならない。

本裁決のポイント解説

1　問題の所在

　　固定資産税は、その賦課期日である毎年1月1日現在の資産の所有者に対して課されるものである。そして、年の途中で不動産の売買契約が締結される場合には、この固定資産税について、売主、買主間で、その所有期間に応じて清算をするということが、不動産取引の実務上はかなり行われている。

　　本事例も、売買契約の中にそのような固定資産税清算金条項が盛り込まれており、その条項に従って実際に清算が行われた。この場合、その清算金を所得税の課税上どのように処理すべきかが問題とされたのが本事例である。

2　本件の争点

　　土地の譲渡に際し、請求人が納付済の当該土地に係る固定資産税及び都市計画税（固定資産税等）の未経過分として受領した売却後の期間に対応する金額（未経過固定資産税等相当額）について、譲渡所得の金額の計算上、総収入金額に算入すべきか否か。

3　事実関係

(1)　請求人は、平成11年11月24日にp市q町所在の複数の地番にまたがる各土地の合計1,403.86㎡（本件甲土地）を共有者であるH（請求人と併せて「請求人ら」）とともに、L及び株式会社Mに72,000,000円（うち請求人の持分3分の2に相当する額48,000,000円）で譲渡する旨の土地売買契約を締結した。

(2)　上記(1)の売買契約書の第6条には、本件甲土地につき売主名義で賦課された固定資産税その他の公租、公課は、現実に引き渡された

日を境として、その前日までは売主の負担とし、その日以降は買主の負担とする。

　なお、固定資産税等の清算の起算日は1月1日とする旨記載されている。

(3)　請求人らは、平成12年4月7日にp市r町所在の複数の地番にまたがる各土地の合計1,452.22㎡（本件乙土地）を、N株式会社、T及びUに205,255,000円（うち請求人の持分3分の2に相当する額136,836,666円）で譲渡する旨の土地売買契約を締結した。

(4)　上記(3)の売買契約書の第8条には、本件乙土地につき売主名義で賦課された固定資産税その他の公租、公課は、現実に引き渡された日を境として、日割りをもって、売主と買主との間で分担するものとする旨記載されている。

(5)　請求人は、平成12年分の所得税の確定申告書（分離課税用）を、法定申告期限までに原処分庁に提出した。

(6)　原処分庁は、これに対し、請求人が受領した未経過固定資産税等相当額1,806,304円を譲渡所得の金額の計算上、総収入金額に含めるべきとして、平成13年6月14日付で、更正処分及び過少申告加算税の賦課決定処分をした。

4　審判所の判断

(1)　所得税法第33条第1項は、資産の譲渡による所得を譲渡所得とし、同条第3項は、譲渡所得の金額は、当該所得に係る総収入金額から当該所得の起因となった資産の取得費及びその資産の譲渡に要した費用の額の合計額を控除し、さらに譲渡所得の特別控除額を控除した金額とする旨規定している。

(2)　所得税法第36条《収入金額》第1項は、収入金額とすべき金額又は総収入金額に算入すべき金額は、別段の定めがあるものを除き、その年において収入すべき金額とする旨規定しているところ、譲渡所得の課税は、資産の値上がりによりその資産の所有者に帰属する

こととなった増加益を、当該資産が譲渡される機会をとらえて所得として把握しようとするものであり、その資産の価値ないし値上がり益は、その際に得られた対価によって顕現したものとみることができるから、それに基づき算定するのが相当である。

そして、ここにいう「対価」は、その名称のいかんにかかわらず、資産の譲渡に基因し、それと因果関係のある給付であれば足りるものと解するのが相当であるから、請求人の主張する未経過固定資産税等相当額も、本件甲土地及び本件乙土地の売却に基づいて受領したものである以上、形式的に総収入金額に該当することは明らかである。

(3) 請求人は、固定資産税等が期間コストとしての性質を有することを前提に、未経過固定資産税等相当額については、実質的には立替金の清算ともいうべきもので、担税力を有するものではないから、総収入金額に含めるべきものではない旨主張する。

(4) ところで、地方税法第343条《固定資産税の納税義務者等》第1項等の規定によれば、固定資産税等は、その賦課期日である毎年1月1日現在において、固定資産課税台帳に所有者として登録されている者に対して課されるものであり、賦課期日後に所有者の異同が生じたからといって、課税関係に変動が生じるものではなく、賦課期日後に資産の所有者となった者は、固定資産税等の納税義務を負担するものではない。

また、当該資産の譲渡当事者間においても、固定資産税等を納めた譲渡人が、譲受人に対し、未経過固定資産税等相当額の求償権を取得するものでもない。

そうすると、固定資産税等の未経過分名目での金員の授受は、当事者間の契約によって、初めて生じる債権債務関係に基づいてなされるものであって、これを未経過固定資産税等相当額の求償と評価することは現行法上できないから、立替金の清算という実質を有するものとはいい得ない。

(5)　請求人は、譲渡所得の本質は、キャピタル・ゲイン、すなわち、資産の所有期間中の価値の増加益であり、未経過固定資産税等相当額は、キャピタル・ゲインではないから、譲渡所得とはなり得ない旨主張する。

　　しかしながら、すでに述べたとおり、固定資産税等の未経過分名目での金員の授受は、売買の条件の一つにすぎないものであるから、その給付は保有資産の値上がりによる増加益の一部が具体化したものであることに変わりはない。

　　したがって、この点に関する請求人の主張には理由がない。

(6)　請求人は、未経過固定資産税等相当額の授受は取引慣行として確立しているもので、取引当事者は、これを当該資産の譲渡の反対給付だとは認識していないから、これを総収入金額に含めることはできない旨主張する。

　　しかしながら、固定資産税等の未経過分名目での金員の授受が取引慣行となっていようとも、また、取引当事者が、これを固定資産税等の清算と認識していようとも、これによって譲渡人に租税徴収権や求償権が生じるものではなく、未経過固定資産税等相当額の受領は、あくまで取引当事者間の契約によって初めて生じるものにすぎないのであるから、これを譲渡所得の課税対象から除外する解釈はなし得ない。

　　したがって、この点に関する請求人の主張には理由がない。

(7)　請求人は、不動産売買の実務において、支払われるべき未経過分の固定資産税等の金額は、機械的に決せられるもので、当事者間の主観によって左右されるものではないから、資産の譲渡の反対給付とは認められない旨主張する。

　　しかしながら、当審判所の調査によれば、固定資産税等の未経過分名目の金員が、4月1日から3月31日までの期間の日割りにより算出されている例も存在するから、固定資産税等の未経過分名目の金員が、1月1日から12月31日までの期間の日割りにより機械的に

決せられるとはいえない上、仮に、これが機械的に決せられるものだとしても、そもそも、そのような名目による金員の授受を行うか否かは、当事者の意思にゆだねられているのであるから、いずれにしてもこの点に関する請求人の主張には理由がない。

(8) 請求人は、宅地建物取引業者が、当該資産の売買の当事者から受領する仲介手数料の算定の基礎に未経過固定資産税等相当額が含まれていないことを根拠に、未経過固定資産税等相当額は、当該資産の譲渡の反対給付とはいえない旨主張する。

しかしながら、いかなる給付を課税対象とするかという問題と、宅地建物取引業者の仲介手数料の定め方をどうするかという問題とは別個の問題であって、所得税法上は、名称のいかんにかかわらず、資産の譲渡に基因し、それと因果関係のある給付に対して課税することとしているのであるし、取引慣行や当事者の認識によって、固定資産税等の未経過分名目での金員の授受の法的性質が変わるものではないから、この点に関する請求人の主張には理由がない。

(9) そうすると、固定資産税等の未経過分名目で受領した金員は、形式的に、所得税法第33条第3項及び第36条第1項の「総収入金額」に該当するだけでなく、実質的にもこれを否定すべき理由は認められないから、未経過固定資産税等相当額を譲渡所得の金額の計算上、総収入金額に含めることは相当である。

本裁決の留意点

1 不動産の譲渡の際の固定資産税等の清算金の処理については、以前から議論があった（金子宏『租税法（第24版）』弘文堂（2021年）242頁）。最高裁で明確な判示をしたものはないが、下級審では、ほぼ同じような判断が示されている。それは、清算金を受領した売主にとっては譲渡代金の一部となり、清算金を支払った買主にとっては購入代金の一部を構成するというものである（東京高裁平成26年4月9日判

決、東京高裁平成28年3月10日判決、福岡高裁平成28年3月25日判決など）。

　これら裁判例の動向と、消費税法基本通達10-1-6《未経過固定資産税等の取扱い》の定めや国税庁ホームページ質疑応答事例「未経過固定資産税等に相当する額の支払を受けた場合」の掲載などを考えると、本裁決のような問題については、実務的にはすでに決着済みとも考えられるが、現在においても、このような裁判例の動向には有力な反対説がある（前掲『租税法』243頁）。

2　固定資産税等の清算金は譲渡代金の一部を構成するという本裁決の判断は、従来からの取扱いを踏襲したものであるが、その判断の理由の主なものは、譲渡所得の収入金額となる「対価」は、その名称のいかんにかかわらず、資産の譲渡に基因し、それと因果関係のある給付であれば足りるものとするものである。その上で、請求人の主張をすべからく排斥しているが、説得力に欠けているように思われる。

　そもそも、譲渡所得の本質は、資産の移転に伴うキャピタル・ゲインを所得として捉えて、これに課税するというものであるが、固定資産税等の清算金は、売買当事者による単なる共通費用の清算にすぎないから、譲渡所得の収入金額を構成するような性質を持つものとは思われない。しかも、請求人が主張するように、このような清算金の授受は、今や一種の商慣習として定着したものといえる。

　そうすると、清算金を支払った買主は一時の費用（損金）とし、清算金を受領した売主（個人の場合）にはあえて課税をする必要はないと解するのが妥当と思われる（課税実務ではそうなっていないことに注意）。

◆関係法令

所得税法第33条第1項、第36条第1項

◆関係キーワード

未経過固定資産税等相当額、譲渡収入金額

◆参考判決・裁決

東京地裁平成25年10月22日判決・平成24年（行ウ）672号、東京高裁平成26年4月9日判決・平成25年（行コ）396号、東京高裁平成28年3月10日判決・平成27年（行コ）261号、福岡高裁平成28年3月25日判決

単純承認により相続した土地（買換資産）を譲渡した場合の譲渡所得の金額の計算において、控除できる土地の取得費は、措置法第37条の3《買換えに係る特定の事業用資産の譲渡の場合の取得価額の計算等》の規定に基づき算定した取得価額によることが相当であるとした事例

平成15年4月23日裁決　裁決事例集No.65

裁決の要旨

　措置法第37条の3は、所得税法第38条第1項の別段の定めとして、措置法第37条第1項の規定の適用を受けた者の買換資産に係る当該買換資産の取得の日以後その譲渡があった場合において、譲渡所得の金額を計算するときは、当該買換資産の取得価額は、措置法第37条の3第1項各号に掲げる金額とする旨規定している。

　措置法第37条の3の規定は、上記のとおり、買換資産の譲渡等をした場合に、譲渡所得の金額の計算をするときの当該買換資産の取得費を算定するための規定であり、「適用を受けた者」に限らず、単純相続等により取得した者が譲渡等をした場合、譲渡所得の金額の計算をするときに適用する規定であることは条文からも明らかである。

　そうすると、本件の場合、本件特例を受けた者は、請求人の主張するとおり請求人の母であるものの、母の死亡に伴い、単純相続により買換資産を取得した請求人が譲渡したのであるから、本件土地を譲渡した請求人に措置法第37条の3が適用されることとなる。

本裁決のポイント解説

1　問題の所在

（1）　個人が事業用設備の更新又は工場を他の場所に移転する目的等で

事業用固定資産を譲渡した場合には、その譲渡の伴う税負担分だけ資金が減少することから、設備更新等の意欲がそがれることになる。そこで、設備更新等を目的に事業用資産を譲渡した場合など一定の要件に該当するときは、課税の繰延べを認めて事業用資産の買換えが円滑に行われるようにしたのが特定事業用資産の買換えの特例（措置法第37条）である。

(2)　この特例は、税額の免除ではなく繰延べであるため、この特例の適用を受けた買換資産については、減価償却費の計算をするとき又はその取得の日以後、譲渡があった場合において譲渡所得の金額の計算をするときの取得価額は、原則として、特例適用前の資産（買換特例適用の際の譲渡資産）の取得費を引き継ぐこととされている（措置法第37条の3。ただし繰延べの対象とならない20％部分を除く。）。

このような取得価額の引継ぎが行われると、買換資産の譲渡に係る譲渡所得の取得費は、買換え以前の旧資産の取得価額を基とすることになるため、通常は実際の取得価額より低額となり、結果的に譲渡所得の金額が多くなるという傾向にある。

(3)　本事例は、この特定事業用資産の買換えの特例の適用を受けた資産について、その相続人が譲渡した場合の措置法第37条の3の適用の有無を巡る問題である。

2　本件の争点

譲渡所得の金額の計算において、控除できる本件土地の取得費は、実際に当該買換資産の取得に要した金額によるのか、措置法第37条の3に規定する取得価額によるのか。

3　事実関係

(1)　請求人の母Aは、p市q町の土地（畑）4,314.5㎡を譲渡し、平成3年分の所得税の確定申告において、措置法第37条第1項（本件

特例）の規定を適用する旨の承認申請をした。その後、Aは、承認
申請に基づきr市s町の土地（畑）2,800㎡（本件土地）を平成4
年4月27日に買換資産として取得した。

(2)　請求人は、本件土地をAから平成6年9月21日に単純承認に係る
相続（単純相続）により取得した。

(3)　請求人は、本件土地を平成12年9月29日に売買により譲渡した。

(4)　請求人は、平成12年分の所得税について、法定申告期限までに申
告（当初申告）したが、本件土地の譲渡に係る譲渡所得の計算上、
本件土地の取得価額について、措置法第37条の3による計算をして
おらず、本件土地の実際の取得に要した金額を基にした計算をして
いた。

(5)　原処分庁は、本件土地の取得費は、所得税法第60条《贈与等によ
り取得した資産の取得費等》第1項の規定を適用し、Aが本件土地
を取得した際に要した21,590,800円（被相続人の購入価額）となる
ことなどを理由として、請求人の平成12年分の所得税について更正
処分を行った。

4　審判所の判断

(1)　本件土地の当初申告の取得費は21,570,800円であるが、当初申告
の取得費のほかに本件土地を取得する際の売買契約書に貼付された
印紙代20,000円が取得費として認められることから、所得税法第38
条第1項の規定を適用して算出した取得費は、21,590,800円とな
る。また、本件土地の取得費（上記の印紙代20,000円を含む。）
は、措置法第37条の3の規定を適用して算出すると6,805,774円と
なる。

(2)　所得税法第38条第1項は、控除する資産の取得費は、別段の定め
があるものを除き、その資産の取得に要した金額並びに設備費及び
改良費の額の合計額とする旨規定している。

　　また、所得税法第60条第1項は、居住者が贈与、相続（限定承認

に係るものを除く。）等の事由により取得した譲渡所得の基因となる資産を譲渡した場合における譲渡所得の金額の計算については、その者が引き続きこれを所有していたものとみなす旨規定している。

⑶　措置法第37条の3は、所得税法第38条第1項の別段の定めとして、措置法第37条第1項の規定の適用を受けた者の買換資産に係る当該買換資産の取得の日以後その譲渡があった場合において、譲渡所得の金額を計算するときは、当該買換資産の取得価額は、当該各号に掲げる金額とする旨規定している。

⑷　請求人は、本件土地はAから相続により取得したものであることから、相続等により取得した資産の取得費等の計算規定である所得税法第60条第1項の規定が適用され、被相続人の購入価額が取得価額となる旨主張する。

　　ところで、所得税法第60条第1項の規定は、その者が引き続きこれを所有していたものとみなすと定めてあり、取得時期及び取得価額を引き継ぐこととされている。

　　そうすると、一般的には、単純相続により取得した資産を譲渡した場合は、所得税法第60条第1項の規定により被相続人の取得価額が引き継がれることから、被相続人の購入価額が取得価額となる。また、措置法第37条第1項を適用して取得した買換資産を単純相続により取得した後に譲渡した場合の取得価額についても、所得税法第60条第1項の規定により被相続人の取得価額が引き継がれることになり、一般的な単純相続の場合と同様である。

　　しかしながら、本件の場合の取得価額の算定に当たっては、所得税法第38条第1項の「別段の定め」の規定により、措置法第37条の3の規定を適用して算出された当該買換資産の取得価額となる。

⑸　請求人は、所得税法第60条第1項の規定には、本件特例の規定の適用を受けた買換資産を相続により取得した後に譲渡した場合の取得費について、措置法第37条の3の規定を適用しなければならない

との定めはない旨主張する。

　しかしながら、措置法第37条の３の規定は、所得税法第38条第１項の「別段の定め」として適用されるものであり、所得税法第60条第１項に規定されていないことをもって、措置法第37条の３の規定が適用できないとされるものではない。

(6)　請求人は、措置法第37条の３に規定する本件特例の規定の「適用を受けた者」とは、請求人ではなく、Ａであることは明らかなことから、措置法第37条の３の規定は、Ａが譲渡した場合に適用されるものであり、請求人が譲渡した場合に適用されるものではない旨主張する。

　しかしながら、措置法第37条の３の規定は、買換資産の譲渡等をした場合に、譲渡所得の金額の計算をするときの当該買換資産の取得費を算定するための規定であり、「適用を受けた者」に限らず、単純相続等により取得した者が譲渡等をした場合、譲渡所得の金額の計算をするときに適用する規定であることは条文からも明らかである。

　そうすると、本件の場合、本件特例を受けた者は、請求人の主張するとおりＡであるものの、Ａの死亡に伴い、単純相続により取得した請求人が譲渡したのであるから、本件土地を譲渡した請求人に措置法第37条の３が適用されることとなる。

(7)　以上のとおり、請求人の主張にはいずれも理由がなく、原処分庁は、買換資産である本件土地の取得価額を、措置法第37条の３の規定を適用して譲渡取得の金額の計算上控除できる取得費を算定していることから、原処分は適法である。

本裁決の留意点

1　本裁決は、措置法第37条及び第37条の３並びに所得税法第60条第１項の規定から結論を導き出しており、措置法第37条が課税の繰延べ措

置であることからも妥当な判断である。請求人の母は、自らの選択として同条の適用を受けていたにもかかわらず、相続人がその買換資産を譲渡した際には、措置法第37条の3の規定の適用を受けないとすることは、この特定事業用資産の買換えの制度の趣旨（課税の繰延べ）を没却するものであって、許されないのは当然である。

　本件とはやや状況が異なるものの、措置法第37条及び第37条の3に関して、最近注目すべき判決が出たので、以下でその概要を紹介しておきたい。

2　東京地裁令和3年9月17日判決の事件は、本事例と同じように、納税者（原告）の父がもともと措置法第37条の適用を受けて事業用資産を買い換え、その後その買換資産を相続した原告が、当該買換資産を譲渡したという事案である。

　この事案は、父が生前措置法第37条の適用を受けるとして申告した譲渡資産は、実は所有期間の要件を満たさない不適格なものであったが、納税者側からも課税庁も是正をすることなく更正処分の除斥期間が経過し、税額は確定した。

　その後、買換資産を相続した原告が、この資産を譲渡する際に、父が譲渡した資産の所有期間が、実は措置法第37条第1項に定める所有期間を満たしていなかったことに気がついた。そこで、相続人である原告が、この買換資産を譲渡した時の譲渡所得の計算上、措置法第37条の3の規定によることなく実際の取得に要した価額を取得費としたことから、課税庁が、取得費は措置法第37条の3の規定によるべきであるとして更正処分をしたものである。

3　この事件の原告は、父はそもそも措置法第37条に規定する資産に合致しない不適格な資産を譲渡したのであるから、父が措置法第37条を適用したことにはならず、したがって、原告の譲渡の際にも措置法第37条の3の適用はない旨主張した。

　これに対し裁判所は、「自ら租税特別措置法第37条第1項の規定を当てはめて同項に規定する要件を満たすとする確定申告書を提出し、これを働かせて同項の規定の適用による課税の繰延べという効果を享

受した者は、これに係る修正申告書の提出又は更正処分がなされない限り、客観的にみて当該要件を満たしていたか否かにかかわらず、同法第37条の3第1項に柱書に規定する『第37条第1項（括弧内略）の規定の適用を受けた者（括弧内略）』に該当することになる（中略）。そして、同法第37条の3第1項の柱書きは、『第37条第1項（括弧内略）の規定の適用を受けた者（括弧内略）』と定めているところ、その文理等に照らし、同項の規定の適用を受けることができたか否かではなく、同項の規定の適用を受けたか否かが問題にされていることは明らかである（中略）。」などとして、原告の主張を排斥した。控訴審でも同様の判断がなされている。

　実務的には、譲渡資産の取得の経緯を確認し、過去に何らかの特例を受けて取得したものではないか、ということについて、一応の検証をしておくことが重要であるし、相続物件であればなおさらである。

◆関係法令

所得税法第60条第1項第1号、措置法第37条第1項、第37条の3第1項

◆関係キーワード

特定の事業用資産の買換え、取得価額の引継ぎ

◆参考判決・裁決

東京地裁令和3年9月17日判決・令和元年（行ウ）486号、その控訴審である東京高裁令和4年5月18日判決

相続により取得した土地（本件土地）の分離長期譲渡所得の計算上、控除する取得費は、被相続人が本件土地を取得した際の売主が作成した土地台帳に記載された金額であると判断した事例

平成29年12月13日裁決　裁決事例集№109

裁決の要旨

　所得税法第60条第1項は、相続により取得した資産を譲渡した場合における譲渡所得の金額の計算について、その者が引き続きこれを所有していたものとみなす旨規定しているところ、請求人は、本件土地を母Jから相続により取得し、また、母Jは、本件土地を父Hから相続により取得したことから、結局、本件譲渡所得の金額の計算上、請求人が本件土地を引き続き所有していたものとみなされることとなる。

　措置法通達31の4-1は、昭和28年1月1日以後に取得した土地等の取得費について、措置法第31条の4第1項の規定に準じて計算して差し支えないものとする旨定めており、昭和27年12月31日以前に取得した土地等の取得費と、昭和28年1月1日以後に取得した土地等の取得費とで、納税者の利益に反しない限り、計算方法を異にしなければならない特段の理由は存しないことから、この取扱いは、当審判所においても相当と認められる。

　本件についてみると、本件土地の概算取得費は、本件譲渡所得に係る収入金額の100分の5の金額になるところ、この金額は、本件土地の取得費の金額に満たないことから、本件土地に係る概算取得費を本件土地の取得費と認めることは、納税者の利益に反することとなり相当でない。

本裁決のポイント解説

1 問題の所在

　譲渡所得の金額は、譲渡収入金額から取得費及び譲渡費用を控除した金額（特別控除がある場合には、さらに特別控除をした金額）とされている（所得税法第33条第3項）。そのうち、取得費は、原則として、その資産の取得に要した金額並びに設備費及び改良費の額の合計額とされている（所得税法第38条第1項）。

　相続により取得したもので、いわゆる先祖代々の土地などについては、これを譲渡した場合に、譲渡収入金額の5％を取得費とする概算取得費控除の特例（措置法第31条の4）がある。実務でよく問題となるのは、先祖代々というほどのものではないが、昭和28年1月1日以降に被相続人が取得したもので、その取得価額が不明であるものの取得費をどうするかということである。

　本裁決もまさにそのような事例について、取得費の根拠をどのように求めるかを巡って請求人と課税庁が争ったものである。

2 本件の争点

　本件譲渡所得の金額の計算上控除すべき取得費の金額はいくらとなるか。

3 事実関係

(1)　F社は、宅地建物取引業者であるところ、請求人の父であるHに対し、e市に所在する260.33㎡（本件土地）を売却した。同社は、本件土地について、昭和52年2月15日受付で、「原因」を「昭和41年11月24日売買」、「所有者」を「H」とする所有権移転登記を経由した。

(2)　父Hは平成12年5月に死亡し、請求人の母であるJが、父Hから相続により本件土地を取得した。その後、母Jは平成17年5月に死

亡し、請求人が母Jから相続により本件土地を取得した。

(3)　請求人は、平成24年12月22日付で、K及びL（本件買主ら）との間で、本件土地を代金○○○○円で売買する旨の不動産売買契約を締結し、平成25年3月12日受付で、本件買主らに対し本件土地を売買したこと（本件譲渡）を原因とする所有権移転登記を経由した。

　　なお、本件買主らは、請求人に対し、本件譲渡に係る売買代金のほかに本件土地の固定資産税・都市計画税の精算金を支払った（本件精算金）。

(4)　請求人は、本件土地の取得費を概算取得費（上記(3)の売買契約代金×5％）とし、本件譲渡に係る分離長期譲渡所得（本件譲渡所得）の金額を計算して、平成25年分の所得税等について法定申告期限までに確定申告をした。

　　なお、請求人は、本件譲渡所得の金額の計算において、本件精算金を収入金額に含めていなかった。

(5)　請求人は、平成28年7月14日、地価公示価格を基に推計した金額20,000,000円等を本件土地の取得費とすべきであるなどとして、本件譲渡所得の金額を計算し更正の請求をした。

(6)　原処分庁は、上記(5)の更正の請求に対し、平成28年11月8日付で、①請求人が推計した取得費の金額は実額の取得費ではないことから認められないこと、②本件精算金は本件譲渡所得に係る収入金額に含まれるものであること、③本件土地に係る概算取得費は本件精算金を含めた収入金額により計算した金額（上記(3)の売買契約代金＋本件清算金合計額の5％）によるべきであること及び④本件譲渡所得の金額の計算上控除すべき譲渡費用について一部計上漏れが認められることなどを理由として、減額の更正処分（本件更正処分）をした。

(7)　請求人は、本件更正処分に不服があるとして、再調査の請求を経て審査請求をした。

4 審判所の判断

(1) 当審判所の調査によれば、本件土地に関し、その売主であるF社が作成した「土地台帳」と題する書面（本件土地台帳）の存在が認められるところ、その記載内容の信用性について検討する。

(2) 本件土地台帳には、本件土地の所在地番として「e市f町○-○」と記載されているほか、その下部には「H」「b市d町○-○」（Hの住所と思われる。）との記載があり、土地の地積として「264㎡」（ただし、地積変更精算金の摘要欄において260.33㎡へ変更されている。）との記載がある。これらの記載内容は、本件登記簿謄本に記載のある本件土地の所在「e市f町○-○」地積「弐六〇．参参㎡」の記載内容と一致していることから、本件土地台帳に記載の土地が本件土地であることに疑いの余地はない。

(3) その上で、本件土地台帳におけるその余の記載や本件登記簿謄本に記載のある受付年月日等をみても、本件土地台帳上の昭和41年11月10日に父Hから手付金の支払があった旨、及び同月24日に父Hから内金の支払があった旨の記載は、本件登記簿謄本上の「昭和41年11月24日売買」の記載と、さらに、本件土地台帳上の「ローン契約○○年○○回払」との記載は、本件登記簿謄本上、所有権の移転原因が「昭和41年11月24日売買」でありながら所有権移転登記の受付がその10年経過後の「昭和52年2月15日」である事実とおおむね整合している。

(4) 加えて、本件土地台帳は、宅地建物取引業法により帳簿の備付け義務があるF社が、通常業務の過程で作成したものであり、書面の性質上、取引内容が正確に記載されている蓋然性が高い。

　以上のことからすると、本件土地台帳の記載内容の信用性はきわめて高い。したがって、本件土地台帳は、その記載どおりの事実があったことが推認でき、当該推認を妨げる事情が認められない限り、その記載どおりの事実を認めるのが相当である。

(5) 本件土地台帳により、以下の事実を認めるのが相当である。

① F社は、昭和41年11月24日、本件土地を父Hに対し代金X円で売却した。

② 父Hは、売買代金として、F社に対し、昭和41年11月10日に手付金として○○○○円、同月24日に内金として○○○○円及び同年12月9日に残金として○○○○円を支払った。

③ 本件土地の売買代金は、本件土地の地積が80坪で、坪単価○○円であることを前提としていたが、昭和41年12月21日、本件土地の地積が80坪ではなく78.75坪であることが判明したため、地積変更に伴う売買代金の精算金○○○○円が生じた。そのため、F社は、昭和42年1月16日、父Hに対し、当該精算金を支払った。

(6) 所得税法第60条第1項は、相続により取得した資産を譲渡した場合における譲渡所得の金額の計算について、その者が引き続きこれを所有していたものとみなす旨規定しているところ、請求人は、本件土地を母Jから相続により取得し、また、母Jは本件土地を父Hから相続により取得したことから、結局、本件譲渡所得の金額の計算上、請求人が本件土地を引き続き所有していたものとみなされることとなる。そして、父Hの本件土地の取得費の金額は当審判所が調査した金額（X円）であると認められるところ、当該金額に加えて本件土地の取得に要した金額は認められないことからすると、請求人の本件土地の取得費の金額はX円であると認められる。

(7) 措置法通達31の4-1は、昭和28年1月1日以後に取得した土地等の取得費について、措置法第31条の4第1項の規定に準じて計算して差し支えないものとする旨定めている。

　本件についてみると、本件譲渡所得に係る収入金額は、本件譲渡に係る売買代金及び本件精算金の合計額○○○○円であることから、本件土地の概算取得費は、上記(6)のX円の金額に満たないことになる。そうすると、本件土地に係る概算取得費を本件土地の取得費と認めることは、納税者の利益に反することとなり相当でない。

(8) 請求人は、本件土地は父Hが昭和52年に取得したものであり、そ

の取得費の金額は地価公示価格から推計した20,000,000円である旨
主張する。

　　しかしながら、父Hの本件土地の取得年月日及び取得費の金額が
明らかであるところ、請求人が主張する取得年は、登記が受け付け
られた年にすぎず、また、取得費の金額は推計したものにすぎない
ことから、この点に関する請求人の主張を採用することはできな
い。

(9)　以上のとおり、本件土地の取得費の金額はX円であり、これに基
づき当審判所が認定した請求人の平成25年分の分離長期譲渡所得の
金額は、本件更正処分の金額を下回るから、本件更正処分はその一
部を取り消すべきである。

本裁決の留意点

1　上記「1　問題の所在」に記載したとおり、昭和28年1月1日以降
に被相続人が取得した土地などについて、その相続人が譲渡をした場
合に、被相続人が取得した時の資料が散逸するなどして、取得価額が
不明となっているという事例はしばしば発生する。そして、このよう
な場合には、結局、措置法第31条の4や措置法通達31の4-1などに
よって、譲渡収入金額の5％を取得費とするケースが多い。

　　この5％は、譲渡所得の取得費における最低保証の意味合いもある
（ただし、取得費がもともとないとされる土石や借家権などを除く
（所基通38-16）。）。

2　しかし、昭和28年1月1日以降に取得した資産で、その取得費が不
明な場合には、常に譲渡収入金額の5％によらなければならないわけ
ではない。被相続人等が取得した当時の地価水準等から、当時の取得
費が合理的に算定できるのであれば、それは取得費として許容される
であろう。請求人の主張も、正確性には欠けているものの、このよう
な考え方の延長にあったものと思われる。

3　本事例では、請求人の父Hが取得した際の相手方（売主）の不動産

会社（Ｆ社）が存続しており、そこからの資料収集ができたわけであり、審判所は、実際に職権による調査を行ってＦ社の土地台帳などを調査・審理したというものである。その結果、父Ｈが取得した際の取得価額が判明して、その金額を請求人の譲渡所得に係る取得費として認定した。

　本裁決は、審判所に認められている職権探知主義が有効に機能した事例の一つといえるであろう。反対に、Ｆ社の土地台帳が存在し一定の信憑性が認められたにもかかわらず、原処分庁としては、なぜこれをもとに取得費を認定しなかったのか、あるいは、そもそもＦ社に対する聴取調査などを実施しなかったのかが気になるところである。

◆関係法令

所得税法第38条、第60条、第61条、所基通38-16、措置法第31条の４、措置法通達31の４-１

◆関係キーワード

取得費、概算取得費控除

請求人が賃貸の用に供していた共同住宅（本件建物）及びその敷地の売却に伴い、本件建物の事務室を賃借していた本件建物の管理会社に対し立退料名目で支払った金員は、本件建物の譲渡に要した費用に該当しないとした事例

平成27年9月30日裁決　裁決事例集№100

裁決の要旨

　譲渡所得に対する課税は、資産の値上がりによりその資産の所有者に帰属する増加益を所得として、その資産が所有者の支配を離れて他に移転するのを機会に、これを清算して課税する趣旨のものである。しかしながら、所得税法上、抽象的に発生している資産の増加益そのものが課税の対象となっているわけではなく、原則として、資産の譲渡により実現した所得が課税の対象となっているものである。そうであるとすれば、資産の譲渡に当たって支出された費用が所得税法第33条第3項に規定する譲渡費用に当たるかどうかは、一般的、抽象的に当該資産を譲渡するために当該費用が必要であるかどうかによって判断するのではなく、現実に行われた資産の譲渡を前提として、客観的にみてその譲渡を実現するために当該費用が必要であったかどうかによって判断すべきものである。

　請求人において、本件譲渡を実現させるためにはK社の本件事務室からの退去が必要であり、K社を本件事務室から退去させるためには同社に対する本件金員の支払が必要であると判断し、請求人とK社との間で、K社の本件事務室からの退去とともに請求人のK社に対する本件金員の支払が合意された可能性もある。しかしながら、上記のように請求人が判断したとしても、それは請求人の主観に基づくものであり、客観的にみてK社の本件事務室からの退去が本件譲渡の実現のために必要であったと直ちに認めることは困難である。

K社の本件事務室からの退去は、客観的にみて本件譲渡の実現に必要
であったとは認められないから、請求人のK社に対する本件金員の支払
が、本件譲渡を実現するために必要な費用の支払であったと認めること
はできない。
　　したがって、本件金員は、所得税法第33条第3項に規定する譲渡費用
に該当しない。

本裁決のポイント解説

1　問題の所在

　譲渡所得の計算において控除される譲渡費用の範囲については、所
基通33-7にその例示があり、そこには「借家人等を立ち退かせるた
めの立退料」も掲げられている。しかし、立退料であれば、全て控除
できるというものではなく、所得税法第33条第3項が「資産の譲渡に
要した費用」と規定していることからしても、譲渡のために立退料の
支払の必要があったという因果関係が求められる。

　本事例は、借家人への立退料の支払があったことは争いがないもの
の、その立退料が、請求人による譲渡の実現のために真に必要であっ
たか否かという点について、請求人と原処分庁の見解の相違があった
というものである。

2　本件の争点

　請求人が借家人である主宰法人に支払った金員は、所得税法第33条
第3項に規定する譲渡費用に該当するか否か。

3　事実関係

　事実関係の詳細は大部にわたるので、争点の検討に必要な程度に簡
略化している。

(1)　請求人及び請求人の母は、平成5年6月15日に、a市所在の共同

住宅（本件建物。本件建物の名称は「Ｊ」）及びその敷地（本件建物と併せて「本件資産」）を、それぞれ２分の１の持分で取得した。

(2) 請求人は、本件建物の共有者である母の同意を得た上で、平成９年８月４日に、請求人が代表取締役を務めるＫ社との間で、本件建物の１階の一部屋（本件事務室）に係る要旨以下の賃貸借契約（本件賃貸借契約）を締結し、本件事務室を貸し渡すとともに、同年12月25日に、Ｋ社との間で、本件建物の維持管理及び共用部分の損傷箇所の修繕等必要な工事の発注等を内容とする本件建物についての管理委託契約を締結し、同社に本件建物の管理業務を委託した。なお、本件賃貸借契約には、敷金に関する定めはなく、賃料は月額25,000円であった。

(3) 請求人は、平成23年３月に本件資産に係る請求人の母の持分を相続した。

(4) 請求人は、平成24年３月９日に、Ｌ社との間で、本件資産を売却する旨の売買契約（本件売買契約。本件売買契約に基づく本件資産の譲渡を「本件譲渡」）を締結した。

　　なお、本件売買契約に係る不動産売買契約書（本件売買契約書）には、要旨以下の事項が記載されている。

① 本件資産の引渡しは現状有形有姿で行うものとし、買主は本件建物及び附属設備の経年による汚れや損傷等経年変化を了承の上引渡しを受けるものとする。

② 買主は、引渡時において本件資産に関する賃貸借契約（建物及び駐車場）の賃貸人たる地位と各賃借人との賃貸借契約に関する一切の権利及び義務を承継する。

③ 本件資産に係る賃料等及び諸経費等は、引渡日の前日までの分が売主に、引渡日以降の分が買主に帰属負担する。

(5) 請求人とＫ社との間の上記(2)の本件賃貸借契約及び管理委託契約は更新され、本件売買契約締結時において継続していた。

(6)　本件譲渡に関し買主側仲介業者からL社に交付された平成24年4月10日付の売買価格等が記載された明細書に添付された書面（本件書面）には、本件建物の各室の入居者（契約者）名や賃料、敷金等の額等が記載されているが、K社の名は記載されていない。

(7)　K社は、平成24年4月13日に、L社との間で本件建物につき契約期間を同日から同年5月31日まで、業務等の内容を鍵の保管、賃料等の計算・請求、本件建物の保守に関する調査報告等とする管理委託契約を締結し、上記期間において上記管理委託契約に定められた業務を行うとともに、引き続き本件事務室を使用した。K社は、上記(2)の管理委託契約の契約期間終了後の平成24年6月1日以降、本件事務室を使用することはなかった。

(8)　M社とL社は、平成24年4月26日に、契約期間を平成24年6月1日から平成27年5月31日までとし、M社が入居推進業務、鍵・契約書等の保管業務及び家賃・共益費等の集金業務を行うことなどを内容とする賃貸借業務管理委任契約を締結し、平成24年6月1日から当該契約に定められた業務を開始した。

(9)　請求人は、平成24年7月10日に、K社に対し5,000,000円を支払った（本件金員）。なお、K社発行の請求人宛の領収証には「J1階事務所の立退き料として」と記載されている。

4　審判所の判断

(1)　請求人とK社との間の本件賃貸借契約は更新され本件売買契約締結時において継続していたところ、本件売買契約書においては、本件資産の引渡しは現状有形有姿で行うものとし、買主は、引渡時において本件資産に関する賃貸借契約の賃貸人たる地位と各賃借人との賃貸借契約に関する一切の権利及び義務を承継する旨記載されており、また、本件売買契約書には、請求人が自己の責任においてK社を退去させる旨の定めがないことからすると、本件売買契約締結時においては、請求人及びL社は、本件譲渡後はL社が本件賃貸借

契約上の賃貸人たる地位を請求人から承継するとともに、本件賃貸借契約における賃貸人としての一切の権利及び義務を承継することとなるとの認識を有していたものと認められる。

(2)　本件譲渡に関し買主側仲介業者からＬ社に交付された本件書面には、Ｋ社の名は記載されていないところ、本件書面は、本件譲渡によりＬ社が請求人から承継する賃貸借契約や敷金の額を確認するため、請求人が作成した資料に基づいて作成され、平成24年3月中にＬ社に交付されたものであるから、同月中には請求人とＫ社との間で本件譲渡の日までにＫ社が本件事務室から退去する旨の合意がされていたと推認できる。以上のことを併せ考えれば、本件賃貸借契約は、遅くとも本件譲渡の日である平成24年4月13日までに、請求人とＫ社との間で合意解約され、本件賃貸借契約に係る賃貸人の権利義務はＬ社に承継されなかったと認めるのが相当である。

(3)　本件賃貸借契約は、遅くとも本件譲渡の日である平成24年4月13日までに、請求人とＫ社との間で合意解約されたと認められるところ、請求人からＫ社に対する本件金員の支払が、客観的にみて本件譲渡を実現するために必要であったか否かを判断するためには、本件譲渡前に請求人がＫ社を本件事務室から退去させることが客観的にみて本件譲渡を実現するために必要であったかどうかを検討する必要がある。

(4)　Ｌ社代表取締役が「本件建物の管理業務をＫ社以外の者に委託するのであればＫ社は本件事務室から退去すると同社が言い出した」旨申述していることからすれば、Ｋ社の本件事務室からの退去は、本件譲渡後に本件建物の管理業務をＫ社以外の者に委託することを契機とするものであると認められるところ、本件譲渡後に本件建物の管理業務を受託したＭ社は本件事務室に常駐しておらず、また、本件事務室に本件建物の管理業務を行わなくなったＫ社が入居した場合に本件建物に係る設備機器が本件建物の管理業務遂行上支障になるとしても、本件建物に係る設備機器の撤去や移設等を行った上

でL社とK社との間で本件事務室の賃貸借契約を締結することは可能と考えられ、実際、L社は本件工事等を行った上で本件事務室を第三者に賃貸していることからすれば、L社がK社の本件事務室からの退去を求める合理的理由は見いだし難い。

(5) 仮にL社が請求人に対しK社の本件事務室からの退去を求め、そのために必要な費用を請求人がK社に支払うこととなったのであれば、請求人がL社に対して本件売買契約における売買代金の増額を求めるのが自然であるところ、本件譲渡の日である平成24年4月13日までの間に本件売買契約における売買代金の増額について、請求人とL社との間で協議が行われた事実はうかがわれず、本件売買契約の内容が変更された事実もうかがわれない。

(6) そうすると、L社が本件事務室からのK社の退去を求めた事実を認めることはできず、本件譲渡を実現させるためにL社からの退去要求に協力せざるを得なかったことから、K社を本件事務室から退去させるためには同社に対して本件金員を支払う必要があった旨の請求人の主張は、その前提を欠き、採用できない。

(7) 以上のとおり、K社の本件事務室からの退去は、客観的にみて本件譲渡の実現に必要であったとは認められないから、請求人のK社に対する本件金員の支払が、客観的にみて本件譲渡を実現するために必要な費用の支払であったと認めることはできない。したがって、本件金員は、所得税法第33条第3項に規定する譲渡費用に該当しない。

本裁決の留意点

1　譲渡所得の申告の際、譲渡の前後において支出した費用であれば、全て譲渡費用として控除の対象となるわけではない。少なくとも、資産の譲渡のために直接必要な経費（金子宏『租税法（第24版）』弘文堂（2021年）284頁）と解すべきであろう。注目されることは少ないが、譲渡費用該当性を争点とする裁判例もしばしば見受けられる（例

えば最高裁平成18年4月20日判決など）。

　譲渡費用として誤解を生みやすいのは、譲渡資産の固定資産税などの維持管理費用や譲渡資産に付されていた抵当権の抹消費用、譲渡資産の所有権に関する紛争解決のための支出、引越費用、税理士報酬などである。これらの支出は、譲渡費用にはならない。

2　本件金員は、譲渡に前後した時期に借家人に支払われた立退料であるから、一見すると譲渡費用として控除の対象としてよさそうな感じもする。しかし、本裁決が詳細に分析・検討したように、本件譲渡に際して、Ｋ社が立ち退かなければならない事情はなく、請求人にはＫ社に立退料を支払うべき理由も見つからないというほかなさそうである。

　譲渡の前後に譲渡人が支出した金員については、その支出の性格や必要性を十分吟味した上で、譲渡費用に該当するか否かを判断することが求められる。

◆関係法令

所得税法第33条、所基通33-7

◆関係キーワード

譲渡費用、立退料

◆参考判決・裁決

最高裁平成18年4月20日判決・平成15年（行ヒ）217号

資産の譲渡代金の一部が保証債務の履行に充てられていなかったとしても、所得税法第64条第2項に規定する保証債務の特例が適用されるとした事例

平成25年4月4日裁決　裁決事例集№91

裁決の要旨

　所得税法第64条第2項の趣旨は、保証人が、将来保証債務の履行をすることとなったとしても、主債務者に対する求償権の行使により最終的な経済的負担は免れ得るとの予期のもとに保証契約を締結したにもかかわらず、一方では、保証債務の履行を余儀なくされたために資産を譲渡し、他方では、求償権行使の相手方の無資力その他の理由により、予期に反して求償権を行使することができなくなった場合に、その資産の譲渡者は、実質的にみてその譲渡による所得を享受しているとはいえないため、資産の譲渡代金が回収不能となったときと同様、求償不能となった金額は所得計算上存在していなかったものとみなして課税上の救済を図り、その資産の譲渡に係る所得に対する課税を求償権が行使できなくなった限度で差し控えるべきとしたものと解される。

　上記の趣旨に照らせば、資産の譲渡について保証債務の特例を適用するためには、①債権者に対して債務者の債務の保証をしたこと、②上記①の保証債務の履行のための資産の譲渡であること、③上記①の保証債務を履行したこと、及び④上記③の履行に伴う求償権の全部又は一部を行使することができなくなったことの4つの実体的要件が必要であると解される。

　なお、実体的要件の②は、資産の譲渡による収入が保証債務の履行に充てられたというけん連関係を要求するものであり、資産の譲渡による収入の一部が他の用途に充てられたといった事情が存したとしても、そのことをもって直ちに上記実体的要件の②を欠くこととなるものではな

い。

　本件においては、上記の実体的要件の①ないし④のいずれも充足することから、請求人の父による各譲渡に係る譲渡所得の金額の計算上、いずれも保証債務の特例が適用されることとなる。

本裁決のポイント解説

1　問題の所在

　保証債務を履行するための資産の譲渡があった場合において、その履行に伴う求償権の全部又は一部を行使することができないこととなったときは、その部分の金額は譲渡所得の金額の計算上なかったものとみなす（所得税法第64条第2項）というのが、いわゆる保証債務の特例である。

　この特例の適用事例の多くは、会社経営者が自己の主宰する法人の借入金の保証人となっている場合において、同法人が資金繰りに行き詰まり、保証人である会社経営者が自己の有する資産を売却するなどして保証債務を履行するというパターンである。その場合、保証人である譲渡者としては、主たる債務者が自己の経営する法人であるがゆえに、主たる債務者と保証人の間で明確な利益相反状態が生じにくく、この特例の適用要件を具備しているかどうかについては、グレーな状況となることが多いため慎重な判断が求められる。本事例もその一つである。

2　本件の争点

(1)　更正通知書に更正の理由を附記していないことが、更正処分の取消事由となるか否か。

(2)　亡Hが平成21年中に譲渡した資産の譲渡所得の金額の計算上、保証債務の特例の適用があるか否か。

　ここでは、上記(2)の争点のみを検討の対象とする。

3　事実関係

　本件の事実関係はかなり複雑であるため、簡略化の点から上記(2)の争点のうち、本件 j 町物件と称する資産の譲渡と保証債務の特例の適否に絞って、必要な範囲で事実関係を整理する。

(1)　J 社は、不動産の賃貸及び管理等を目的として昭和60年に設立された法人であり、創業者は亡Ｈの父である亡Ｋであった。亡Ｈは、平成20年 6 月 1 日から平成21年 5 月31日までの事業年度において J 社の全株式を所有する株主であり、同年 4 月16日まで代表取締役でもあった。

(2)　J 社とＬ社は、平成 9 年 5 月27日付で、J 社が亡Ｋから賃借している店舗について、亡Ｋの承諾のもと、賃貸人を J 社、賃借人をＬ社とする、要旨次の内容の賃貸借契約を締結した（本件 j 町賃貸借契約）。

　　①　賃貸借物件は、 i 市 j 町所在の鉄骨造亜鉛メッキ鋼板葺 3 階建て建物の 1 階部分店舗271.86㎡である（本件 j 町物件）。

　　②　賃貸借期間は、平成 9 年 6 月23日から平成12年 6 月22日までとする。

　　　　ただし、本件 j 町賃貸借契約の期間満了 6 カ月前までに J 社及びＬ社のいずれからも文書による別段の意思表示がない場合には、本件 j 町賃貸借契約を 3 カ年更新し、その後も同様とする。

　　③　賃料は、月額7,500,000円とする。

　　④　敷金は、800,000,000円とし、利息はつけない（本件 j 町敷金）。本件 j 町敷金は、本件 j 町賃貸借契約の終了後、Ｌ社が本件 j 町賃貸借契約に定める明渡しその他のＬ社の債務を完全に履行した後、J 社からＬ社に、賃料その他の未払債務の弁済額を差し引いた残額を返還する。J 社は、本件 j 町敷金より平成 9 年から平成18年までの10回にわたり毎年14,400,000円を償却し、J 社の所得とする。

(3)　亡Ｋは、平成11年 3 月に死亡し、遺産分割の結果、亡Ｋの配偶者

であるＰ（亡Ｐ）が、単独で本件ｊ町物件及び本件ｋ町賃貸物件を
取得し、また、本件ｋ町覚書の当事者としての地位を承継した。

(4)　亡Ｐは、平成20年５月に死亡し、その相続により、亡Ｐの長男で
あり、唯一の法定相続人である亡Ｈが、単独で本件ｊ町物件を取得
した（亡Ｐ相続）。

(5)　亡Ｈ及びＭは、平成21年１月９日付で、亡Ｈを売主、Ｍを買主と
して、本件ｊ町物件を売却する旨の不動産売買契約（本件ｊ町売買
契約）を締結し、本件ｊ町物件について、亡ＨからＭへ所有権移転
登記が経由された。

(6)　亡Ｈ、Ｊ社、Ｌ社及びＭは、平成21年１月14日付で、本件ｊ町売
買契約に関して、要旨次の内容の合意を成立させた（本件ｊ町合
意）。

①　亡Ｈ、Ｊ社、Ｌ社及びＭは、亡ＨとＭとの間で本件ｊ町売買契
約が成立した場合には、(イ)Ｊ社とＬ社の間の本件ｊ町賃貸借契約
を合意解約した上、(ロ)当該合意解約と同時に、Ｍ（新賃貸人）と
Ｌ社（賃借人）との間で本件ｊ町賃貸借契約と同一内容の新たな
賃貸借契約（本件ｊ町新賃貸借契約）を締結することについて、
異議なく承諾する。

②　亡Ｈ、Ｊ社及びＬ社は、亡ＨとＭとの間で本件ｊ町売買契約が
成立するのを停止条件として、Ｊ社とＬ社との本件ｊ町賃貸借契
約を合意解約することについて、異議なく承諾する。

③　Ｌ社とＭは、Ｊ社とＬ社との上記②の合意解約が成立すると同
時に、Ｌ社とＭとの間で本件ｊ町新賃貸借契約が成立するものと
し、本件ｊ町新賃貸借契約の内容は、原則、本件ｊ町賃貸借契約
の内容と同一とすることについて、異議なく承諾する。

④　Ｊ社、Ｌ社及びＭは、本件ｊ町賃貸借契約又は本件ｊ町新賃貸
借契約について、家賃は月額7,500,000円とし、本件ｊ町敷金は
償却後の648,800,000円であり、本件ｊ町新賃貸借契約に係る敷
金も同額とする。

⑤　本件 j 町賃貸借契約の合意解約に基づき J 社が L 社に負担する
本件 j 町敷金648,800,000円の返還債務については、本件 j 町賃
貸借契約を合意解約した際に、J 社が無資力のため、連帯保証人
である亡 H が L 社に対し、連帯保証の履行として返済する。

⑥　本件 j 町敷金の返還を受けた L 社は、本件 j 町新賃貸借契約の
新賃貸人となる M に対し、同額の敷金を同時に差し入れる。

⑦　亡 H、J 社、L 社及び M は、(イ)上記⑤の本件 j 町敷金の亡 H か
ら L 社への返済と、(ロ)上記⑥の本件 j 町新賃貸借契約に係る敷金
の L 社から M への差入れについては、実際の現金授受は行わず、
L 社から亡 H へ「領収書」（連帯保証人亡 H 宛の連帯保証債務の
履行としてのもの）を交付し、更に本件 j 町新賃貸借契約に係る
敷金として、M から L 社への「敷金差入証」の交付のみで互いに
現金授受をしたものとみなし、処理することを異議なく承諾し、
相互に確認する。

(7)　M は、平成21年 1 月14日、本件 j 町合意（上記(6)）に基づき、本
件 j 町物件の売買代金から648,800,000円を差し引いた金員を亡 H
に支払い、亡 H 代理人弁護士は、亡 H 代理人弁護士名義の普通預金
口座（本件口座）に入金した。L 社が亡 H 宛に作成した平成21年 1
月14日付の「領収證」には、J 社に対する j 町○○店（本件 j 町物
件）の敷金の返還分として、648,800,000円を領収した旨が記載さ
れている。

4　審判所の判断

(1)　亡 K は、J 社が負担する本件 j 町敷金の返還債務について、自己
が所有する本件 j 町物件を担保として提供し、当該債務を被担保債
権とする抵当権を設定して物上保証をしており、また、亡 H は、亡
K 及び亡 P を被相続人とする各相続を経て、本件 j 町物件を取得し
たことにより、本件 j 町売買契約の時点において、亡 K の上記物上
保証人の地位を承継していたものと認められる。

⑵　本件 j 町合意において、Ｊ社が負担する本件 j 町敷金の返還債務については、本件 j 町賃貸借契約の合意解約時には、連帯保証人である亡ＨがＬ社に対し、連帯保証の履行として返済すると合意されている事実が認められることに照らせば、亡Ｈは、遅くとも本件 j 町合意の時点までに、Ｊ社及びＬ社らとの間で、Ｊ社が負担する本件 j 町敷金の返還債務について連帯保証をする旨を合意したものと認められる。したがって、亡Ｈは、本件 j 町売買契約の時点において、本件 j 町敷金の返還債務について、物上保証人であるとともに連帯保証人の地位にあったものと認められる。

⑶　本件 j 町敷金のうちＪ社がＬ社に返還すべき額（648,800,000円）は、平成21年１月14日に亡ＨからＬ社に対して返還されていると認められるところ、①当該返還金の原資は、亡Ｈが所有する本件 j 町物件の売買代金の一部と認められること、②亡Ｈは物上保証人としての地位にあったと認められることからすると、本件 j 町敷金の返還は、物上保証人であった亡Ｈが、物上保証人として、Ｊ社がＬ社に対して負担する本件 j 町敷金の返還債務を代位弁済したものと認められる。

　　したがって、亡Ｈは、上記代位弁済により、Ｊ社に対して、648,800,000円の求償権を取得したものと認められる。

⑷　資産の譲渡について保証債務の特例を適用するためには、①債権者に対して債務者の債務の保証をしたこと、②上記①の保証債務の履行のための資産の譲渡であること、③上記①の保証債務を履行したこと、及び④上記③の履行に伴う求償権の全部又は一部を行使することができなくなったことの４つの実体的要件が必要であると解される。

⑸　本件 j 町売買契約の時点において、亡Ｈは、Ｊ社がＬ社に対して負担する本件 j 町敷金の返還債務について、物上保証をしていたものであるから、上記⑷の実体的要件①を充足する。

　　そして、本件 j 町物件の譲渡は、本件 j 町敷金の返還債務に係る

物上保証人である亡Hがしたものであることは明らかであるし、また、本件 j 町敷金に係る返還金（648,800,000円）の原資は、本件 j 町物件の売買代金の一部であると認められるから、上記(4)の実体的要件②を充足する。

さらに、亡Hが、J社がL社に対して負担する本件 j 町敷金の返還債務を代位弁済しているから、亡Hが物上保証人として代位弁済をしたことも認められ、上記(4)の実体的要件③を充足する。

(6) J社については、平成21年9月に破産手続が開始され、平成22年1月に破産手続が終結しているところ、亡Hは、J社の破産手続中に、本件 j 町敷金返還債務の求償権のうち、その一部を債権譲渡金（配当金）として回収しており、また、残りの一部のうち、破産手続中に支払われたJ社への返還金3,027,229円については求償権の行使が可能であったと認められるが、その他のJ社に対する亡Hの上記求償権は、J社の破産手続の終結により、行使不可能となったと認められる。

以上からすれば、本件 j 町物件の譲渡については、上記(4)の実体的要件④を充足する。

(7) そうすると、亡Hは、上記(4)の実体的要件①ないし④のいずれも充足することから、本件 j 町物件の譲渡に係る譲渡所得の金額の計算上、保証債務の特例が適用されることとなる。

本裁決の留意点

1　本件において、原処分庁は、本件 j 町物件の譲渡は亡P相続税の納付資金を捻出するための譲渡であり、保証債務を履行するための譲渡ではないから、保証債務の特例は適用されない旨主張した。

これに対して審判所は、上記の実体的要件②は、資産の譲渡による収入が保証債務の履行に充てられたというけん連関係を要求するものであり、資産の譲渡による収入の一部が他の用途に充てられたといった事情が存したとしても、そのことをもって直ちに上記の実体的要件②を欠くこととなるものではないとして、原処分庁の主張を排斥し

た。

2　また、原処分庁は、別の物件である本件ｋ町譲渡物件の譲渡について、その譲渡の時点において、本件ｊ町物件の譲渡により本件ｋ町敷金を返還するのに十分な資金を保有していたことから、本件ｋ町譲渡物件の譲渡は保証債務を履行するための譲渡に当たらず、保証債務の特例は適用されない旨主張した。

しかし、審判所は、保証債務の特例が設けられた趣旨に照らすと、その適用の要件は上記「4　審判所の判断」(4)のとおりと解され、譲渡者の資産の保有状況が要件であるとは解されないとして、この点の主張も排斥した。

3　このように、本裁決は、保証債務の特例の要件について明確に整理し、認定事実をその要件に照らして特例適用の有無を判断した。一方で、原処分庁の根拠の乏しい主張に対しては、適用要件には関係がないものとして排斥した。以上のとおり、本裁決は、今後保証債務の特例の適用を検討する必要がある事例について、実務上参考になる内容が多数含まれている。

◆関係法令

所得税法第64条第2項、所基通64-4

◆関係キーワード

保証債務の特例、主たる債務者、求償権

◆参考判決・裁決

さいたま地裁平成16年4月14日判決・平成12年（行ウ）18号、福岡地裁平成23年11月11日判決・平成22年（行ウ）23号、その控訴審である福岡高裁平成24年9月20日判決

請求人らが限定承認により相続した不動産を債務弁済のために譲渡したところ、原処分庁が所得税法第59条第1項の規定を適用して被相続人についてみなし譲渡所得の課税を行った処分が適法なものとされた事例

平成11年11月26日裁決　裁決事例集No.58

裁決の要旨

　所得税法第59条第1項第1号の規定は、限定承認に係る相続について、当該相続により譲渡所得の基因となる資産の移転があった場合には、相続開始時点における価額に相当する金額により譲渡があったものとみなして、みなし譲渡所得課税を行うこととしているが、これは、被相続人の所有期間中における資産の値上がり益を被相続人の所得として課税し、これに係る所得税額を債務として清算することにより、限定承認をした相続人が相続財産の限度を超えて負担することのないようにとの趣旨で規定されているものである。

　請求人らは、相続人の保護という限定承認の趣旨に立ち返って本件法規定を解釈し、被相続人に係るみなし譲渡所得課税は行われるべきでない旨主張する。しかしながら、本件法規定の趣旨は、上記のとおりであり、この規定にいう限定承認の意義については民法の規定と同義に解することが相当であると認められる。

　そして、請求人らは限定承認に係る相続により本件宅地及び本件家屋等を取得しているのであるから、これについて所得税法第59条第1項第1号による「みなし譲渡」が適用されることとなるのである。

本裁決のポイント解説

1 問題の所在

　譲渡所得は、資産を譲渡したことによる所得をいう（所得税法第33条）。譲渡所得の総収入金額に算入すべき金額は、別段の定めがあるものを除き、その年において収入すべき金額とされている（所得税法第36条第1項）ため、別段の定めがない限り、現実に収入する金額をもって譲渡収入金額とすべきこととなる。

　所得税法第59条（いわゆるみなし譲渡）は、資産を取得した時から相続又は贈与の時までのキャピタル・ゲインが被相続人や贈与者にすでに帰属しており、資産がその者の支配を離れる段階で課税関係を清算するというシャウプ勧告の考え方に立って創設されたものである。まさに、所得税法第36条第1項の別段の定めである。同法第59条第1項によってみなし譲渡課税が行われるのは、次の場合である。

⑴　法人に対する贈与

⑵　限定承認に係る相続

⑶　法人への遺贈及び個人への包括遺贈のうち限定承認に係るもの

⑷　法人に対する著しく低い価額による譲渡

　本事例は上記⑵に関するものであるが、限定承認は、財産の換価や弁済など煩瑣な手続や時間を要するため、そもそも利用件数が少なくさらに譲渡所得の課税問題が生じるのはさらに希少である。したがって、この規定によるみなし譲渡について、実務で遭遇する機会は限られてはいるが、限定承認があった場合の譲渡所得の課税について、最低限の考え方を押さえておくことは意義があると思われる。

2 本件の争点

　請求人らが民法第922条に規定する限定承認をしたことについて、所得税法第59条第1項の規定が適用されることになるか否か。

3 事実関係

(1) 本件における被相続人は平成7年1月6日に死亡し、これにより相続が開始したが、この相続に係る法定相続人は、請求人ら及びHの4名（本件共同相続人）である。

(2) J家庭裁判所は、本件共同相続人の申立てに基づき、平成7年4月26日に、被相続人に係る相続についての承認又は放棄をする期間を同年5月8日まで伸長する審判を行うとともに、同日までに本件共同相続人から民法第924条の規定によりなされた限定承認の申述を同月9日付で受理し、Dを相続財産管理人として選任する審判を行った。

(3) 相続財産管理人に選任されたDは、相続債権者等に対し、民法第927条所定の限定承認に係る公告をし、これは平成7年5月25日付官報に掲載された。

(4) 本件共同相続人は、p市r町二丁目56番1所在の宅地578.51㎡（本件全土地）のうちD所有分を除く持分57851分の53951（本件宅地）並びに本件全土地上に存する家屋番号56番1の2の家屋及び駐車場設備（本件家屋等）を相続し、平成7年7月24日に、相続を原因として本件共同相続人への所有権移転登記手続を行った。

(5) 本件共同相続人は、協議の上、平成8年2月23日に、本件全土地をp市r町二丁目56番1の宅地421.33㎡（甲土地）及び同所56番51の宅地157.17㎡（乙土地）に分筆し、甲土地は本件共同相続人の共有とし、乙土地はDが単独で所有することとした。

(6) そして、本件共同相続人は、平成8年5月21日付で甲土地及び本件家屋等をK株式会社に221,000,000円で譲渡する旨の不動産売買契約を締結し、同年8月6日に同社への所有権移転登記手続を行った。

(7) 相続財産管理人Dは、甲土地及び本件家屋等の譲渡代金221,000,000円並びに変額保険の解約返戻金26,878,120円及び預金等5,993,082円の合計253,871,202円をもって、被相続人に係る債務

と判明した銀行借入金及び葬儀費用等の合計210,036,321円を支払い、残額をDへ6,334,881円、他の本件共同相続人3名へ各12,500,000円ずつ分配した事実が認められる。

(8) 原処分庁は、本件共同相続人が行った限定承認は、所得税法第59条第1項に規定するみなし譲渡に当たるとして、請求人らに対して所得税の決定処分を行った。

4 審判所の判断

(1) 所得税法第59条第1項第1号（本件法規定）は、限定承認に係る相続について、当該相続により譲渡所得の基因となる資産の移転があった場合には、相続開始時点における価額に相当する金額により譲渡があったものとみなして、みなし譲渡所得課税を行うこととしているが、これは、被相続人の所有期間中における資産の値上がり益を被相続人の所得として課税し、これに係る所得税額を債務として清算することにより、限定承認をした相続人が相続財産の限度を超えて負担することのないようにとの趣旨で規定されているものである。

(2) 請求人らは、本件法規定が適用される結果、適用されない場合よりも納付すべき税額の点で不利益となり、限定承認により保護される相続人の利益が保護されないこととなるとも主張するのであるが、限定承認の制度は、被相続人の債務等の額自体を縮減することによってではなく、相続によって得た財産の限度において当該債務等の弁済の責任を負わせることにより、相続人の保護を図ろうとするものであって、納付すべき税額の多寡は限定承認の機能とは別個のものであるから、やはり請求人らの主張には理由がない。

(3) 請求人らは、相続債権者への公告及び催告をしない上、換価手続である競売にもよらずに相続財産を譲渡しているのであるから、本件法規定を適用することはできない旨主張する。

しかしながら、本件共同相続人は、民法第927条に規定する相続

債権者に対する公告を行っていることが認められる上、仮に限定承認者が、同法第927条に規定する公告及び催告の義務を怠り、あるいは、同法第932条に規定する競売に付さずに任意売却したとしても、これらは単なる手続違反にとどまり、すでに行われた限定承認自体の効力には影響を及ぼさないものと解されるのであり、この点に係る請求人らの主張には理由がない。

(4) 請求人らは、相続財産を譲渡し、その譲渡に係る代金を本件共同相続人一人につき10,000,000円ほど「私にこれを消費」し、民法第921条第3号の規定により単純承認したものとみなされるのであるから、本件法規定を適用することはできないとも主張する。

　しかしながら、民法第921条第3号は相続債権者等の保護を図るための規定であること及び同法第919条が限定承認の取消しをするには家庭裁判所に申述しなければならないとしていることからすると、限定承認をすることにより保護を受ける者が、相続財産を私に消費することによって、所定の手続によらずに限定承認の効果を否定することができるというのは不合理であると解される。仮にそう解されないとしても、同法第921条第3号に規定する「私にこれを消費」するとは、相続債権者その他の利害関係人に損害を与えるような詐害的行為を意味し、消費に正当な理由がある場合等はこれに該当しないものと解されるところ、請求人らは、本件売買契約により甲土地及び本件家屋等を譲渡することによって、判明していた債務を相続債権者に弁済し、その残額を本件共同相続人間で分配したものであるから、「私にこれを消費」したことには該当しないと解される。

　いずれにしても本件共同相続人が単純承認をしたものとみなすことはできず、請求人らの主張には理由がないというべきである。

本裁決の留意点

1　相続が開始したときに、被相続人が負っていた債務が、相続財産を超えているかどうかについて、相続人は、常に知り得ているわけではない。しかし、一方で、相続債務の弁済には堪えられないが、被相続人由来の一定の財産は手放したくないとか、家業の継続は守りたいなどの要請もある。そこで、民法は、単純承認、相続放棄のほかに、限定承認制度を設け、限定承認をした場合には、相続債務が相続財産を超えていても、相続人は、相続によって得た財産の限度でのみ責任を負えば足り、残債務を自己の固有財産で弁済する必要がないこととしている。なお、限定承認は共同相続人全員で行う必要がある（民法第923条）。

2　限定承認があった場合に、譲渡所得の課税が行われる理由について本裁決も説明しているが、本裁決が訴訟に発展した東京地裁平成13年2月27日判決は、その点についてより詳しく次のように判示している。

　「単純承認による相続があった場合には、相続による資産の移転については譲渡所得の課税は行わず、相続人が取得費及び取得時期を引継ぐこととし、その後に相続人が相続財産を譲渡したときに、被相続人の所有期間中に発生した資産の値上がり益を含めて、相続人の譲渡所得として課税することとしているが、限定承認に係る相続の場合にも同様の課税を行うこととすれば、被相続人が本来的には納付すべき被相続人の所有期間中に発生した資産の値上がり益に対する課税を、相続人が納付することとなり、結果として相続財産の限度を超えて相続人の固有財産から納付しなければならない事態を生じかねない。

　そこで、本件規定（編注：所得税法第59条第1項第1号）は、限定承認制度が設けられた趣旨を尊重し、被相続人の所有期間中における資産の値上がり益を被相続人の所得として課税し、これに係る所得税額を被相続人の債務として清算するために、当該相続財産のうち、譲渡所得の基因となる資産については相続開始時点におけるその価額に相当する金額による譲渡があったものとみなして被相続人に対する譲

243

渡所得課税を行うこととし、これにより、相続人は、右によって課税された所得税を含めた相続債務を弁済する義務を負うものの、相続財産が相続債務を超えるか否かにかかわらず、相続財産の限度を超えて被相続人の債務を負担することはないこととしている（通則法5条1項後段）。」

3　上記2の判決は、限定承認があった場合に、なぜ、被相続人を譲渡者とする所得税（譲渡所得）の課税が行われるのかについて、限定承認制度を踏まえて分かりやすく説明しており、実務の参考となるものである。

◆関係法令

所得税法第36条、第59条第1項第1号、民法第922条

◆関係キーワード

みなし譲渡、限定承認

◆参考判決・裁決／裁判へ発展した場合の事件番号

東京地裁平成13年2月27日判決・平成12年（行ウ）50号

請求人が行った土地の譲渡は、措置法第31条の2第1項に規定する「優良住宅地等のための譲渡」には該当しないとした事例

平成25年12月12日裁決　裁決事例集№93

裁決の要旨

　措置法第31条の2第2項第13号に規定する土地等の譲渡は、同号に規定された開発許可を受けて住宅建設の用に供される一団の宅地の造成を行う個人又は法人に対する土地等の譲渡であることを要すると解すべきであるから、都市計画法第44条又は第45条に規定する開発許可に基づく地位の承継があった場合を除き、土地等の譲受人において自ら当該土地等の造成を行う場合に限って、すなわち、造成される一団の住宅地の用に供される素地の譲渡についてのみ、措置法第31条の2第1項の規定の適用があるものであり、土地等の譲渡人において当該土地等の造成を行った場合については、同項の規定の適用はないというべきである。

　本件における造成工事は、譲渡人の負担と責任において行われたものと認められ、譲受人自らが行ったものではないことから、本件土地の譲渡は、措置法第31条の2第1項に規定する「優良住宅地等のための譲渡」に該当しない。

　また、本件土地は、宅地造成後の土地として譲渡されたものであって、素地として譲渡されたものではなく、措置法の規定について拡張解釈ないし類推解釈をすることは許されないと解されているのであるから、この点からも、措置法第31条の2第1項の規定の適用はないというべきである。

1 問題の所在

　措置法第31条の2は、個人がその有する土地等のうち、その年の1月1日において所有期間が5年を超えるものを譲渡した場合で、「優良住宅地の造成等のための土地等の譲渡」に該当するものについて、税率の軽減措置を認めるものである。この優良住宅地等のための譲渡は、たくさんの態様があり、措置法第31条の2第2項では第1号から第16号までの譲渡パターンを掲げている。

　比較的適用事例が多いのは、第1号（国等に対する譲渡）、第2号（宅地等の供給又は先行取得業務のための譲渡）、第3号（収用交換等による譲渡）及び第13号（開発許可を要する住宅地造成事業のための譲渡）などであり、本事例はこの第13号の規定の適否を巡る問題である。適用事例が多いだけに争訟事例も多く、本件と同様に「造成を行う者」の意義について問題となることもしばしばある。

2 本件の争点

　本件土地の譲渡が措置法第31条の2第1項に規定する「優良住宅地等のための譲渡」に該当するか否か。

3 事実関係

(1)　請求人は、平成22年6月15日付で、売主を請求人、買主をD社とする土地売買契約を締結した（本件売買契約）。

　　本件売買契約書には、要旨次の事項が記載されている。

①　売主は、a市b町の畑計ＸＸＸ㎡の土地（本件土地）を○○○○円にて買主に売り渡す。

②　売主は、買主に対し、買主から売買代金全額を受領するのと引換えに本件土地を引き渡す。

③　本件土地の所有権は、買主が売主に売買代金全額を支払ったと

きに売主から買主に移転する。

④　本契約は、都市計画法第29条及び第34条に規定する開発行為の許可を条件とし、万一当該許可の取得が不可能な場合は、本契約を白紙解除できるものとする。また、売主は、9棟分の宅地造成工事完了後に、買主に引き渡すものとする。

(2)　請求人は、平成22年6月15日付で、注文者を請求人、請負者をF社として、次のとおり、本件土地の造成工事（本件造成工事）に係る工事請負契約（本件工事請負契約）を締結した。

①　工事対象面積：2,493.04㎡の一部

②　工事内容：宅地造成工事一式、農振除外申請一式、開発許認可一式等

③　請負代金：33,000,000円

④　支払方法：宅地造成工事の検査済証取得後一括支払

(3)　請求人は、D社と連名で、平成22年12月3日、a市農業委員会を経由してd県知事に対し、本件各土地について、9棟の建売分譲住宅の用地として所有権を移転するための農地法第5条《農地又は採草放牧地の転用のための権利移動の制限》の規定による許可の申請をそれぞれした。

(4)　D社は、平成22年12月7日付で、d県e地域整備センター所長に対し、工事施工者をF社、予定建築物等の用途を専用住宅9戸として、本件各土地に係る都市計画法第29条に規定する開発行為の許可の申請（本件開発許可申請）をした。d県e地域整備センター所長は、平成23年1月○日付で、D社に対し、本件開発許可申請に係る開発許可（本件開発許可）を通知した。

なお、同通知には、農地法による農地転用許可と同時許可とする旨記載されている。

(5)　d県e土木事務所所長は、平成23年4月、本件開発許可に係る工事が同月11日検査の結果、都市計画法第29条の規定による開発許可の内容に適合している旨を証明する「開発行為に関する工事の検査

済証」をＤ社に交付した。

(6)　請求人は、平成23年４月19日、Ｄ社から、本件売買契約に係る本件土地の売買代金を受領した。

(7)　請求人は、平成23年４月19日、本件工事請負契約に係る請負代金33,000,000円を支払った。また、Ｆ社が同日付で請求人宛に発行した領収書には、ａ市ｂ町宅地造成工事代金として33,000,000円を領収した旨記載されている。

(8)　本件土地については、都市計画法に規定する市街化調整区域に所在するとともに、農業振興地域の整備に関する法律に規定する農業振興地域に所在するところ、請求人は、昭和29年３月５日売買を原因として所有権移転登記をし、平成23年４月11日に宅地への地目変更の上、同月19日売買を原因として請求人からＤ社に所有権移転登記がなされた。

(9)　請求人は、本件造成工事を行ったのは本件土地の譲受人であるＤ社であることから、本件土地の譲渡は、措置法第31条の２第１項に規定する「優良住宅地等のための譲渡」に該当するとして、平成23年分の所得税の確定申告をした。

(10)　原処分庁は、本件造成工事を行ったのは請求人であることから、本件土地の譲渡は、措置法第31条の２第１項に規定する「優良住宅地等のための譲渡」に該当しないとして、更正処分及び過少申告加算税の賦課決定処分をした。

4　審判所の判断

　本事例では、請求人の妻も請求人とほぼ同様の形で土地の譲渡をしているが、請求人の妻に関する記述部分については記載を省略している。

(1)　措置法第31条の２第１項に規定する特例は、個人の長期保有の土地等の譲渡について、公的土地の取得の円滑化及び都市地域における住環境として望ましい優良な住宅地等の供給に寄与する土地等の

譲渡に限って、その税負担の軽減を図る目的で、政策的配慮から創設されたものである。

　そして、措置法第31条の2第2項第13号に規定する土地等の譲渡は、同号に規定された開発許可を受けて住宅建設の用に供される一団の宅地の造成を行う個人又は法人に対する土地等の譲渡であることを要すると解すべきであるから、都市計画法第44条又は第45条に規定する開発許可に基づく地位の承継があった場合を除き、土地等の譲受人において自ら当該土地等の造成を行う場合に限って、すなわち、造成される一団の住宅地の用に供される素地の譲渡についてのみ、措置法第31条の2第1項の規定の適用があるものであり、土地等の譲渡人において当該土地等の造成を行った場合については、同項の規定の適用はないというべきである。

(2)　K社社長及びD社社長の各答述内容は、おおむね符合している上、D社の名義で開発許可申請をした理由についても、利害関係がなく信用できる本件各土地を管轄する農業委員会の担当者の申述内容と整合し、さらに、本件売買契約書並びに本件工事請負契約書の各記載内容や、請求人の本件内訳書及び本件内訳書に係る添付書類の各記載内容とも整合しており、それぞれ十分信用することができる。これらの答述等を総合すると、次のとおりの事実が認められる。

①　平成22年初旬頃、請求人は、本件土地を50,000,000円くらいで売却したい旨を不動産仲介業者であるK社に申し入れた。

②　平成22年4月頃、K社は、建売分譲住宅の建設業者であるD社に対し、本件土地の購入を打診したところ、D社は、宅地造成前の本件土地の購入には難色を示し、あくまでも宅地造成後の本件土地の購入を希望した。

③　そこで、K社を中心に協議したところ、請求人から請け負う形で造成業者であるF社が造成工事を行うこととして、D社は、建売住宅を建設して販売する目的で宅地造成後の本件土地を

99,000,000円で取得することとした。また、本件土地が市街化調整区域の農地であることから、D社において、宅地造成後の分譲が可能となるように、かつ、請求人では開発許可を得ることが困難であることから、開発許可を容易に得るために、開発許可申請を行う業者と建売分譲住宅の建設業者とを同一とする方法を採用することとし、D社が開発許可の申請をすることにした。

④ 平成22年6月15日（本件売買契約の締結日）、D社社長及びK社社長は、請求人に対し、再度、本件売買契約書及び本件工事請負契約書の内容を説明した上で、請求人は、当該契約書の所定の箇所にそれぞれ署名及び押印し、本件売買契約及び本件工事請負契約はそれぞれに係る契約書記載のとおり、成立した。

⑤ D社は、本件開発許可申請のために、G社に対し、各種開発図面の作成を依頼した上で、数度の見直しを指示した。F社は、当該図面をもとに本件造成工事を実施した。

(3) 上記(2)の事実などからすると、本件造成工事は、請求人の負担と責任において行われたものと認められ、譲受人であるD社自らが行ったものではないことから、本件土地の譲渡は、措置法第31条の2第1項に規定する「優良住宅地等のための譲渡」に該当しない。

また、本件土地は、宅地造成後の土地として譲渡されたものであって、素地として譲渡されたものではなく、措置法の規定につき拡張解釈ないし類推解釈をすることは許されないと解されているのであるから、この点からも、措置法第31条の2第1項の規定の適用はないというべきである。

(4) 請求人は、D社が、本件開発許可を受けて、F社に本件造成工事を行わせたものであり、開発行為や造成工事についての知識を持っていない請求人は、K社やD社らの言うがままに本件工事請負契約書を作成し、本件工事請負契約に係る請負代金を支払ったものにすぎないので、本件造成工事を行ったのはD社である旨主張する。

しかしながら、請求人は、K社社長ないしはD社社長から、本件

売買契約の締結日の直前及び当該契約の締結日において、本件売買契約及び本件工事請負契約の内容についての説明を受けていること、本件造成工事は、本件工事請負契約に基づいてＦ社が行ったものであり、請求人の負担と責任において行われたこと、Ｄ社が本件開発許可を受けたのは便宜的なものであること、並びに、本件開発許可に係る宅地造成がなされた後に請求人からＤ社に本件土地の所有権が移転したことから、本件造成工事の当時、本件土地の所有権者であった請求人が造成工事を行ったものと認められる。

　　したがって、請求人の主張には理由がない。

⑸　以上のとおり、本件においては措置法第31条の２第１項の規定が適用されないことから、本件更正処分は適法である。

本裁決の留意点

1　措置法第31条の２第２項第13号（本件特例）は、開発許可を受けて行われる面積1,000㎡（一定の場所については500㎡）以上の住宅建設の用に供する一団の宅地の造成を行う個人又は法人に対する土地等の譲渡で、その譲渡した土地等がその一団の宅地の用に供される場合について適用がある。

　　条文上、「一団の宅地の造成を行う者」に対する譲渡であることが定められているから、譲渡者自ら宅地造成を行って土地を譲渡した場合には、本件特例の適用がないことは条文上明らかであり、本裁決の判断は正当である。

2　ところで、優良な住宅地の提供という本件特例の政策目的からすると、譲受人が宅地の造成を行っても、譲渡人が宅地の譲渡を行っても変わりがないのではないかとの疑問も生じるところである。しかし、譲渡所得は、他の所得とは異なるキャピタル・ゲインに対する課税を行うことを趣旨とするものであるところ、土地を造成して譲渡した場合には、必ずしもその全部が譲渡所得には当たらない場合もあり（所基通33-４ほか）、あくまで造成前のいわゆる素地の譲渡（通常は譲渡

所得となる。）についてのみ、この特例の適用を認める趣旨であると考えられる。

　本裁決が示したように、本件特例においては、譲渡者自ら造成を行って土地等を譲渡した場合には、その適用がないのであるが、しばしば、このような勘違いや解釈間違い、あるいは「うっかりミス」の事例が発生している。その適用に当たっては、安易な判断は禁物であり要件を十分に検討する必要がある。

◆関係法令

措置法第31条２第２項第13号、措置法施行令第20条の２第16項

◆関係キーワード

優良住宅地の造成等のために土地等を譲渡した場合、開発許可

請求人がした国に対する土地の譲渡は、国からの買取り等の申出のあった日から6カ月を経過した日までに行われたものではないので、収用交換等の場合の譲渡所得等の特別控除の特例は適用できないとした事例

平成21年10月8日裁決　裁決事例集No.78

裁決の要旨

　措置法第33条の4第3項第1号は、公共事業施行者から当該資産につき最初に買取り等の申出のあった日から6カ月を経過した日までに当該資産が譲渡されなかった場合には、同法第1項に規定する特別控除の特例は適用されない旨規定しているが、これは、公共事業施行者の申出に応じて資産の早期譲渡に協力した者に対してのみ、その補償金等に対する所得税について特別の優遇措置を講じることにより、公共事業の円滑な施行を図ることとした趣旨である。

　請求人は、本件譲渡資産について、最初に買取り等の申出のあった日から6カ月を経過した日までに譲渡していないから、本件土地代金に係る譲渡所得の金額の計算上、本件特例を適用することはできない。

本裁決のポイント解説

1　問題の所在

　個人が有する資産が、公共又は公益のために土地収用法等の規定により強制的に収用されるか又は収用等を前提として買取りが行われることがある。このような強制的な手段による資産の収用も譲渡の一形態であり、その収用等により交付を受けた金銭等は、その収用等のあった年分の所得税の各種所得の収入金額に算入されることになる。

しかし、このような個人の自由な意思によることなく資産が買い取られる場合に、その全額を課税の対象とすることは、収用をされた者の生活の維持や保持に対して重大な影響を与える可能性もある。そこで、このような場合には、課税の繰延べや特別控除などによって一定の税額軽減措置を図ることにしている。

本事例は、このうち、収用交換等の場合の譲渡所得の特別控除（最高5,000万円）と呼ばれる特例の適用の可否を巡る争訟である。この特例の適用のためには、いくつかの要件をクリアする必要がある。

2 本件の争点

公共事業に伴い国土交通省に譲渡した土地に係る譲渡所得等について、譲渡所得の課税処分を行ったことの適否（本件における譲渡所得には、収用交換等の場合の譲渡所得の特別控除（本件特例）が適用されるか否か。）。

3 事実関係

(1) 請求人、請求人の姉G及び請求人の弟Hの3名は、父であるJ（昭和54年10月死亡）から、p市r町100番1の山林○○○○㎡を相続により取得した（共有持分各3分の1）。

(2) 本件公共事業施行者は、平成15年5月29日、請求人に対し、本件買取り申出書面及び本件補償額明細書をゆうパックにて送付し、請求人は、同月31日にこれを受け取った。

(3) 請求人は、平成16年3月に、国土交通省R国道事務所長（本件公共事業施行者）に対し、上記(1)の土地から分筆された土地のうち請求人の持分（3分の1）を、一般国道○○号改築工事事業の事業用地として譲渡した（本件譲渡）。

また、本件公共事業施行者は、上記(1)の土地から分筆された土地のうち請求人の持分（3分の1）に、トンネルの所有及び管理を目的とする区分地上権を設定した（本件設定。本件譲渡資産と併せて

「本件資産」)。

(4)　本件公共事業施行者は、請求人に対し、本件譲渡に係る土地代金
　（本件土地代金）、立竹木補償金及び移転雑費補償金並びに本件設定
　に係る補償金（本件補償金）を支払った。

(5)　原処分庁は、本件土地代金に係る分離長期譲渡所得及び本件補償
　金に係る不動産所得の金額を計算して、請求人に対して決定処分等
　（本件決定処分等）をした。

4　審判所の判断

(1)　措置法第33条の4第3項第1号は、公共事業施行者から当該資産
　につき最初に買取り等の申出のあった日から6カ月を経過した日ま
　でに当該資産が譲渡されなかった場合には、本件特例は適用されな
　い旨規定しているが、これは、公共事業施行者の申出に応じて資産
　の早期譲渡に協力した者に対してのみ、その補償金等に対する所得
　税について特別の優遇措置を講じることにより、公共事業の円滑な
　施行を図ることとした趣旨であり、ここにいう「買取り等の申出の
　あった日」とは、原則として、公共事業施行者が、資産の所有者に
　対し、①買取り資産を特定し、②その対価を明示して、③その買取
　り等の意思表示をした日をいうものと解するのが相当である。

(2)　これを本件についてみるに、本件公共事業施行者は、請求人に対
　し、本件買取り申出書面及び本件補償額明細書において、①買取り
　資産を特定し、②その対価を明示して、③その買取り等の意思表示
　をし、請求人は、平成15年5月31日にこれを受け取ったことが認め
　られるから、本件譲渡資産について買取り等の申出のあった日は、
　平成15年5月31日であると認められる。

　　そして、請求人が本件売買契約を締結したのは、平成16年3月29
　日である。

(3)　そうすると、請求人は、本件譲渡資産を、最初に買取り等の申出
　のあった日から6カ月を経過した日までに譲渡していないから、本

件土地代金に係る譲渡所得の金額の計算上、本件特例を適用することはできない。

(4) なお、請求人は、本件補償額明細書に日付がないことを疑問視するが、法令上、買取りの申出方法について、日付の記載のある書面によらなければならない旨の規定はないから、この点は、結論に影響しない。

(5) 請求人は、本件公共事業施行者との間で本件土地代金及び本件補償金は課税されない旨の約束の下、買取り契約等に応じたものであるから、課税すべきではないと主張する。

しかしながら、本件土地代金及び本件補償金に課税がなされるか否かは、所得税法及び措置法等法令の規定によって決まるものであり、契約当事者の合意によって決まるものではないから、仮に、本件公共事業施行者が本件土地代金及び本件補償金について課税されないと約束したとしても、課税関係には何ら影響しない。

したがって、請求人の主張には理由がない。

(6) また、請求人は、原処分庁に電話で相談した際、確定申告の必要がない旨の説明を受けたことから申告をしなかったものであり、それにもかかわらずなされた本件決定処分等は取り消すべきである旨主張する。

しかしながら、税務相談は、行政サービスとして申告納税を支援するために、納税者から提供された情報の範囲内で、税務職員が税法の解釈、運用又は納税手続等について知識を供与するものであるから、税務相談を担当する税務職員には、納税者の提示した資料及び情報の範囲を超えて事実関係を探索すべき義務はないと解すべきである。

この点、請求人の当審判所に対する答述によれば、請求人は、原処分庁の相談を担当した職員に対し、国の事業に伴う土地の売買で約9,000,000円の代金が入ったこと及び本件公共事業施行者から50,000,000円まで課税されないと言われたことのみを伝えて申告の

要否を尋ねており、当該土地の買取り等の申出のあった日及び契約年月日は伝えなかったことが認められる。

　これに対し、相談を担当した職員が、請求人にどのように回答したかは、証拠上必ずしも明らかでないが、仮に、申告の必要がない旨回答していたとしても、請求人の提供した情報を基にすればやむを得ないところであり、そのことをもって、本件決定処分等を取り消すべきであるとの請求人の主張には理由がない。

⑺　なお、請求人は、本件公共事業施行者が税務署に出向き、請求人との間での本件土地代金及び本件補償金は課税されないとする約束があるので、「公共事業用資産の買取り等の申出証明書」の日付を訂正、撤回したい旨頼みに行ったにもかかわらず、税務署の担当者が取り合ってくれなかったことについて納得がいかないとも主張するが、「公共事業用資産の買取り等の申出証明書」に記載された買取り等の申出年月日に誤りはないから、請求人の主張には理由がない。

⑻　以上のとおり、本件土地代金に係る譲渡所得及び本件補償金に係る不動産所得については、いずれも本件特例の適用はなく、請求人の譲渡所得及び不動産所得の金額は、本件決定処分における金額と同額であるから、本件決定処分は適法である。

本裁決の留意点

1　個人の有する資産について、土地収用法等の規定に基づいて買い取られる場合については、大きく分けて、代替資産を取得することにより課税の繰延べを行う特例（措置法第33条など）と特別控除の特例（措置法第33条の4：本件特例）があるが、措置法第33条が新たに代替資産を取得する必要があること、課税の繰延べという免税措置ではないこと、申告手続きがやや煩瑣であることなどから、特別控除の特例を選択する場合が圧倒的に多い。

　しかし、措置法第33条の4は一種の免税措置であるだけに、要件は

措置法第33条の場合よりも厳しく、例えば、①最初に買取り等の申出を受けてから6カ月以内に譲渡する必要があること、②一の収用交換等に係る事業につき、資産の譲渡が2年以上の年にわたって行われた場合には、最初の年に譲渡した資産に限られること、③公共事業の施行者から最初に買取りを受けた者が譲渡したものであることなどの制約がある（措置法第33条の4第3項）。

2　請求人は、縷々主張をしているものの、本事例の問題の本質は、最初に買取り等の申出を受けてから6カ月以内に譲渡がされたか否か（上記1①の要件）である。本事例では、公共事業施行者による買取り等の申出日が比較的分かりやすいものであったが、事例よっては簡単に判別できないものや、公共事業施行者が譲渡者の便宜のために、あえて買取り等の申出日をあいまいにしている場合もかつては見受けられた。このような事例については、その後の税務調査によって是正されることもあった。

3　請求人の主張の中に、公共事業施行者と税務署との話し合いに関するものがあるが、これは「事前協議」と呼ばれるもので、確定申告時に混乱を来たさないよう、事業の施行前に公共事業施行者と国税当局が事前に話し合いの場を持って、あらかじめ当該事業について収用等の各種特例が適用できるか否を確認し合うという事実上の仕組みである。ただし、この協議は、事業そのものの性格が公的なものであって、収用等の課税の特例に該当する事業かどうかを確認するというものであり、法的な根拠があるわけではない。したがって、このような協議があったとしても、その事業のために資産を譲渡した全ての者が、必ず収用等の特例に該当するわけではない。

4　また、本件特例の要件に該当する者で、他に所得税の申告書を提出すべき理由がない者については、確定申告書の提出をすべき義務はない（措置法第33条の4第4項）ため、本事例における請求人も確定申告をしなかったものと思われる。

　本事例のように、買取り申出証明書等の記載にかかわらず、実は資産の最初の買取り等の申出を受けた日から6カ月を経過した後に譲渡

したという事例は、しばしば見受けられる。本件特例の適用に当たっ
ては、実務上、上記１①ないし③の要件の確認は確実に行う必要があ
る。

◆関係法令

措置法第33条の４第１項、第３項、第４項

◆関係キーワード

収用交換等の場合の譲渡所得の特別控除、最初に買取り等の申出を受け
た日

居住用家屋の一部を取り壊し、その取壊し部分の敷地の用に供されていた土地の譲渡に係る譲渡所得について、措置法第35条を適用することができないとした事例

平成26年2月17日裁決　裁決事例集№94

裁決の要旨

　措置法第35条第1項は、個人がその居住の用に供している家屋と共にその敷地の用に供している土地の譲渡をした場合の譲渡所得について特別控除を認めているが、その趣旨は、このような居住用財産の譲渡によって住居を失った場合には、これに代わる新たな住居を取得しなければならなくなるのが通常であるなど、一般の資産の譲渡に比して特殊な事情があり、担税力も高くない例が多いことなどを考慮して設けられた特例であると解される。

　個人が、その居住の用に供している家屋の敷地の一部を更地として譲渡するために当該家屋の一部を取り壊し、その取壊し部分の敷地を譲渡した場合については、措置法第35条第1項の文理のほか、建物の所有権その他の権利の対象としての特性に照らし、同項にいう家屋の譲渡が当該家屋の全体の譲渡を意味するものと解されることを勘案すると、当該家屋の全体が取り壊された場合と当然には同列に論じ難いが、この一部の取壊しが当該家屋の取壊し部分の敷地の部分を更地として譲渡するために必要な限度のものであり、かつ、上記の取壊しによって当該家屋の残存部分がその物理的形状等に照らし居住の用に供し得なくなったということができるときは、当該家屋の全体が取り壊された場合に準ずるものとして、当該譲渡につき本件特例を適用し得ると解される。

　本件において、家屋の一部取壊しによって残存した家屋がその物理的形状等に照らし居住の用に供し得なくなったということはできない。したがって、本件譲渡に係る譲渡所得の金額の計算において、本件譲渡が

措置法第35条第１項に規定する「その居住の用に供している家屋…とともにするその敷地の用に供されている土地…の譲渡」に準ずるものであるとして、本件特例を適用することはできない。

本裁決のポイント解説

1　問題の所在

居住用財産の譲渡に関する特例の代表的なものとしては、措置法第31条の３（軽減税率）と同法第35条第１項（特別控除：本件特例）があり、その適用事例も多い。居住用財産の譲渡について、このような軽減税率や特別控除が認められている趣旨は、「裁決の要旨」に記載しているとおりであるが、これら居住用財産の譲渡の特例は、時代とともに、買換え制度の見直しや特別控除の引上げなど数次の改正が行われている。

居住用財産を譲渡する場合に、居住の用に供している家屋とその土地を一括して譲渡した場合には問題は少ないが、土地のみを譲渡した場合には、その土地の譲渡についてこれらの特例が適用できるのか否かについて問題となることも多い。例えば、家屋を取り壊すことなく、その庭先の一部を譲渡したなどの場合には、これらの特例の適用がないことは、特例が設けられている趣旨からも明らかであろう。

ただ、譲渡には様々なケースがあり、仮に土地のみの譲渡であっても、個々の事例ごとに特例の適用の可否を判断していく必要がある。本事例もそのうちの一つである。

2　本件の争点

⑴　本件譲渡に係る譲渡所得の金額の計算において、本件譲渡が措置法第35条第１項に規定する「その居住の用に供している家屋…とともにするその敷地の用に供されている土地…の譲渡」に準ずるものであるとして、本件特例を適用することができるか否か。

(2) 本件譲渡に係る譲渡所得の金額の計算において、請求人の主張する各費用が所得税法第33条第3項に規定する譲渡所得の基因となった資産に係る「資産の譲渡に要した費用」に該当するものであるとして、当該各費用を控除することができるか否か。

　ここでは、上記のうち(1)の争点のみを検討の対象とする。

3　事実関係

　事実関係も、上記の争点(1)に関する部分についてのみ簡記する。

(1)　請求人の父であるHは、昭和42年2月25日、e県f市所在の宅地198.37㎡（本件土地。後に200.83㎡に更正）を、第三者から売買により取得した。

(2)　父Hは、昭和42年3月10日、本件土地上に、木造瓦葺2階建ての居宅兼店舗の建物（床面積1階72.09㎡、2階45.36㎡）（本件旧家屋）を新築した。

(3)　本件旧家屋については、平成3年9月25日、構造を木造スレート・亜鉛メッキ鋼板葺2階建てと変更し、床面積を1階119.02㎡、2階95.08㎡（総床面積214.10㎡）とする増築がされた（平成3年増築部分。本件旧家屋と平成3年増築部分を併せた家屋全体を「平成3年増築後家屋」）。

(4)　請求人の母であるJは、平成10年6月、本件土地及び平成3年増築後家屋を、父Hから相続により取得した。

(5)　平成3年増築後家屋については、平成11年8月、増築がされた（平成11年増築部分。平成3年増築後家屋と平成11年増築部分を併せた家屋全体を「本件家屋」）。

(6)　請求人は、平成14年12月、本件土地及び本件家屋を、母Jから相続により取得した。

(7)　請求人は、平成21年8月24日、本件家屋のうち本件旧家屋の部分を取り壊し（本件一部取壊し）、その後、本件一部取壊しにより残存した家屋（本件残存家屋）についての改修工事（本件改修工事）

等を行い、構造を木造スレート葺２階建てと変更し、床面積を１階
52.61㎡、２階52.59㎡（総床面積105.20㎡）とした。

(8)　請求人は、①平成21年11月27日、Kとの間で、本件土地の一部
（本件譲渡土地）について、請求人を売主、Kを買主とする不動産
売買契約を締結し、②平成22年１月22日、Kに対して、本件土地の
うちの一部（97.04㎡）を譲渡した（本件譲渡。本件土地のうち本
件譲渡後の残りの土地を「本件残存土地」）。

(9)　請求人は、本件譲渡に係る譲渡所得の金額の計算について、本件
譲渡土地は全て個人の居住の用に供している家屋の敷地であるとし
て本件特例を適用して、所得税の確定申告をした。

(10)　原処分庁は、本件残存土地上にある本件残存家屋は機能的にみて
生活をするために必要な機能を有していることなどから、本件譲渡
に係る譲渡所得の金額の計算において、本件特例を適用することは
できないなどとして、平成24年11月28日付で請求人の所得税の更正
処分等をした。

4　審判所の判断

(1)　措置法第35条第１項は、土地の譲渡に関しては、災害により当該
土地の上に存する家屋が滅失した場合を除いては、個人の居住の用
に供し、又は供されていた家屋が現存し、かつ、その家屋とともに
その敷地の用に供されている土地の譲渡がされる場合を特別控除の
対象としており、家屋を任意に取り壊すなどした上でその敷地の用
に供されていた土地のみの譲渡をする場合については、直接の規定
が置かれていない。

(2)　ところで、その上に家屋の存する土地の取引において、当該家屋
を必要としない買主が、当該家屋を売主の負担において取り壊すこ
とを求めることがしばしばみられるのは公知の事情であり、措置法
第35条第１項の趣旨からすれば、個人が、その居住の用に供してい
る家屋を、その敷地の用に供されている土地を更地として譲渡する

目的で取り壊した上、当該土地のみを譲渡した場合は、居住用の家屋をその敷地とともに譲渡した場合に準ずるものとして、措置法第35条第1項の要件に該当すると解するのが相当である。

(3) 一方、個人が、その居住の用に供している家屋の敷地の一部を更地として譲渡するために当該家屋の一部を取り壊し、その取壊し部分の敷地を譲渡した場合については、措置法第35条第1項の文理のほか、建物の所有権その他の権利の対象としての特性に照らし、同項にいう家屋の譲渡が当該家屋の全体の譲渡を意味するものと解されることを勘案すると、当該家屋の全体が取り壊された場合と当然には同列に論じ難いが、この一部の取壊しが当該家屋の取壊し部分の敷地の部分を更地として譲渡するために必要な限度のものであり、かつ、上記の取壊しによって当該家屋の残存部分がその物理的形状等に照らし居住の用に供し得なくなったということができるときは、当該家屋の全体が取り壊された場合に準ずるものとして、当該譲渡につき本件特例を適用し得ると解される。

(4) 本件残存家屋は、本件一部取壊しの後に残存した平成3年増築部分及び平成11年増築部分からなり、平成3年増築部分に玄関を設置したものであって、1階には、店舗、居間兼台所、便所及び玄関があり、2階には、6畳間、4.5畳間、5.76畳間が各1室ずつと、浴室及び便所があった。

　なお、本件残存家屋には、本件一部取壊しの前後を通じて店舗の出入口があり、上記の新たに設置された玄関からでなくとも当該出入口から出入りが可能であった。

(5) 本件一部取壊しの直前における本件家屋は、本件旧家屋の一部、平成3年増築部分の一部及び平成11年増築部分については、請求人の事業（自転車小売業）の店舗又は倉庫として使用され、その余の部分については、請求人ら家族の住居として使用されていた。

(6) 請求人ら家族は、本件一部取壊し及び本件改修工事の期間中、一時的に屋根及び壁にブルーシートなどを張るなどして風雨が入らな

い状態にして、本件残存家屋（本件一部取壊しの工事期間中は平成3年増築部分）に居住していた。

(7)　請求人ら家族のうち、請求人の長女は、本件譲渡の後である平成22年4月頃、本件残存家屋から転居したが、その余の者は、本件譲渡の後も引き続き本件残存家屋に居住していた。また、本件一部取壊しの前後を通じて、請求人ら家族は住民登録を異動させていなかった。

(8)　本件残存家屋には、1階に、店舗、居間兼台所、便所及び玄関が、2階に、6畳間、4.5畳間、5.76畳間が各1室ずつと、浴室及び便所があり、客観的に見て人が居住して日常生活を送るのに必要な部屋である台所、便所、浴室及び居室の全てを備えているものと認められる。このように、本件残存家屋が人が居住して日常生活を送るのに必要な部屋を備えていたことは、請求人ら家族は、①父H及び母Jの両名の生前は、平成3年増築部分に4人で居住しており、また、②本件一部取壊し及び本件改修工事期間中も、請求人ら家族は転居することなく本件残存家屋に4人で居住していたことからみても明らかである。

(9)　以上からすると、本件一部取壊しによって本件残存家屋がその物理的形状等に照らし居住の用に供し得なくなったということはできない。したがって、本件譲渡に係る譲渡所得の金額の計算において、本件譲渡が措置法第35条第1項に規定する「その居住の用に供している家屋…とともにするその敷地の用に供されている土地…の譲渡」に準ずるものであるとして、本件特例を適用することはできない。

本裁決の留意点

1　本事例のように、個人が居住の用に供していた家屋とその敷地の全部を譲渡せず、一部の譲渡であった場合には、本件特例を含む居住用

財産の譲渡の特例全般について注意が必要である。特に家屋を任意に取壊して土地のみを譲渡する場合には、本裁決が示しているように、措置法上にこれを認める規定はなく、実務上は、通達によって認めるという運用が行われている（措置法通達35-2）。同通達では、土地のみの譲渡であっても、一定の要件を満たせば本件特例の適用を認めるというものであるが、土地上にあった家屋を引き家して、譲渡した場合にはこの特例の適用はないことを定めている。これは、本件特例が、その趣旨からして家屋の譲渡を中心に考えられた制度であることを示すものといえる。

2　請求人は、本件の場合、新たな住居を取得する代わりに相当額の経済的負担をして本件改修工事を行ったのであるから、本件譲渡による担税力は高いとはいえず、居住用財産の譲渡による税負担をできるだけ軽減しようとする本件特例の趣旨からすれば、本件特例が適用されるべきである旨主張した。

　これに対して審判所は、「本件特例の趣旨は（中略）、居住用財産を譲渡したことによって住居を失った場合には、これに代わる新たな住居の取得が必要になるのが通常であることなどから、当該譲渡の担税力が高くない例も多いことなどを考慮して、当該譲渡による税負担をできるだけ軽減しようとするものである。そうすると、居住用の家屋の敷地の一部を更地として譲渡するために当該家屋の一部を取り壊し、その取壊し部分の敷地を譲渡した場合については、住居を失ったのと同視し得るとき、すなわち、当該家屋の全体が取り壊されたのと同様に家屋の一部取壊しによって当該家屋の残存部分がその物理的形状等に照らし居住の用に供し得なくなったということができるときに限り、本件特例を適用し得るものである。」として、請求人の主張を排斥した。

3　このような考え方は、いくつかの裁判例でも同様の判示があり、居住用財産の一部譲渡の際に本件特例の適用を検討する上で参考となるものである。なお、本件特例（措置法第35条第1項）の規定やその取扱いの多くについては、措置法第31条の3第1項（居住用財産を譲渡

した場合の長期譲渡所得の課税の特例（軽減税率））の規定を準用す
るものが多いことに留意する必要がある（措置法施行令第23条第1
項、措置法通達35-27など）。

◆**関係法令**

措置法第35条第1項、措置法通達35-2、35-27

◆**関係キーワード**

居住用財産の譲渡、土地のみの譲渡

譲渡した土地上に存する2棟の家屋は独立しており、それら2棟の家屋が併せて一構えの一の家屋であるとは認められないとして、譲渡資産の一部について措置法第35条第1項の適用を否認した事例

令和2年6月19日裁決　裁決事例集№119

裁決の要旨

　居住用財産の特別控除（措置法第35条第1項）は、措置法施行令第23条第1項により、その適用対象となる家屋について、個人がその居住の用に供している家屋を二以上有する場合には、これらの家屋のうち、その者が主としてその居住の用に供していると認められる一の家屋に限る旨規定している。

　二以上の家屋が併せて一構えの一の家屋であると認められるか否かについては、まず、それぞれの家屋の規模、構造、間取り、設備、各家屋間の距離等客観的状況によって判断すべきであり、個人及びその家族の使用状況等主観的事情は二義的に参酌すべき要素にすぎないものと解するのが相当である。したがって、二以上の家屋がそれぞれ独立の居住用家屋としての機能を有する場合には、これらの家屋を併せて一構えの一の家屋であるとは認められず、その者が主としてその居住の用に供していると認められる一の家屋に限り、居住用財産の特別控除の適用対象となるというべきである。

　請求人と請求人の子らが所有する各家屋は、それぞれ、玄関、台所、風呂及び便所を備え、電気、ガス、水道及び固定電話回線の各設備を有し、その規模、構造、間取り、設備等の状況からすれば、各家屋はそれぞれ独立した居住用家屋であることから、併せて一構えの一の家屋であるとは認められず、本件乙家屋敷地について本件特例を適用することはできない。

本裁決のポイント解説

1　問題の所在

　個人の生活スタイルの変化などによって、居住の用に供する家屋を二以上所有するような事例も近年では増えている。しかし、措置法第35条は、本裁決でも示しているように、居住用財産の譲渡が、一般の資産の譲渡に比べ特殊な事情にあり、その担税力が弱いことを考慮して設けられた税の優遇措置であることからして、居住用家屋を二以上有している場合には、これらのうちの主たる居住用の家屋等の譲渡についてのみ、この特例が認められる。

　また、一つの土地の上に数棟の家屋がある場合には、その全ての家屋が、譲渡者の居住の用に供されていたかどうかは、その譲渡者の生活様式もさることながら、まずは、それぞれの家屋の物理的な状況について検討する必要がある。

　本事例は、請求人本人の所有家屋と請求人の子らの所有家屋が隣接し、渡り廊下などで行き来も可能な状況のようであり、これら2棟の家屋が併せて「一の家屋」といえるかどうかについて争われたものである。

2　本件の争点

　本件乙家屋敷地は、居住用財産の特別控除が適用される請求人の居住用財産に当たるか否か。

3　事実関係

⑴　請求人及びその配偶者であるFは、昭和58年4月6日、その所有する土地（本件土地）上に存する同人所有の家屋（本件甲家屋）の所在地であるd市e町を住民票上の住所として登録した。

　　その後、請求人は、死亡したFに係る相続により、本件土地及び本件甲家屋を取得した。

そして、請求人は、平成28年11月25日に住民票上の住所を肩書地に変更するまで、本件甲家屋を居住の用に供していた。

(2) 請求人の子であるG及びその配偶者であるH（請求人の子ら）は、平成5年1月10日、d市e町を住民票上の住所として登録した。

その後、請求人の子らは、平成9年3月25日、本件土地の上（本件甲家屋の北隣）に家屋（本件乙家屋）を新築して取得した。

そして、請求人の子らは、平成28年11月25日、住民票上の住所をd市からa市b町に変更した。

(3) 本件甲家屋と本件乙家屋は、2階の一部が渡り廊下で接合されているが、その設置時期は不明である。

以下、本件甲家屋と本件乙家屋の接合部分を「本件接合部分」といい、本件土地のうち、本件甲家屋の敷地の用に供しているとする土地を「本件甲家屋敷地」、本件乙家屋の敷地の用に供しているとする土地を「本件乙家屋敷地」という。

(4) 請求人及び請求人の子らは、平成28年2月21日、J（本件買主）との間で、本件土地並びに本件甲家屋及び本件乙家屋の売買契約を締結し、同年11月29日に本件買主に引き渡した。

(5) 請求人は、本件土地及び本件甲家屋の譲渡による分離長期譲渡所得の金額の計算上、居住用財産の特別控除（本件特例）適用して、平成28年分の所得税及び復興特別所得税の確定申告書を法定申告期限までに原処分庁へ提出した。

(6) これに対して原処分庁は、本件乙家屋敷地の譲渡については、本件特例を適用できないとして、更正処分及び過少申告加算税の賦課決定処分をした。

4 審判所の判断

(1) 本件特例は、個人が居住用財産を譲渡した場合には、これに代わる新たな居住用財産を取得しなければならないのが通常で、一般の

資産の譲渡に比し特殊な事情にあり、その担税力が弱いことを考慮し、住宅政策上の見地から、居住用財産の譲渡所得につき、3,000万円を限度とする特別控除を認め、新たな居住用財産を購入できるように保障する趣旨で立法された特則、例外規定である。

(2)　また、本件特例は、措置法施行令第23条第1項により、その適用対象となる家屋について、個人がその居住の用に供している家屋を二以上有する場合には、これらの家屋のうち、その者が主としてその居住の用に供していると認められる一の家屋に限る旨規定している。

これは、租税負担公平の原則から本件特例の適用を政令で定めるものの譲渡に限定し、本件特例の濫用による不公平の拡大を防止しようとするもので、特則、例外規定である同条項の解釈に当たっては、狭義性、厳格性が要請されているものと解される。

(3)　本件甲家屋は、木造スレート鋼板葺2階建、延べ床面積77.76㎡の居宅であり、玄関、台所、風呂及び便所を備えていた。また、本件甲家屋には、電気、ガス、水道及び固定電話回線の各設備があり、洗濯機、冷蔵庫、テレビ、照明器具等の家電製品が設置されていた。

(4)　本件乙家屋は、木造合金メッキ鋼板葺2階建、延べ床面積108.11㎡の居宅であり、玄関、台所、風呂及び便所を備えていた。また、本件乙家屋には、電気、ガス、水道及び固定電話回線の各設備があり、洗濯機、冷蔵庫、テレビ、照明器具等の家電製品が設置されていた。

(5)　本件土地上に本件甲家屋敷地及び本件乙家屋敷地を特定できる塀や障壁は存在しなかった。また、本件接合部分には、ひさし及び柵が設置されていたが、屋根や壁は設けられていなかった。

(6)　本件甲家屋と本件乙家屋の規模及び構造は、上記(3)及び(4)のとおりであるから、本件甲家屋と本件乙家屋は、それぞれ独立の家屋としての機能を有していたといえる。

したがって、本件甲家屋と本件乙家屋は併せて一構えの一の家屋であるとは認められない。

(7)　請求人は、請求人が本件乙家屋を居住の用に供しており、本件乙家屋敷地にも本件特例が適用される旨主張するが、請求人の居住の用に供していた家屋が本件甲家屋であることは、事実関係のとおりであり、また、本件甲家屋と本件乙家屋が併せて一構えの一の家屋であるとは認められないのであるから、本件特例の適用上、請求人の居住の用に供されていた家屋が、本件甲家屋のみとなることは明らかである。

(8)　なお、本件乙家屋は請求人が所有する家屋ではないから、本件特例の適用上、「個人がその居住の用に供している家屋を二以上有する場合」に当たらないため、請求人が主として居住の用に供していた家屋が本件甲家屋と本件乙家屋のどちらであるかを検討するまでもなく、本件乙家屋は請求人が居住の用に供している家屋ではない。

(9)　以上のことからすると、本件甲家屋と本件乙家屋は併せて一構えの一の家屋とはいえず、それぞれ独立した居住用家屋であり、また、請求人の居住の用に供していた家屋は本件甲家屋であるから、本件乙家屋敷地は、本件特例が適用される請求人の居住用財産に当たらない。

本裁決の留意点

1　同一敷地内に家屋が数棟ある場合に、譲渡者の居住用資産として認められる範囲について問題となるケースはときどきある。例えば、「母屋」に対して「離れ」がある場合、また、「母屋」に対して「納屋」や「倉庫」があり、それらの一部が農業やその他の事業用として使用されている場合などにおいては、悩ましい問題が生じることもある。また、最近では、同一棟内のマンション2室が併せて「一の家屋」に該当するかどうかという問題もあり、争訟に至った事例もあ

る。

　この判断に当たっては、本裁決が示したように、まずは、それぞれの家屋の住居としての物理的な独立性を検討すべきであり、それでも判断がつかない場合には、次に、譲渡者や関係者の生活スタイルなどを踏まえて、一の家屋であるか否かを判断することになるであろう。

2　請求人は、２棟の家屋が一構えの一の家屋に該当するか否かの判断に当たっては、家屋の客観的状況のみならず、家屋の使用状況等、本件特例の制度趣旨、租税負担公平の原則の観点の各要素を総合考慮して判断すべきである旨主張した。

　これに対して審判所は、家屋の使用状況等は主観的事情であり、二義的に参酌される事情にすぎず、また、本件特例の制度趣旨及びその適用に当たって狭義性、厳格性が要請されており、租税負担の公平は、租税法の適正な解釈に従って統一的に租税関係法令を適用することによって実現されるべきものであるなどとして、請求人の主張を排斥している。

3　さらに請求人は、独立の家屋としての機能を有するか否かの判断に当たっては、当該家屋に設置されている設備の状況において現に同設備を使用している者を基準として判断すべきである旨主張した。

　審判所はこの点についても、「居住用財産特別控除規定の解釈に当たって狭義性、厳格性が要請されていることからすれば、独立の居住用家屋としての機能を有するか否かの判断は、客観的な状況を判断基準として行われるものであり、個々に相違する個人の事情は二義的に参酌されるべき事情にすぎない。」として請求人の主張を排斥した。

　本事例の場合、請求人が所有する一つの敷地内に、請求人所有の家屋と請求人の子ら所有の家屋が隣接していたため、請求人としては、土地の全部が請求人の居住用財産に当たるとの判断があったものと思われるが、やはり無理があったと思われる。

◆関係法令

措置法第35条第１項、措置法施行令第20条の３第２項、第23条第１項

◆関係キーワード

居住用財産の譲渡、居住の用に供している家屋を二以上有する場合、客
観的状況

措置法施行令第25条の16第１項第２号所定の「当該譲渡をした資産の当該課税価格の計算の基礎に算入された金額」は本件各土地の相続税の課税価格に算入された価格に基づく金額であるとした事例

令和元年７月５日裁決　裁決事例集№116

裁決の要旨

　措置法第39条（本件特例）は、一定の要件に該当する場合に、例外的な措置として、相続税を取得費として加算することを認めるものであるところ、これは、相続人が相続税の納税のため相続財産を処分しなければならない場合、その財産の処分に際して、その処分をした者に対し、被相続人の所有期間に生じたキャピタル・ゲインを含めて所得税を課税する（被相続人の取得価額に基づいて譲渡所得を計算する）ことから、当該納税者の負担感が強くなるという問題に対処するため、政策的な見地から、相続財産の処分をした場合、譲渡所得の計算上、譲渡した相続財産に対応する部分の相続税額を取得費に準じて加算することを認めた趣旨のものと解される。

　かかる本件特例の趣旨からすれば、本件特例は、譲渡した相続財産に対応する部分についてのみ取得費加算を許容したものと解すべきであり、その部分を超えてまで加算を認めるものではない。

　本件相続税更正処分においては、相続税の課税価格の計算の基礎に算入された本件各土地の評価額は、自用地としての評価額ではなく、貸家建付地として評価された金額であるところ、これは相続税の課税価格の計算上、本件各土地の評価額を貸家建付地として減額しているだけであって、本件各土地そのものであることには変わりはない。

　したがって、措置法施行令第25条の16第１項に規定される「譲渡をした資産の当該課税価格の計算の基礎に算入された価額」として本件各借地権が本件各土地のうちに占める価額は、本件各土地が相続税の課税価

格の計算の基礎に算入された価額すなわち貸家建付地評価額に本件各借地権の占める割合を乗じた価額とするのが相当である。

本裁決のポイント解説

1 問題の所在

(1) 所得税法第33条第1項は、借地権等の設定をした場合に、その設定の対価として受け取る金額が、その土地の価額の10分の5に相当する金額を超えるとき（所得税法施行令第79条第1項）は、資産の譲渡に当たることを定めている。

　　これは、借地権等の設定があった場合には、実質的に地主は、その土地の更地のうち土地の利用権に当たる部分（借地権部分）を譲渡したのと同様の状態になることから、法的には土地の賃借であっても、所得税の課税においては、土地の譲渡があったものとして譲渡所得による課税をすることとしたものである。

(2) また、相続税の課税の対象となった財産を相続人が譲渡した場合、譲渡した資産の値上がり益に対し所得税が課税される。一方で、相続税は相続が開始してから通常は約10カ月後に納付するため、相続税の課税対象となった財産を譲渡した場合、納税者にとっては、税が二重に課税されるとの印象を持つことが指摘されていた。このような納税者感情に配意し、譲渡所得の計算上、その相続財産に課せられた相続税に相当する金額を、譲渡所得の取得費に加算するという調整措置が図られたのが措置法第39条（本件特例）である。

(3) 本事例は、借地権設定の対価として受領した金員が譲渡所得に区分されることに争いはないものの、このような場合の本件特例の適用について、取得費として加算できる金額の算定過程が争われたものであり、事例としてはやや珍しいものである。

2 本件の争点

⑴ 本件各税務調査の手続に原処分を取り消すべき違法事由があるか
否か（争点1）。

⑵ 本件更正処分の理由の提示に不備があるか否か。また、原処分庁
の理由の差替えは許されるか否か（争点2）。

⑶ 本件譲渡所得金額の取得費加算額の計算上「当該譲渡をした資産
の当該課税価格の計算の基礎に算入された価額」はいくらか（争点
3）。

ここでは、争点3のみを検討の対象とする。

3 事実関係

事実関係については、上記の争点3に関わる部分についてのみ簡記
することとする。なお、本裁決では必ずしも明らかにされていない部
分で、後の訴訟で明らかになった事実は、これを踏まえて事実関係を
整理している。

⑴ Ｎ2（本件被相続人）は、平成27年6月○日（本件相続開始日）
に死亡し、その相続（本件相続）が開始した。

本件相続に係る共同相続人は、いずれも本件被相続人の養子であ
る請求人及びＮ3の2名（請求人ら）である。

⑵ 請求人らは、平成27年11月27日付で成立した本件相続に係る遺産
分割協議により、本件被相続人が本件相続開始日に所有していた土
地及び建物を各2分の1ずつの割合により取得した。

⑶ 請求人らと、Ｑ社（代表取締役は請求人）は、平成27年12月11
日、下記各契約を締結した。

① 請求人らが、Ｑ社に対し、2015年12月12日から2035年12月31日
の間、建物所有目的で、請求人らが相続により取得した土地の一
部（地積509.13㎡）を賃貸する旨の契約（本件借地権設定契約
1）

イ 月額賃料（地代） 次の計算式により算出される金額とし、

毎年変動する。

　ロ　当該年度の公租公課（固定資産税＋都市計画税）×1.1÷12

　ハ　Ｑ社は、権利金　32億4,600万円を締結時に請求人らに支払う。

②　請求人らが、Ｑ社に対し、2015年12月12日から2035年12月31日までの間、建物所有目的で、請求人らが相続により取得した土地の一部（地積179.00㎡）を賃貸する旨の契約（本件借地権設定契約2。本件借地権設定契約1及び同2を併せて「本件各借地権設定契約」）

　イ　月額賃料（地代）　次の計算式により算出される金額とし、毎年変動する。

　ロ　当該年度の公租公課（固定資産税＋都市計画税）×1.1÷12

　ハ　Ｑ社は、権利金　16億4,600万円を締結時に請求人らに支払う。

③　相続財産である建物（本件建物1）の所有を目的として本件借地権設定契約1を締結することを条件として、請求人らが、Ｑ社に対し、本件建物1を1,000万円で譲渡する契約（本件建物売買契約1）。

④　相続財産である建物（本件建物2）の所有を目的として本件借地権設定契約2を締結することを条件として、請求人らが、Ｑ社に対し、本件建物2を5,600万円で譲渡する契約（本件建物売買契約2）。

⑤　上記①及び②の各土地（本件各土地）は、本件相続開始日においていずれも借地権割合が90％の地域にある。

(4)　請求人は、平成28年3月14日、請求人の平成27年分の所得税及び復興特別所得税（本件所得税等）につき、本件所得税等の確定申告書（本件確定申告）を原処分庁に提出した。

　その際、請求人は、本件各借地権設定契約に係る各権利金は譲渡所得に該当するとして、本件建物1及び本件建物2の譲渡と併せ

て、本件所得税等に係る分離長期譲渡所得の金額を計算し、本件各借地権設定契約に係る分離長期譲渡所得の金額（本件譲渡所得金額）の計算上の取得費加算額を計算していた。そして、その取得費加算の対象となる譲渡資産の価額を、本件各土地の相続税評価額（貸家建付地評価額）全額としていた。

(5) 原処分庁は、本件所得税等調査に基づき、平成30年5月29日付で、更正処分及び過少申告加算税の賦課決定処分をした。

その際、原処分庁は、本件所得税等に係る本件譲渡所得金額のうちの取得費加算の対象となる譲渡資産の価額を、本件各土地の相続税評価額（貸家建付地評価額）に借地権割合を乗じた価額としていた。

4 審判所の判断

(1) 本件特例には、相続税課税時には一つの資産として評価された土地について、譲渡所得課税の対象となる当該土地の貸付け（借地権の設定）が行われた場合の取得費加算額の具体的な計算方法についてまでは明記されていないものの、措置法第39条第1項本文に「譲渡所得の基因となる不動産の貸付けを含む」と記載されているとおり、譲渡所得課税の対象となる土地が貸し付けられた場合も同条の定める算定方法により取得費加算額を計算することを前提としていることは明らかである。

そうすると、本件のように、相続税課税時には一つの資産として評価された土地について借地権が設定された場合、その取得費加算額は、譲渡所得課税の対象とされた当該借地権が、相続財産の課税価格の計算の基礎に算入された当該土地のうちに占める割合を考慮して算定することが相当である。

(2) 措置法施行令第25条の16第1項にいう「当該譲渡をした資産」は、本件各借地権である。本件においては、本件各借地権が本件各土地の全体に占める割合は90％であることに加え、本件各土地周辺

地域の借地権割合も90％であることも併せ考慮すれば、本件各借地権設定契約により譲渡したものとみなされる本件各借地権の権利は、本件各土地の権利の90％相当分に当たるものと認められる。

　ところで、本件相続税更正処分においては、相続税の課税価格の計算の基礎に算入された本件各土地の評価額は、自用地としての評価額ではなく、貸家建付地として評価された金額であるところ、これは相続税の課税価格の計算上、本件各土地の評価額を貸家建付地として減額しているだけであって、本件各土地そのものであることには変わりはない。

　したがって、措置法施行令第25条の16第１項に規定される「譲渡をした資産の当該課税価格の計算の基礎に算入された価額」として本件各借地権が本件各土地のうちに占める価額は、本件各土地が相続税の課税価格の計算の基礎に算入された価額すなわち貸家建付地評価額に本件各借地権の占める割合である90％を乗じた価額とするのが相当である。

本裁決の留意点

1　本事例は、相続税の課税時においては貸家建付地として評価されていた土地について、その建物の所有を目的とする借地権が設定され、建物の買主（借地権者）から地主に対して権利金の支払があったというものである。当該権利金については、譲渡所得の対象となることに争いはないものの、本件特例の計算過程が問題とされたものである。

2　措置法施行令第25条の16（相続財産に係る譲渡所得の課税の特例）第１項は、措置法第39条第１項に規定する譲渡をした資産に対応する部分として政令で定めるところにより計算した金額（取得費加算額）は、次の①に掲げる相続税額に②に掲げる割合を乗じて計算した金額とする旨規定している。

①　当該譲渡をした資産の取得の基因となった相続又は遺贈に係る当該取得をした者の相続税額で、当該譲渡の日の属する年分の所得税

　　の納税義務の成立する時において確定しているもの

②　①に掲げる相続税額に係る①に規定する者についての課税価格の
　うちに当該譲渡をした資産の当該課税価格の計算の基礎に算入され
　た価額の占める割合

3　請求人の主張は、要旨「本件各土地に借地権を設定したのであるか
　ら、措置法施行令第25条の16第1項第2号所定の「譲渡をした資産の
　当該課税価格の計算の基礎に算入された価額」は、本件各土地の自用
　地としての価額に借地権割合の90％を乗じた金額となるべきである。
　もっとも、そうすると、本件各土地の相続税評価額（貸家建付地評価
　額）を上回ることとなることから、結局、「当該譲渡をした資産の当
　該課税価格の計算の基礎に算入された価額」は、本件各土地の相続税
　評価額（貸家建付地評価額）全額となる。」というものである。

　　これは、仮に土地の更地価額（相続税評価額）が10億円だったとす
　ると、貸家建付地としての評価額は7.3億円（10億円－10億円×90％
　（借地権割合）×30％（借家権割合））となるのに対し、借地権を設定
　した場合には、借地権価額（譲渡資産の価額）が9億円（10億円×90％
　（借地権割合））となり、借地権価額の方が高いので、貸家建付地の全
　部を譲渡したのと同じになるという主張である。請求人のこの主張
　も、一見もっともらしく思えるものではある。

　　しかし、審判所は、「措置法施行令25条の16第1項が定める「当該
　譲渡した資産の当該課税価格の計算の基礎に算入された価額」とは、
　（中略）本件各土地の相続税評価額（貸家建付地評価額）に本件各土
　地のうち譲渡した資産の割合を乗じた価額となるのであって、譲渡さ
　れた本件各借地権に対応する部分を超えて、つまり、譲渡していない
　所有権（底地）に係る部分についてまで加算を認めることはできない
　のであるから、請求人の主張は採用できない。」として、この考え方
　を排斥した。

　　先の例でいえば6.57億円（7.3億×90％）が譲渡資産の価額となる。

　　本件各借地権設定契約により、譲渡があったのは借地権部分のみで
　あり、底地の譲渡はされていないのであるから、審判所の判断は相当

である。本事例は訴訟に発展したが、原告（請求人）の訴えは棄却されている（納税者敗訴）。

4　この点につき、東京地裁は、「貸家建付地としての評価の際に（中略）、評価の対象とされているのは飽くまで当該土地の全体である。これに対し、本件譲渡所得に係る「当該譲渡をした資産の当該課税価格の計算の基礎に算入された価格」の算定に当たり借地権割合を考慮するのは、上記のようにして評価された貸家建付地としての本件各土地全体の評価額のうち、譲渡をした相続財産である本件各借地権に対応する部分の価格を算定し、これにより相続税額のうち取得費加算の対象となる部分を明らかにするためである。」（東京地裁令和3年10月12日判決）として、やはり、原告（請求人）の主張を排斥している。

◆関係法令

措置法第39条第1項、措置法施行令第25条の16第1項、所得税法第33条、所得税法施行令第79条第1項

◆関係キーワード

相続税額の取得費加算

◆参考判決・裁決／裁判へ発展した場合の事件番号

東京地裁令和3年10月12日判決・令和元年（行ウ）648号、東京高裁令和4年3月24日判決

上場株式等に係る譲渡損失の繰越控除の特例について、連続して確定申告書が提出されていないため適用することはできないとした事例

平成28年3月7日裁決　裁決事例集№102

裁決の要旨

　措置法第37条の12の2第8項は、同法第37条の10第1項後段の特例として、一定の上場株式等に係る譲渡損失の金額につき、株式等に係る譲渡所得等の金額の計算上控除できることとする同法第37条の12の2第6項（本件特例）の手続要件を定めるものである。

　そして、上記手続要件については、措置法第37条の12の2第8項に「上場株式等に係る譲渡損失の金額が生じた年分の所得税につき…確定申告書を提出し、かつ、その後において連続して確定申告書を提出している場合であって」と規定されているところ、上場株式等に係る譲渡損失の金額が生じた年分の確定申告書の提出と本件特例の適用を受ける年分の確定申告書の提出との先後関係については、同項が「その後において」と規定していることからすれば、上場株式等に係る譲渡損失の金額が生じた年分の確定申告書の提出が先であることは、文理上明らかである。

　請求人は、平成22年分及び平成23年分の各確定申告書を提出した平成25年9月30日より前の同年3月15日に、平成24年分の確定申告書を提出しており、平成22年分、平成23年分、平成24年分及び平成25年分の各確定申告書を順次提出していないのであるから、措置法第37条の12の2第8項に規定する「その後において連続して確定申告書を提出している場合」には該当しない。

1 問題の所在

確定申告書を提出する居住者等が、その年の前年以前3年内の各年において生じた「上場株式等に係る譲渡損失の金額」を有する場合には、措置法第37条の11第1項後段の規定にかかわらず、当該上場株式等に係る譲渡損失の金額に相当する金額は、その年分の上場株式等にかかる譲渡所得等及び配当所得等の金額の計算上控除することとされている（措置法第37条の12の2第8項（当時。現行は同条第5項））。上場株式等に係る譲渡損失の繰越控除と呼ばれる制度である。

ただし、この制度は、あくまでも政策上の優遇措置であることから、その適用には手続上の要件が定められており、その手続を履行した者のみが特例の対象となる。本事例は、その手続要件の充足の有無を争点とするものであるが、実務的にはときどき発生することがある。

なお、税制改正により、本事例に記載した措置法第37条の12の2の「項」の番号（項番号）と現行の条文の項番号は異なっている。

2 本件の争点

(1) 請求人は、措置法第37条の12の2第8項に規定する「その後において連続して確定申告書を提出している場合」に該当するか否か（争点1）。

(2) 仮に、措置法第37条の12の2第8項に規定する要件を満たさないとしても、請求人には、確定申告書の提出又は書類の添付がなかったことにつき、同条第9項が準用する同条第4項に規定する「やむを得ない事情」があるか否か（争点2）。

ここでは、争点2の検討は省略する。

3　事実関係

(1)　平成24年分の所得税の確定申告（平成25年3月15日）

　　請求人は、株式等に係る譲渡所得等の金額を○○○○円（①：黒字）と記載した平成24年分の所得税の確定申告書を原処分庁に提出して、平成24年分の所得税の確定申告をした。なお、上記申告書には、措置法第37条の12の2第6項に規定する特例（本件特例）を適用する旨の記載はなかった。

(2)　平成22年分の所得税の確定申告（平成25年9月30日）

　　請求人は、株式等に係る譲渡所得等の金額を△○○○○円（赤字）及び翌年以後に繰り越される上場株式等に係る譲渡損失の金額を○○○○円（①）と記載した平成22年分の所得税の確定申告書を原処分庁に提出して、平成22年分の所得税の確定申告をした。

(3)　平成23年分の所得税の確定申告（平成25年9月30日）

　　請求人は、株式等に係る譲渡所得等の金額を△○○○○円（①：赤字）及び翌年以後に繰り越される上場株式等に係る譲渡損失の金額を○○○○円（②）（上記(2)①の金額と上記①の損失の金額との合計金額）と記載した平成23年分の所得税の確定申告書を原処分庁に提出して、平成23年分の所得税の確定申告をした。

(4)　平成25年分の所得税等の確定申告（平成26年3月15日）

　　請求人は、株式等に係る譲渡所得等の金額を○○○○円（①：黒字）及び当該金額から差し引く上場株式等に係る譲渡損失の金額を○○○○円（上記(3)②の金額から上記(1)①の金額を控除した金額）と記載した平成25年分の所得税等の確定申告書を原処分庁に提出して、平成25年分の所得税等の確定申告をした。

(5)　平成23年分の所得税の修正申告（平成26年11月4日）

　　請求人は、原処分庁所属の職員の調査に基づき、株式等に係る譲渡所得等の金額及び上場株式等に係る配当所得の金額に誤りがあったとして、株式等に係る譲渡所得等の金額を△○○○○円（赤字）、上場株式等に係る配当所得の金額を○○○○円とした上で、

当該配当所得の金額と損益通算した後の株式等に係る譲渡所得等の金額を△○○○○円（①：赤字）及び翌年以後に繰り越される上場株式等に係る譲渡損失の金額を○○○○円（上記(2)①の金額と上記①の損失の金額との合計金額。「本件譲渡損失額」）と記載した平成23年分の所得税の修正申告書を原処分庁に提出して、平成23年分の所得税の修正申告をした。

(6)　平成24年分の所得税の更正の請求（平成26年11月5日）

　　　請求人は、措置法第37条の12の2第9項の規定により、株式等に係る譲渡所得等の金額の計算上、本件特例を適用し得るとして、株式等に係る譲渡所得等の金額を零円とし、加えて給与所得の金額を○○○○円と記載した更正の請求書を原処分庁に提出して、平成24年分の所得税の更正の請求（本件更正の請求）をした。

(7)　原処分庁は、①平成22年分及び平成23年分の所得税の各確定申告書の提出が平成24年分の所得税の確定申告書を提出した後であるため、措置法第37条の12の2第8項に規定する「その後において連続して確定申告書を提出している場合」には当たらないこと及び②同条第9項の規定は適用されないことなどから、株式等に係る譲渡所得等の金額の計算上、本件譲渡損失額について本件特例を適用できないとして、更正をすべき理由がない旨の通知処分（本件通知処分）をした。

(8)　原処分庁は、請求人の平成24年分所得税について、株式等の譲渡所得等の金額を上記(1)①と同額とした上で、本件更正の請求のとおり、給与所得の金額を○○○○円とするなどして、更正処分及び本件賦課決定処分をした。

(9)　原処分庁は、請求人の平成25年分所得税について、①平成24年分の所得税の確定申告書には上場株式等に係る譲渡損失の金額に関する明細書等が添付されていなかったこと及び②措置法第37条の12の2第8項に規定する「その後において連続して確定申告書を提出している場合」には当たらないことから、株式等に係る譲渡所得等の

金額の計算上、本件特例は適用できず、上記(4)の上場株式等に係る譲渡損失の金額は控除できないとして、株式等に係る譲渡所得等の金額を上記(4)①と同額などとする更正処分及び過少申告加算税の賦課決定処分をした。

4 審判所の判断

(1) 措置法第37条の12の2第6項が「上場株式等に係る譲渡損失の金額（この項の規定の適用を受けて前年以前において控除されたものを除く。）」と規定し、本件特例の適用を受ける年分において控除する上場株式等に係る譲渡損失の金額から、当該年分の前の年分においてすでに控除された当該譲渡損失の金額を除いていることからすれば、上場株式等に係る譲渡損失の金額が生じた年分の確定申告書の提出後に、順次その後の年分の確定申告書が提出され、当該譲渡損失の金額も順次控除することを予定しているといえるのであって、同条第8項の規定は、本件特例の適用を受ける年分より前の各年分に生じていた当該譲渡損失の金額と本件特例の適用を受ける年分において控除する当該譲渡損失の金額とを逐次明らかにさせることにより、税額の計算の安定を確保し、もって租税法律関係の明確化を図るものと解される。

(2) そうすると、措置法第37条の12の2第8項に規定する「その後において連続して確定申告書を提出している場合」とは、上場株式等に係る譲渡損失が生じた年分の確定申告書を提出した後に、その後の年分の確定申告書が順次連続して提出されている場合をいうものと解される。

(3) 請求人は、平成22年分及び平成23年分の各確定申告書を提出した平成25年9月30日より前の同年3月15日に、平成24年分の確定申告書を提出しており、平成22年分、平成23年分、平成24年分及び平成25年分の各確定申告書を順次提出していないのであるから、措置法第37条の12の2第8項に規定する「その後において連続して確定申

告書を提出している場合」には該当しない。

(4) 請求人は、措置法第37条の12の2第8項に規定する「連続して確定申告書を提出している場合」とは、①修正申告又は更正の請求等により、結果として上場株式等に係る譲渡損失の金額に関する株式等に係る譲渡所得等の金額の計算の連続性が確認できればよく、②措置法通達37の12の2-5の定めからすれば、確定申告書の提出の順序に係る時系列を意味するものでないことは推測し得る旨主張する。

しかしながら、措置法第37条の12の2第8項に規定する「その後において連続して確定申告書を提出している場合」については、上記(2)のとおりであり、また、措置法通達37の12の2-5の定めは、同項に規定する「上場株式等に係る譲渡損失の金額が生じた年分の所得税につき…書類の添付がある確定申告書を提出」した場合に関する法令解釈通達であって、「その後において連続して確定申告書を提出している場合」に関する法令解釈通達ではないから、請求人の主張はいずれも採用することができない。

本裁決の留意点

1 本件特例は、実体的な要件を満たしていたとしても、上場株式等に係る譲渡損失の金額が生じた年分の確定申告書の提出後に、連続して確定申告書を提出していなければ認められない。この連続申告要件が設けられた趣旨については、本裁決でも簡単に触れているが、次の裁判例の判示が参考となる。

「連続申告要件が設けられた趣旨は、所得税は、納付すべき税額が納税者のする申告により確定することを原則とする申告納税方式による国税であること（通則法16条1項1号）から、他の所得と区分して所得税が課される株式等に係る譲渡所得等の金額についても、連続した申告によって、その年ごとに、本件特例に基づく繰越控除の計算をし、これを確定する必要があることによるものと解される。すなわ

ち、本件特例の適用を受けることとした場合、控除年分において本件特例に基づく繰越控除の計算をし、所得税が課される株式等に係る譲渡所得等の金額を確定させるためには、控除年分の前年以前３年以内の各年において生じた上場株式等に係る譲渡損失の金額が確定している必要があることから、措置法37条の12の２第８項は、損失発生年分の所得税につき損失発生年分添付書類の添付がある確定申告書を提出すること（損失発生年分申告要件）とは別に連続申告要件を設け、控除年分の確定申告書において必要な事項（措置法施行令25条の11の２第11号）を記載して翌年以後において本件特例の適用を受ける旨が明らかにされ、翌年以後において株式等に係る譲渡所得等の金額の計算上控除することができる上場株式等に係る譲渡損失の金額が確定している場合に限って、本件特例の適用を認めたものと解される。」（大阪地裁令和元年10月18日判決）

2　なお、本裁決の争点２で問題とされている本件特例におけるいわゆる「宥恕規定」については、平成25年度の税制改正で廃止されている。

この点について付言すると、各税法の条文に規定のある「やむを得ない事情」とは、一般に、納税者の責めに帰することのできない客観的な事情（天災等）を指し、「納税者の税法の不知」などという主観的事情はこれに含まれないと考えられている（本裁決も同趣旨である。）。

◆関係法令

措置法第37条の12の２（その後の税制改正により、現在は「項番号」が変更となっていることに注意）

◆関係キーワード

上場株式等に係る譲渡損失の損益通算及び繰越控除、連続して確定申告書を提出している場合

◆参考判決・裁決

大阪地裁令和元年10月18日判決

所有者を被相続人の孫とする登記がなされているなど家屋に係る相続税の申告以前の状況からすると、相続税の申告において請求人が当該家屋を申告しなかったことにつき通則法第65条第4項に規定する正当な理由が認められるとした事例

令和3年6月24日裁決　裁決事例集№123

裁決の要旨

　過少申告加算税は、過少申告による納税義務違反の事実があれば、原則としてその違反者に対して課されるものであり、これによって、当初から適法に申告し納税した納税者との間の客観的不公平の実質的な是正を図るとともに、過少申告による納税義務違反の発生を防止し、適正な申告納税の実現を図り、もって納税の実を挙げようとする行政上の措置と解される。

　この趣旨に照らせば、通則法第65条第4項にいう「正当な理由があると認められる」場合とは、真に納税者の責めに帰することのできない客観的な事情があり、上記のような過少申告加算税の趣旨に照らしてもなお納税者に過少申告加算税を賦課することが不当又は酷になる場合をいうものと解するのが相当である（最高裁平成18年4月20日第一小法廷判決・民集60巻4号1611頁参照）。

　相続開始時点において本件家屋の登記上は本件孫名義であり、当該売買以前から本件家屋には、本件被相続人ではなく譲受人である本件孫が居住していたことからすると、請求人は、本件家屋に係る本件被相続人と本件孫との間の売買契約が有効に成立し、本件家屋の所有権が本件孫に移転したと誤信せざるを得ない事情があったといわざるを得ない。加えて、本件家屋の売買代金が実質的に支払われていないことを把握し得た時点が、相続税の申告期限後であったことを併せ考えれば、請求人が本件家屋について申告しなかったことにより相続税の申告が過少申告と

なったことにつき、真に納税者の責めに帰することのできない客観的な事情があり、過少申告加算税の趣旨に照らしてもなお請求人に過少申告加算税を賦課することは不当又は酷であって、請求人には「正当な理由」があったと認められる。

■ 本裁決のポイント解説 ■

1　問題の所在

　相続税額の計算体系は、各相続人等が相続により取得した財産の合計額をもとに、いったん「相続税の総額」を算出し、これを各相続人等の財産取得割合に応じて配分するという方式をとっている関係上、各相続人の相続税額は、他の相続人の財産取得状況に影響を受けることになる。また、相続開始前3年以内の贈与加算（相続税法第19条）や相続時精算課税制度（相続税法第21条の15ほか）があるため、各相続人が正しい相続税額を算出するためには、自己の財産取得状況だけではなく、他の相続人の財産取得状況と過去の贈与の状況等についても把握しなければならないということになる。

　しかし、相続人間で、意思の疎通が十分でなかったり、もともと仲違いの状態であったなどの場合には、被相続人からの過去の贈与事実について、他の相続人に秘しておくということが、相続又は相続税の実務上はしばしば起こっている。

　本事例も、相続人間で、相続財産の全貌把握や過去の贈与の事実などについて、情報共有が必ずしも適切に行われなかったものである。このような状況下で、相続財産の申告漏れがあったときは、過少申告加算税の賦課をどのようにすべきかが争われた。

2　本件の争点

(1)　本件入金額を預け金とした本件更正処分は適法か否か（争点1）。

(2) 請求人に通則法第65条第4項に規定する正当な理由があるか否か（争点2）。

ここでは、争点2についてのみ検討の対象とする。

3 事実関係

事実関係については、争点2のうち、後述する本件家屋と本件入金額の申告漏れに係る過少申告加算税賦課の適否の検討に必要な範囲で簡記する。

(1) G（本件被相続人）は、平成29年7月に死亡し、その相続（本件相続）が開始した。

本件相続に係る共同相続人は、いずれも本件被相続人の子である請求人及びHの2名であった。

(2) 本件被相続人は、本件相続の開始時において、各預貯金口座（本件被相続人各口座）を利用しており、平成16年12月22日から本件相続の開始時までの間に、本件被相続人各口座から合計○○○○円の現金が出金されていた。

また、遅くとも平成24年頃から、上記の各出金の手続の大半は、相続人H及び同人の配偶者であるJが行っていた。

(3) 相続人H及びJ、いずれも相続人Hの子であるK及びL並びにKの配偶者であるM名義の各預貯金口座には、平成17年1月5日から平成29年6月19日までの間に、本件被相続人各口座から出金された現金を原資とする合計62,440,516円が入金された。以下、本件被相続人各口座から出金された現金を原資とする各預貯金口座への入金額の合計62,440,516円を「本件入金額」という。

(4) 本件被相続人が所有していたa市d町に所在する家屋（本件家屋）は、平成25年7月30日、売買を原因として、本件被相続人からKへ所有権移転登記が行われた。

(5) 請求人は、平成26年3月10日、本件被相続人の関与税理士として、本件被相続人の平成25年分の所得税及び復興特別所得税の確定

申告書を作成し、原処分庁へ提出した。上記の申告書では、平成25年分の本件被相続人に係る不動産所得、雑所得とともに、上記(4)の本件家屋の売買に係る譲渡所得についても申告されていた。

(6) 上記(4)の本件家屋に係る本件被相続人からKへの所有権移転登記は、令和元年12月6日、錯誤を原因として抹消された。なお、上記の錯誤は、上記(4)の売買について、Jが、本件被相続人の承諾なく行った無効な売買であることを原因とするものであった。

(7) 請求人は、平成30年2月9日、本件相続に係る相続税の申告書を原処分庁へ提出した。

上記の申告書には、本件入金額及び本件家屋は相続財産として計上されていなかった。

(8) 原処分庁は、請求人に対し、令和2年6月17日付で、①本件被相続人からKへの本件家屋の売買が実際には行われていなかった、②本件入金額は、本件被相続人が相続人Hに預けた財産（預け金）であったにもかかわらず、請求人がこれらの財産を申告していなかったなどと認められるとして、本件相続に係る相続税の更正処分及び過少申告加算税の賦課決定処分（本件賦課決定処分）をした。

4 審判所の判断

(1) 不動産登記には、公信力が認められないものの、一般的には登記簿上の名義人が、当該不動産の所有者と推定することができる。本件においては、本件相続の開始時、本件家屋の所有者をKとする登記がなされており、しかも、請求人が関与税理士として本件家屋の売買に係る譲渡所得の申告を行っていること、また、本件被相続人は、平成21年頃から本件家屋に居住しておらず、譲受人であるKが居住しており、かつ、Kと同じく本件被相続人の孫に当たるQも、本件被相続人から土地の遺贈を受けており、本件被相続人が、Kに本件家屋を譲渡することが、特段不自然、不合理とはいえない。このような事情からすれば、請求人において、殊更に、本件家屋の売

買の有効性を疑うべき状況になかったと認められる。

　このような本件家屋に係る相続税の申告以前の状況からみれば、請求人には、本件被相続人とKとの間の本件家屋の売買が有効に成立し、本件家屋の所有権がKに移転したと誤信せざるを得ない事情があったといわざるを得ない。

(2)　このことに加え、本件被相続人各口座からK名義の預金口座を経由して本件被相続人各口座へ資金が還流した事実を請求人が把握し得た時点が、本件相続に係る相続税の申告期限後であったことを併せ考えれば、請求人が本件家屋について申告しなかったことにより本件相続に係る相続税の申告が過少申告となったことについて、真に納税者の責めに帰することのできない客観的な事情があり、過少申告加算税の趣旨に照らしてもなお請求人に過少申告加算税を賦課することは不当又は酷であって、請求人には正当な理由があったと認められる。

(3)　請求人は、本件相続に係る相続税の申告期限までに本件被相続人各口座の取引履歴を取得し、当該取引履歴から本件入金額に相当する額を含む出金の事実及びその使途が不明であることを把握していたものと認められる。

　それにもかかわらず、請求人は、本件入金額を含む出金された現金の使途について、相続人Hに口頭で数回尋ね、それに対し、相続人Hから本件被相続人のために使った旨の抽象的な返事をされただけで、それ以上、具体的にその使途を追及したり、調査することもなく、本件入金額の全額が、本件相続に係る財産に含まれないとして、本件相続に係る相続税の各申告書を提出し、過少申告したものである。

(4)　したがって、上記の過少申告について、真に請求人の責めに帰することのできない客観的な事情があり、過少申告加算税の趣旨に照らしてもなお請求人に過少申告加算税を賦課することが不当又は酷であるとはいえないから、請求人に正当な理由があったとは認めら

れない。

(5)　請求人は、相続人Hに対し、本件被相続人各口座から出金した現金の使途を照会したものの、相続人Hから回答が得られなかったことから、本件入金額が相続財産に含まれることを把握することはできなかった旨、また、本件入金額がみなし贈与となるから、「相続税、贈与税の過少申告加算税及び無申告加算税の取扱いについて（事務運営指針）」（平成12年7月3日付課資2−264ほか国税庁長官通達。「本件通達」）の第1の1の(3)のイに該当し、正当な理由がある旨主張する。

　　しかしながら、請求人の主張する事情とは、結局のところ、共同相続人である相続人Hの行為によって相続財産の範囲が不明確であったため、申告ができなかったとする請求人の主観的な事情にすぎない。

　　また、本件入金額はみなし贈与に当たらないから、本件通達の第1の1の(3)のイに該当しない。

　　したがって、これらの点に関する請求人の主張には理由がない。

(6)　上記(2)のとおり、本件家屋に係る税額については、通則法第65条第4項に規定する正当な理由があると認められるものの、他の部分については、本件相続に係る相続税の申告が過少申告になったことについて、請求人に同項に規定する正当な理由があるとは認められない。

本裁決の留意点

1　原処分庁は、請求人は、本件被相続人各口座からの入出金が、本件被相続人の固定資産（補充）課税台帳登録事項証明書に証明されていない不動産の取得等に充てられている可能性も含め、その入出金などを調査すべきであり、請求人が、本件家屋が本件相続に係る財産であることを把握することは可能であった旨主張した。

　これに対して審判所は、①本件家屋の売買について、特段不自然、

不合理な点は認められないのであり、請求人がこれを有効と信じてもやむを得ないこと、②請求人が、相続人Hら各口座の取引履歴等を入手したのは本件相続に係る相続税の申告期限後であったこと、③本件家屋が、本件被相続人の固定資産（補充）課税台帳登録事項証明書において証明もされていないこと、④本件相続の開始時から約4年も前に本件被相続人とKとの間で締結された売買契約の有効性について、請求人がその有効性を調査すべきであったとはいえないこと、などの理由を挙げて原処分庁の主張を排斥した。

　本裁決にやや類似した裁判例として、最高裁平成11年6月10日判決があるが、同判決に係る事件では、正当な理由はないとして納税者が敗訴している。内容には深く触れないが、同判決には厳しすぎるとの批判があることを紹介しておきたい（金子宏『租税法（第24版）』弘文堂（2021年）908頁）。

2　請求人が主張する本件通達は、相続税及び贈与税の加算税に関する取扱いを指示したものである。同通達中では、過少申告加算税を賦課しないことになる通則法第65条第4項の「正当な理由」に該当する場合を例示している。

　その通達の第1の1の(3)のイには、相続税法第51条第2項各号に掲げる事由を挙げているが、その代表的なものは、「期限内申告書の提出期限後に、その被相続人から相続又は遺贈（中略）により財産を取得した他の者が当該被相続人から贈与により取得した財産で相続税額の計算の基礎とされていなかったものがあることを知ったこと。」（相続税法第51条第2項第1号イ）である。

　本裁決においては、本件入金額が「贈与」ではないと認定されたため、同通達の適用はないとされたものであるが、請求人にはやや気の毒な結果であるとも思われる。

3　本裁決は、一人の相続人による相続財産の秘匿や過去の贈与事実の秘匿が、他の相続人の相続税額に影響を与えることになることを改めて思い起こさせる事例である。相続税は、課税客体たる相続財産に関する事情を最も知っている者（被相続人）が不存在であるため、相続

財産の把握や過去の贈与事実などについては、相続人等関係者全員の協力が不可欠である。本事例は、そのことを再認識させられるものである。

◆**関係法令**

通則法第65条第1項、第4項、「相続税、贈与税の過少申告加算税及び無申告加算税の取扱いについて（事務運営指針）」（平成12年7月3日付課資2-264ほか国税庁長官通達）、相続税法第51条第2項

◆**関係キーワード**

正当な理由、納税者の責めに帰することができない客観的な事情、不当又は酷

◆**参考判決・裁決**

最高裁平成11年6月10日判決・平成8年（行ツ）54号

相続財産の一部について、相続人がその存在を認識しながら申告しなかったとしても、重加算税の賦課要件は満たさないとした事例

令和元年11月19日裁決　裁決事例集№117

裁決の要旨

　通則法第68条第1項に規定する重加算税の制度の趣旨は、納税者が過少申告をするについて隠蔽又は仮装という不正手段を用いた場合に、過少申告加算税よりも重い行政上の制裁を科することによって、悪質な納税義務違反の発生を防止し、もって申告納税制度による適正な徴税の実現を確保しようとする行政上の措置である。

　したがって、重加算税を課するためには、納税者のした過少申告行為そのものが隠蔽仮装に当たるというだけでは足りず、過少申告行為そのものとは別に、隠蔽、仮装と評価すべき行為が存在し、これに合わせた過少申告がされたことを要するものである。

　しかし、上記重加算税制度の趣旨に鑑みれば、架空名義の利用や資料の隠匿等の積極的な行為が存在したことまで必要であると解するのは相当でなく、納税者が、当初から相続財産を過少に申告することを意図し、その意図を外部からもうかがい得る特段の行動をした上、その意図に基づく過少申告をしたような場合には、重加算税の賦課要件が満たされるものと解するのが相当である。

　本件相続人が、本件相続の開始から本件調査終了までにとった行動を総合すると、原処分庁をしてその発見を困難ならしめるような意図や行動をしているとは認められないから、本件預金を故意に当初申告の対象から除外したものとまでは認め難い。したがって、本件相続人が、相続税を当初から過少に申告することを意図し、その意図を外部からもうかがい得る特段の行動をした上、その意図に基づく過少申告をしたものと

認めることはできないから、通則法第68条第1項に規定する隠蔽又は仮装の行為に当たるとは認められない。

1 問題の所在

　納税者が、国税の課税標準等又は税額等の計算の基礎となるべき事実の全部又は一部を隠蔽し、又は仮装し、その隠蔽し、又は仮装したところに基づき納税申告書を提出していたときは、当該納税者に対し、過少申告加算税に代え、より負担の重い重加算税を課すこととされている（通則法第68条第1項）。同項の「隠蔽又は仮装」の解釈については、従来より様々な学説があり裁判例も多数あるものの、一種の事実認定であるため、個々の事例ごとに裁判所の判断も一様ではないと思われる。

　それでも、最高裁判例が積み重ねられてきたこと（例えば、代表的なものとして最高裁昭和62年5月8日判決、最高裁平成6年11月22日判決、最高裁平成7年4月28日判決など）により、実務においては、重加算税の賦課権限のある課税庁の方向性は少しずつ定まりつつあり（「相続税、贈与税の過少申告加算税及び無申告加算税の取扱いについて（事務運営指針）」（平成12年7月3日付課資2-264ほか国税庁長官通達）の制定など）、裁判例の動向も、上記で引用した最高裁の判例を踏まえたものが増えている傾向にある。

　しかし、個々の事例はその態様が様々であり、現在においても、全ての事例をカバーするほどの明確な賦課基準を定立するのは困難であろう。特に本事例のように、積極的な隠蔽又は仮装行為が認められないものの、納税者の認識のある過少申告があった場合に、重加算税を賦課することの適否はボーダーライン上にある難問である。

2　本件の争点

本件預金の申告漏れについて、本件相続人に通則法第68条第1項に規定する事実の隠蔽又は仮装の行為があったか否か。

3　事実関係

(1)　請求人の兄であるF（本件被相続人）は、平成27年4月に死亡し、本件被相続人に係る相続（本件相続）が開始した。

　　なお、本件相続に係る相続人は、本件被相続人の母であるG（本件相続人）のみである。

(2)　本件相続人は、平成27年5月15日、H銀行L支店において、本件被相続人名義の預金3口（本件預金）を解約し、同支店の本件相続人名義の口座に預け入れる相続手続をした。

(3)　本件相続人は、平成27年8月10日、本件相続に係る相続税の申告書の作成をJ税理士に依頼した。

　　本件相続人は、本件相続に係る相続税について、相続税の申告書を法定申告期限までに申告した（本件申告）。

(4)　本件相続人は、平成30年4月24日、原処分庁所属の調査担当職員（本件調査担当職員）の調査（本件調査）を受け、本件相続人は、平成30年7月17日、本件預金のほか本件被相続人名義のK銀行の預金や国債などの相続財産の申告漏れがあるとして、修正申告書を提出した。

(5)　請求人は、本件相続人が平成30年7月、死亡したことから、通則法第5条《相続による国税の納付義務の承継》第1項の規定により、本件相続人の納税義務を承継した。

(6)　原処分庁は、平成30年8月27日付で、請求人に対して過少申告加算税及び重加算税の各賦課決定処分をした。

4　審判所の判断

(1)　審判所の調査及び審理等の結果によれば、本件調査において、本

件預金の預金通帳は使用済通帳として本件相続人から本件調査担当職員に提示された。また、本件相続人は、H銀行L支店の本件相続人名義の口座について、本件預金を原資とする金員の預入れをした日（平成27年5月15日）以降、平成30年4月26日に至っても当該口座を解約していなかった。

(2) 本件調査担当職員が、平成30年4月26日付で作成した調査報告書には、要旨、本件調査担当職員が本件預金について、J税理士に「基本的には、先生に見せていないということは隠ぺいととられませんか。」と問い掛けたのに対し、J税理士は「わたしにみせていないのだからそうなります。」と申述した旨の記載があった。

(3) J税理士は、平成31年3月25日、当審判所に対して、本件相続人から本件預金に係る通帳を提示されなかったことは事実だが、本件相続人が本件預金を隠蔽したのか又は（本件預金に係る通帳の）単なる提示漏れだったのかどうか、確たることは分からない旨答述した。

(4) 原処分庁は、本件預金の申告漏れについて、本件相続人が本件預金の存在を知っていたにもかかわらず、J税理士へ本件預金の存在を伝えなかったことについて、事実の隠蔽あるいは故意に脱漏したと評価できる旨主張する。

しかしながら、この主張の根拠となる上記(2)によれば、J税理士が本件調査担当職員に対し、「わたしにみせていないのだからそうなります。」と述べているだけであって、申述時におけるJ税理士の認識を述べているにすぎない。この申述内容からは、本件相続人がJ税理士に対して、本件預金の存在を過失により伝えなかったのか、意図的に伝えなかったのかということまでは判別できず、あえて本件預金の存在を伝えなかったという意図まで読み取ることは到底できない。

(5) そして、その他の原処分庁から提出されている証拠や当審判所に対するJ税理士の答述を踏まえても、本件相続人が本件預金の存在

をJ税理士に伝えなかったことは認められるとしても、必ずしも本件相続人が本件預金を相続財産であることを認識した上で、あえてこれを伝えなかったとまで認めることはできない。

(6)　また、本件相続人は、本件預金について自ら解約手続を行い、本件相続人名義の口座へ入金していた事実からすれば、本件相続人が本件預金の存在を知っていたことは認められる。しかしながら、本件相続人は、本件預金を原処分庁が容易に把握し得ないような他の金融機関や本件相続人名義以外の口座などに入金したのではなく、解約した本件預金の口座と同じ金融機関の本件相続人名義の口座に入金していたのである。また、本件相続人は、平成27年5月15日に当該入金をした後、平成30年4月26日に至っても当該口座を解約していなかった。これらのことからすると、本件相続人が原処分庁をして本件預金の発見を困難ならしめるような意図や行動をしているとは認められない。

(7)　さらに、本件相続人は、本件預金の預金通帳が使用済通帳として破棄できる状況にありながら、本件調査が行われるまで保管し、本件調査の際には、本件調査担当職員の求めに応じて、本件預金の使用済通帳を素直に提示していること、本件調査担当職員から本件預金を含めた本件被相続人名義の財産の申告漏れを指摘されると、特段の弁明をすることなく当該事実を認め、修正申告の勧奨に応じて修正申告をしていることなどの事情からしても、本件相続人が、本件預金を故意に本件申告の対象から除外する意図があったものとは認め難い。そして、その他原処分関係資料及び当審判所の調査の結果によっても、本件預金を故意に本件申告の対象から除外したと推認させる事実を認めるに足りる証拠はない。

(8)　これらによれば、本件相続人が当初から相続財産を過少に申告する意図を有し、その意図を外部からもうかがい得る特段の行動をした上、その意図に基づく過少申告をしたものと認めることはできない。

そうすると、通則法第68条第１項に規定する課税標準等の計算の基礎となるべき事実の隠蔽又は仮装の行為があったとは認められない。

本裁決の留意点

1　通則法第68条第１項の「隠蔽又は仮装」の有無は、個々の事例ごと判断するほかないが、相続税の特質としては、相続財産の状況を最も知悉している本人（被相続人）がいないということであろう。

　本事例では、その事実経過からすると、本件相続人（被相続人の母）は、本件預金が相続財産であることを十分に認識していたことがうかがえる。それにもかかわらず、税理士にもその旨を伝えず、結果として申告漏れとなったというのである。このような本件相続人の行為は、申告納税という行為に対しては不誠実なものであり、これに対し、重加算税ではなく過少申告加算税の賦課で済むということは、相続税の申告を正しく行っている多数の納税者からみれば、やや釈然としないところもある。

2　ところで、重加算税賦課の適否に際して引用されることの多い最高裁平成７年４月28日判決は、「重加算税を課するためには、納税者のした過少申告行為そのものが隠ぺい、仮装に当たるというだけでは足りず、過少申告行為そのものとは別に、隠ぺい、仮装と評価すべき行為が存在し、これに合わせた過少申告がされたことを要するものである。」という原則を示している。

　このような点からすると、本事例の本件相続人には、そのような面での積極的な「隠蔽又は仮装」の行為は存在していないように思える。

3　ただ、同判決は、続けて「しかし、右の重加算税制度の趣旨にかんがみれば、架空名義の利用や資料の隠匿等の積極的な行為が存在したことまで必要であると解するのは相当でなく、納税者が、当初から所得を過少に申告することを意図し、その意図を外部からもうかがい得る特段の行動をした上、その意図に基づく過少申告をしたような場合

には、重加算税の右賦課要件が満たされるものと解すべきである。」
として、いわゆる「ことさらの過少申告」の場合にも、重加算税を賦
課する場合があることを判示している。

　しかし、本裁決は、この点についても、本件相続人に該当するよう
な行為はなかったと判断したものである。

　本事例は、ごく簡単にいえば重加算税を賦課するほどの「悪質性」
はなかったといえるのかもしれないが、このような認識のある過少申
告について重加算税が賦課されないとなると、「悪質な納税義務違反
の発生を防止し、もって申告納税制度による適正な徴税の実現を確
保」することができるのかどうかということは、さらに議論の余地が
あるように思われる。

◆**関係法令**

通則法第68条第1項、「相続税、贈与税の過少申告加算税及び無申告加
算税の取扱いについて（事務運営指針）」（平成12年7月3日付課資2－
264ほか国税庁長官通達）

◆**関係キーワード**

重加算税、過少申告加算税、事実の隠蔽又は仮装

◆**参考判決・裁決**

最高裁昭和62年5月8日判決・昭和59年（行ツ）302号、最高裁平成6
年11月22日判決・平成5年（行ツ）133・134号、最高裁平成7年4月28
日判決・平成6年（行ツ）215号

調査結果の説明に瑕疵があったとしても、原処分の取消事由とはならないとした事例

平成27年5月26日裁決　裁決事例集№99

裁決の要旨

　通則法は、第7章の2《国税の調査》において、国税の調査の際に必要とされる手続を規定しているが、同章の規定に反する手続が課税処分の取消事由となる旨を定めた規定はなく、また、調査手続に瑕疵があるというだけで納税者が本来支払うべき国税の支払義務を免れることは、租税公平主義の観点からも問題があると考えられるから、調査手続に単なる違法があるだけでは課税処分の取消事由とはならないものと解される。

　もっとも、通則法は、第24条の規定による更正処分、第25条《決定》の規定による決定処分の規定による再更正処分等について、いずれも「調査により」行う旨規定しているから、課税処分が何らの調査なしに行われたような場合には、課税処分の取消事由となるものと解される。そして、これには、調査を全く欠く場合のみならず、課税処分の基礎となる証拠資料の収集手続に重大な違法があり、調査を全く欠くのに等しいとの評価を受ける場合も含まれるものと解され、ここにいう重大な違法とは、証拠収集手続が刑罰法規に触れ、公序良俗に反し又は社会通念上相当の限度を超えて濫用にわたるなどの場合をいうものと解するのが相当である。

　事前通知に関する違法はなく、また、証拠収集手続に違法があるとは認められない本件においては、証拠収集手続に影響を及ぼさない手続である調査結果の説明に仮に瑕疵があったとしても、原処分の取消事由とはなり得ないものというべきである。

本裁決のポイント解説

1 問題の所在

　従来、税務調査手続について法律上の定めは置かれていなかったが、平成23年12月の税制改正により、国税における一連の調査手続について法定化されている。

　そのうち、納税者にとって、最も影響のある手続としては、事前通知（通則法第74条の9）及び調査終了の手続（通則法第74条の11）であろう。このような手続が定められて以降、課税庁は、一連の手続の履行状況を逐一記録する事務運営が行われるなど、税務調査は、おおむねこれらの規定の趣旨を踏まえた方法によって実施されている。

　本事例は、この調査手続が法定化された後、比較的早い時期に行われた税務調査について、事前通知と調査終了時の説明（通則法第74条の11第2項）の手続違反の有無とそれに伴う処分の違法性が問題となったものである。調査手続について、審判所がどのような判断を示したのか注目される。

2 本件の争点

(1)　本件調査の手続に原処分を取り消すべき違法があるか否か。

(2)　本件甲土地及び本件乙土地が本件通達に定める広大地に該当するか否か。

　ここでは、上記(1)の争点のみを検討の対象とする。

3 事実関係

　上記2(1)の争点の検討に必要な範囲に絞って、事実関係を簡記する。

(1)　N（本件被相続人）は、平成22年9月に死亡した。

　本件被相続人の妻である請求人M、本件被相続人の子である請求人J、請求人L（請求人ら）及びPの4名は、平成23年4月17日付

で、本件被相続人の死亡により開始した相続（本件相続）に係る遺産分割協議を成立させ、Pを除く請求人らが、本件被相続人の遺産を取得することとなった。

(2) 本件被相続人の遺産のうち土地の一部（本件甲土地）並びに本件甲土地に隣接する土地（本件隣接地）は、請求人Jが単独で取得した。また、遺産のうちの別の土地（本件乙土地）は、請求人J及び請求人Mがそれぞれ持分2分の1の割合で共有取得した。

(3) 請求人らは、本件相続に係る相続税につき、本件甲土地については広大地であるとして評価し、本件隣接地及び本件乙土地については広大地ではないとして評価して、法定申告期限までに、申告書を共同して原処分庁へ提出した。

(4) 本件相続に係る相続税の調査（本件調査）を担当した職員（本件調査担当職員）は、平成25年9月19日、請求人ら宅に臨場の上、請求人Jの税務代理人であるQ税理士（本件関与税理士）の立会いのもと、請求人Jに対する質問検査等を行った。

(5) 原処分庁は、平成26年2月19日付で、本件甲土地が広大地に該当しないこと及び一部の共済契約に係る権利が本件相続に係る相続税の課税価格に算入されていないことを理由に、請求人J及び請求人Lに対しては増額の各更正処分及び過少申告加算税の各賦課決定処分を、請求人Mに対しては減額の更正処分をした。

(6) 請求人らは、異議決定を経た後の原処分に不服があるとして、平成26年7月1日付で審査請求をしたが、その主張の中に、「本件調査に当たっては、請求人らに対する調査の事前通知及び調査結果の説明を欠いており、調査手続に違法があることから、原処分の取消事由がある」とするものがあった。

4 審判所の判断

(1) 本件調査担当職員は、当審判所の調査に対し次のような答述をした。

① 平成23年の通則法改正を受けて、事前通知については、マニュアルに従いまず納税義務者に対して行い、納税義務者から詳細は税理士と打ち合わせするように言われた場合には税理士に対し連絡することとしていた。

② 調査経過については、その都度、少なくともその日のうちには入力していた。

③ 本件において、具体的な日付の記憶はないが、本件調査に係る事前通知をするために請求人Jの自宅に電話をかけ、請求人Jに対し事前通知を行ったことを覚えている。

④ 当該電話をかけた際、当初、電話に出た女性を請求人Mと勘違いし、本件調査につき、「ご主人の相続について」の調査であるとして話し始めたところ、その女性が、自分は請求人Jの妻であるという趣旨のことを述べて電話を請求人Jに代わった経緯があった。

(2) 本件調査担当職員が作成した本件調査に係る調査経過の記録（本件調査経過記録）には、平成25年9月9日、請求人Jに架電し、本件調査に係る事前通知を行った旨の記載がある。

(3) 請求人Jは、当審判所の調査に対し次のような答述をした。

① 平成25年9月9日は、R病院での受診のため家を留守にしていた。

② 当日は、午前9時頃に家を出て、病院での受診を終えるのは、長くかかる時だと午後3時や4時になるので、帰宅時刻は午後3時以降にはなっていたと思う。

③ 本件調査が行われることについては、同日午後1時頃、病院にいる時に、本件関与税理士から携帯電話に電話を受けて、初めて知らされた。

④ 同日から同月19日までの間に本件調査担当職員から電話があったかどうかについてははっきり覚えていない。

(4) 本件関与税理士は、当審判所の調査に対し、平成25年9月9日に

本件調査担当職員から本件調査について請求人Jと日程調整してほしい旨の電話連絡を受けたが、その際、本件調査担当職員は、請求人Jには電話連絡をしていないと言っていた旨答述した。

(5)　本件調査担当職員は、平成25年9月19日、本件関与税理士の立会いのもと、請求人Jに対する質問検査等を行ったが、請求人Lに対する質問検査等は行っていない。

(6)　本件調査において、本件調査担当職員は平成25年9月9日に請求人Jに対する事前通知を行った旨主張し、これに沿う本件調査担当職員の答述が存在する。当該答述は、本件調査経過記録という職務上機械的に作成されたものにより客観的に裏付けられている上に、その内容も、請求人ら宅に電話をした際、請求人Jの妻である請求人Lを請求人Mと間違えて話し始めたという具体的なエピソードを含むものであって、実際に体験した者でなければ語ることのできない迫真性を備えたものといえる。加えて、本件調査担当職員が、同じ日に、本件関与税理士に対しては事前通知の連絡をしたのに、請求人Jに対しては当該連絡をあえてせず、あるいは失念したことを疑わせるような特段の事情も見当たらない。

　これらによれば、本件調査担当職員の上記答述は信用することができ、同職員が平成25年9月9日に請求人Jに対する事前通知を行った事実を認めることができる。

(7)　請求人らは、平成25年9月9日、請求人Jは病院に行き、請求人Lも午前中は寺へ、午後からはe町へ出掛けて留守にしており、本件調査担当職員から電話を受けることはできなかったから、請求人Jに対する事前通知は行われていない旨主張し、請求人Jはこれに沿う答述をする。

　しかしながら、確かに、請求人Jが、平成25年9月9日、R病院への通院のため、相当時間外出していた事実自体は認められるものの、請求人Jの答述によっても当日の帰宅時刻は定かでない上に、請求人Lの外出状況を確認できるような証拠もなく、加えて、本件

調査担当職員から本件調査に関する連絡を受けたことがあったか否かに関し、請求人Jの記憶は曖昧であることにも照らせば、事前通知を受けていない旨の請求人Jの答述は直ちに採用することができない。また、本件関与税理士の答述も、客観的な裏付けを欠くものであって採用することはできず、これらによって本件調査担当者の上記答述の信用性は左右されないから、請求人らの上記主張は採用することができない。

　したがって、本件調査に係る請求人Jに対する事前通知は適法に行われたものと認めることができる。

(8)　通則法第74条の9第1項が規定するとおり、事前通知は、実地の調査において質問検査等を行う場合に必要となるものであるところ、原処分庁は、請求人Lに対する実地の調査を予定しておらず、実際にも、請求人Lに対する質問検査等は行われていないのであるから、請求人Lに対する事前通知が行われなかったことをもって違法ということはできない。

(9)　請求人らは、本件調査において、請求人らに対する通則法第74条の11第2項所定の調査結果の説明が行われていないことは違法である旨主張するが、調査手続の違法が課税処分の取消事由となるのは、課税処分の基礎となる調査を全く欠く場合のほか、証拠収集手続に重大な違法があって調査を全く欠くのに等しいとの評価を受ける場合に限られ、他方、証拠収集手続に影響を及ぼさない他の手続の違法は課税処分の取消事由とはならないものと解されるから、証拠収集手続に違法があるとは認められない本件においては、証拠収集手続に影響を及ぼさない手続である調査結果の説明に仮に瑕疵があったとしても、原処分の取消事由とはなり得ないものというべきである。

　以上のとおりであるから、本件調査の手続に原処分を取り消すべき違法があるということはできない。

本裁決の留意点

1　税務職員による質問検査権の行使（いわゆる税務調査）は、以前は各個別税法ごとに定められていたが、平成23年12月の税制改正により通則法にまとめて規定されることになった。また、その際に、一連の税務調査の諸手続についても整備が図られた。この質問・検査に関しては、「質問に対する不答弁、検査の拒否・妨害等に対しては刑罰が科されることになっている（中略）から、直接の強制力はないが、質問・検査の相手方には、それが適法な質問・検査である限り、質問に答え検査を受忍する義務がある。その意味で、質問・検査は公権力の行使を内容とする事実行為である。」（金子宏『租税法（第24版）』弘文堂（2021年）995頁）と解されている。

2　このような一連の税務調査手続が法定化されたことにより、仮に、課税庁が法に定められた手続を履行することなく税務調査を行って課税処分に至った場合に、その課税処分が違法なものとなるか否かについては、疑問のあるところである。いくつかの見解や論文もある（例えば、森文人「調査手続の違法と課税処分の関係について」税務大学校論叢91号、113頁（平成30年6月29日）など）。

　ところで、このような問題の際に引用されることの多い裁判例としては、通則法改正前のものではあるが、東京高裁平成3年6月6日判決がある。同判決は、「調査手続の単なる瑕疵は更正処分に影響を及ぼさないものと解すべきであり、調査の手続が刑罰法規に触れ、公序良俗に反し又は社会通念上相当の限度を超えて濫用にわたる等重大な違法を帯び、何らの調査なしに更正処分をしたに等しいものとの評価を受ける場合に限り、その処分に取消原因があるものと解するのが相当である。」と判示した。

　これは、通則法改正前の判決ではあるが、調査手続の適正履行と適正課税の実現や課税の公平とのバランスをとった内容であり、考え方の参考となるものである。本裁決も、この裁判例の判示事項を根底に法解釈を定立し、事実の当てはめによって判断がなされた可能性が高い。

◆関係法令

通則法第74条の9第1項、第74条の11第2項、第5項

◆関係キーワード

調査の事前通知、調査内容の説明

◆参考判決・裁決

東京高裁平成3年6月6日判決・平成2年（行コ）164号

◇**著者紹介**◇

櫻井　和彦（さくらい　かずひこ）

国税不服審判所（本部）国税審判官、東京国税局課税第一部主任国税訟務官、税務大学校
主任教授、荻窪税務署長を経て退官。現在、税理士。

サービス・インフォメーション

────── 通話無料 ──────

① 商品に関するご照会・お申込みのご依頼
　　　　TEL 0120 (203) 694／FAX 0120 (302) 640
② ご住所・ご名義等各種変更のご連絡
　　　　TEL 0120 (203) 696／FAX 0120 (202) 974
③ 請求・お支払いに関するご照会・ご要望
　　　　TEL 0120 (203) 695／FAX 0120 (202) 973

●フリーダイヤル（TEL）の受付時間は、土・日・祝日を除く
　9:00～17:30です。
●FAXは24時間受け付けておりますので、あわせてご利用ください。

税務重要裁決事例　個人資産税編
～元審判官が解説！税理士が誤りやすいポイント～

2023年3月25日　初版発行

著　者　櫻　井　和　彦

発行者　田　中　英　弥

発行所　第一法規株式会社
　　　　〒107－8560　東京都港区南青山2-11-17
　　　　ホームページ　https://www.daiichihoki.co.jp/

裁決事例資産税　ISBN 978-4-474-09201-3　C2034　(5)